tusk

„... seh ich Schwäne nordwärts fliegen".

»piratenbücherei« Band 10

D1734928

Eberhard Koebel (tusk)

„... seh ich Schwäne nordwärts fliegen"

Herausgegeben und mit
einem biographischen Anhang
von **Erich Meier**

Südmarkverlag
Fritsch KG
Heidenheim an der Brenz

Umschlag- und Innentitel-Zeichnung: tusk.
Auswahl und Zusammenstellung: Erich Meier.
Druck und Buchbindearbeit: dd-Druck, Aalen.
Copyright 1977 by Südmarkverlag Fritsch KG, Heidenheim a.d. Brenz.

ISBN 3-88258-036-4

WEG DER SCHWÄNE

1.

Über meiner Heimat Frühling
Seh ich Schwäne nordwärts fliegen.
Ach, mein Herz möcht sich auf grauen
Eismeerwogen wiegen.

2.

Schwan im Singsang deiner Lieder
grüß die grünen Birkenhaine.
Alle Rosen gäb ich gerne
gegen Nordlands Steine.

3.

Grüße Schweden weißer Vogel
setz an meiner Statt die Füße
auf den kalten Fels der Ostsee
sag ihr meine Grüße.

4.

Grüß das Eismeer, grüß das Nordkap
Sing den Schären zu, den Fjorden:
wie ein Schwan sei meine Seele
auf dem Weg nach Norden.

Vorwort des Herausgebers

Seit mehr als 50 Jahren gilt die skandinavische Landschaft nördlich des Polarkreises als klassisches Fahrtenland der Bünde. Um die Mitte der zwanziger Jahre vom Nerother Wandervogel 'entdeckt', wurde sie als lockendes Fahrtenziel jedoch erst weithin bekannt, nachdem 1930 Eberhard Koebels "Fahrtbericht 29" erschienen war. Dieser Bericht schilderte auf faszinierende Weise nicht nur die Erlebnisse einer Fahrtengruppe, sondern verriet auch den hervorragenden Lappland-Experten, zu dem sich tusk entwickelt hatte, seitdem er 1926 als Neunzehnjähriger eine wissenschaftliche Expedition zu der Vogelinsel Heinäsaari an der Eismeerküste durchgeführt und 1927 drei Monate lang bei den Jokkmokk-Lappen gelebt hatte, um deren Lebensgewohnheiten und Sprache zu studieren.

Nach der Großfahrt mit seiner Gruppe im Sommer 1929 durch Lappland unternahm tusk zusammen mit Hans Graul, dem Führer des Oesterreichischen Jungenkorps, 1931 noch eine mehrmonatige Expedition nach Nowaja Semlja. Dann beendete sein politisches Engagement, das nach der Machtergreifung Hitlers konsequent ins schwedische und bald darauf ins englische Exil führte, die verheißungsvollen Ansätze eines Mannes, der berufen schien, nicht nur neuartige und zukunftsweisende Formen deutschen Jugendlebens zu schaffen, sondern sich auch zu einem bedeutenden Lappland-Ethnologen zu entwickeln. In seinem Nachlaß fand sich überraschend ein Manuskript von fast 400 Seiten in englischer Sprache unter dem Titel "The Reindeer Folk", das — vermutlich 1936 geschrieben und die Ergebnisse seiner Lappland-Studien zusammenfassend — noch der Übersetzung und Veröffentlichung harrt. -

Der vorliegende Band vereinigt mit Ausnahme des "Fahrtberichts 29", der wegen seines dokumentarischen Charakters und wegen seiner unverminderten Erlebnisfrische neu aufgelegt werden sollte, alle Texte, die tusk über seine Erlebnisse und Erfahrungen in Lappland geschrieben hat, abgesehen von einigen kürzeren Schilderungen, die um 1930 verstreut in bündischen Zeitschriften erschienen. Zu einem Teil sind die Texte dieser Ausgabe dem repräsentativen Tusk-Band entnommen, der 1962 im SÜDMARK-VERLAG erschien und die gesammelten Schriften und Dichtungen aus der bündischen Phase seines Lebens enthält. Aus dem Kapitel "Große Umwege" stammt der Abschnitt LAPPLAND. In ihm hat tusk die Erlebnisse der Jahre 1926/27 verschmolzen; in seiner plastischen Unmittelbarkeit und in seiner atmosphärischen Transparenz, aber auch in seiner scharfäugigen Konzentration auf die spezifischen Elemente lappischen Nomadentums gehört er zum besten, was es in diesem Bereich gibt.

Anstatt des überarbeiteten und wesentlich veränderten Berichts von der Expedition nach NOWAJA SEMLJA, der in der großen Tusk-Ausgabe enthalten ist, veröffentlichen wir erstmals die Urfassung, die den Reiz einer spontanen Niederschrift von Erlebnissen in einer und Reflexionen über eine Landschaft widerspiegelt, von deren weltferner Abgelegenheit und abweisender Kargheit ein nachhaltiger Eindruck entsteht.

In den Erlebnisbereich dieser Forschungsreise gehört auch die Schilderung "Die eingestürzten Kreuze" (abgedruckt im "eisbrecher", Nr. 1/1960), durchweht vom Hauch tragischen Schicksals derer, die irgendwo in dieser Region in Schnee und Eis, Fels oder Meer umkamen und von denen nur selten ein namenloses verfallenes Holzkreuz kündet.

Weitere, bisher unveröffentlichte Texte aus dem Nachlaß stellen die Abschnitte LAPPISCHE SKIZZE, ZWISCHEN POLARKREIS UND NORDKAP und HEINÄSAARI dar — Variationen zum Thema Lappland, die zusammen mit den anderen Texten ein ungewöhnlich farbiges Mosaikbild vermitteln vom Dasein der lappischen Wanderhirten, die mit ihren Rentierherden die Weidegründe des Fjälls durchziehen, mit ihren Familien in Kohten leben — Nomaden, deren Existenz vom Rhythmus der Jahreszeiten bestimmt wird, von den wechselnden Einflüssen der Naturelemente in einer urwelthaften Landschaft von ungeheurer Weite, überwältigender Einsamkeit und herber Schönheit, einer Landschaft auch von erschreckender Wildheit und mancherlei leicht zu unterschätzenden Gefahren unter der roten Mitternachtssonne oder dem wabernden Nordlicht.

Wenn auch inzwischen Technik und Zivilisation nach Lappland

vorgedrungen sind, viele Lappen bereits seßhaft wurden und der Tourismus den Polarkreis zu überfluten beginnt — abseits der Siedlungen und Industrieanlagen, der Fremdenverkehrszentren und Überlandstraßen finden die Gruppen, die auch heute noch in der Wildmark unterwegs sind, immer noch Landschaftsstrukturen und Lebensbedingungen, die erkennen lassen, weshalb tusk dem Zauber dieses einmaligen Landes verfallen war.

Erich Meier

LAPPLÄNDISCHE SKIZZE

Der harte Winter ist gekommen.

Die lappische Erde hält ihren Winterschlaf. Die Menschen gehen in dicken Pelzen umher und sagen oft am Tag: "Tschoaskis lä!", daß es kalt sei. Im Wald krachen die Bäume, als wenn sie von einer unsichtbaren Axt getroffen würden. Das Eis der Seen donnert, wenn die Rentiere auf ihrem Weg darüberziehen, donnert wie fernes Gewitter. Spalten brechen auf, schmale Risse, die sich in gewundenem Weg vergrößern. Überall nagt und zerrt die große Kälte. Und der Schnee, über den die Schneeschuhe gleiten, in den die Renklauen stampfen, ächzt und wimmert unter jedem Schritt. Stimmen des Winters!

Kürzer und kürzer werden die Tage. Die Schweden des Skalkatals sehen die Sonne nicht mehr. An der Fichtenwaldgrenze, halbwegs auf dem Berg, wo die Lappenzelte stehen, kriecht sie über Mittag

einen kleinen Bogen über die Gipfel des Hochlandes. Dann liegt der Lagerplatz wieder im Schatten, nur die Nordberge leuchten noch in gelbem Schein. Und schließlich stehen sie wie aus glühendem Eisen vor dem blauen Himmel. Mitunter wird der Himmel tiefgrün über violetten Bergen.

Von den Sümpfen in den Tälern ist nichts zu sehen, nichts vom wirren Urwaldboden, von den Flechtenmarken des Hochlandes und von den Grasmatten am Ufer der Flüsse. Überall liegt knirschender, stäubender Schnee.

Noch weiden die Rentierherden droben, wo kein Baum mehr wächst, tags die Sonne scheint und nachts der Mond fahlgrün im Firnschnee widerglänzt.

Als die ersten Schneestürme wirbelten und sich alles in schwindelndem Weiß drehte, warfen einige alte Renochsen die Nasen hoch, daß die Schellen läuteten, und nahmen den Weg ins Tal, einen altbekannten Pfad nach Osten, ins Tiefland, in die weiten schützenden Wälder, in denen sie im Winter äsen.

Und tausend Tiere folgten.

Watend im tiefen Neuschnee, in dem sie bis an den Leib versanken, in langen, langen Reihen. Voran feiste Renochsen, mit vielverzweigten, behaarten Geweihen, dann Muttertiere, neben ihnen die Kälber, dann Bullen mit braungetönten, blanken Stangen. Wo sie gezogen waren, führte ein Weg durch den Schnee, von Westen nach Osten, und der Schwede, der im Tal die Post von Hof zu Hof bringen muß, war froh, ein gutes Stück dem Weg der Rentiere folgen zu können. Auch der Fuchs benutzte ihn; denn kein Tier wird im tiefen Schnee so müde wie der Fuchs mit seinen kurzen Beinen.

Aber sie waren zu früh gewandert. Am nächsten Morgen brachen zwei Lappen vom Njanjes-Lager auf, um sie zurückzuholen. Sie kämpften sich meilenweit durch den hohen Schnee auf langen, schmalen Schneeschuhen.

Wenn sie sich rastend auf die langen Stöcke stützten, legten sich ihre schwarzen, zottigen Hunde wie leblos in den Schnee und schlossen die Augen. So müde waren sie. Lasse Pavva wischte sich den Reif von den Wimpern, schaute zurück und fragte den Kleinen "Läh-kus vaipam?" "Iv!", flüsterte Anut Hutti, nein, er sei nicht müde. - Anut ist ein bleicher, schweigsamer Junge und erst dreizehn Jahre alt. -

Dann schoben sie die Hölzer wieder durch den Schnee. Die Hunde erhoben sich und starrten wieder auf die Enden der Schneeschuhe, bei denen sie immer bleiben wollten, wenn es auch noch so schwer war. Lange suchten die Lappen nach den Fährten ihrer Tiere. Dann erst begann die tägliche Arbeit, das Sammeln der Herde.

"Die Lappen führen ein schönes, freies Leben", sagen die Leute, die zwar die Lappen kennen, sie aber noch nie begleitet haben, wenn sie die Herden aufspüren. Wer das aber schon tat, der kennt das schwere Lappenleben und seine Mühsal.

Drei Tage umfuhren die beiden die Herde, die weit zerstreut in kleinen Trüppchen im Schnee nach Flechten scharrte. Drei Tage lang kämpften sich die Lappen vorwärts, knietief im Schnee stapfend. Sie beschrieben einen riesigen Bogen, indem sie immer den Fährten folgten, die am weitesten abführten. Und sie trafen die Tiere, wie sie in kleinen Gesellschaften durch den verschneiten Wald zogen.

Der Hund ist des Lappen bester Helfer. Er versteht die Befehle seines Herrn und jagt die Gruppen dorthin, wo Lasse die Hauptzahl der Rentiere vermutete. Aber nicht zu lange darf der schwarze Hund hetzen, sonst zerstreut er die Tiere wieder. Bald ruft der Lappe aus Leibeskräften: "Ha-ach, ha-a-ach!" Und wenn der Hund verstanden und die Jagd eingestellt hat, ruft Lasse: "Komm, mein Hund, komm, komm!"

Mit Einbruch der Dunkelheit trieben die beiden Lappen die Herde an eine Stelle, an der sie auf gute Äsung hofften. Dann zündeten sie Feuer an, brieten sich Fleisch am Spieß und kochten Kaffee. Aus Birkenreisig bereiteten sie sich ein Lager und legten sich dicht zusammen neben einen Findlingsblock. Sie hatten keine Schlaffelle bei sich, und die Pelze, die sie anhatten, waren feucht vom Schweiß der Arbeit. Die Nacht aber wurde kalt und dunkel.

Zwar waren die Männer todmüde, aber nicht lange konnten sie schlafen. Pavva stand auf. Schneegestöber wirbelte ihm ins Gesicht. Er tastete nach seinem Lederrucksack und wühlte in ihm nach trockener Birkenrinde, die der Lappe meist mitführt, denn nichts im Wald brennt so gut wie die Rinde des Lappenbaums, die Rinde der Birke. So zündete er wieder ein Feuer an, aber Lasse Pavva fror, und den kleinen Anut fror noch mehr. Sie hockten nahe an die Glut und nahmen die Fäustlinge ab, um sich die Hände zu wärmen.

Gesprochen wurde nichts.

Lasse denkt an die Herde. Morgen ist der Schnee noch tiefer, und die Äsung ist hier so schlecht, daß die Tiere wieder weit wandern werden. Die ganze Nacht werden sie vielleicht wandern und nach Flechten suchen. Nur zwei Stunden werden sie ruhen, denn so ist ihre Art, und morgen sind sie, weiß Gott wo. Man kann sie nicht halten. Und vielleicht schneit es bis zum Tag so viel, daß man die Fährten gar nicht mehr sieht ...

Aber Anut denkt ans Zelt. Zwei Tage weit ist es von hier. Die Mutter und die kleinen Schwestern und die alte Großmutter, alle liegen jetzt in den Fellen und frieren nicht. Der Vater ist vielleicht auf dem Berg in dem kleinen Wächterzelt, das dort steht. Käme er doch mit "Suap", dem flinken Hund, um zu helfen. Aber morgen früh, wenn die Mutter allen Mädchen die Schuhe angezogen hat, wird sie an der Mütze nähen. Mehrere Tage wird sie an ihr nähen. Wenn Anut wieder heimkommt, bekommt er eine neue Mütze. Blau wird sie sein, mit roten und gelben Mustern benäht und einem großen, roten Bausch aus schwerem Garn, wie alle Männermützen der Karesuandolappen.

Langsam schlich die Nacht dahin. Wieder waren die beiden Lappen in Schlaf gesunken, wieder waren sie erwacht. Das Schneetreiben wollte nicht enden. Die schwarzen Hunde saßen auf den Hinterpfoten, zogen abwechselnd ein Vorderbein hoch und heulten in die Dunkelheit hinaus. Da nahmen die Lappen ihre Hunde zu sich, um sich an ihnen zu wärmen. Aber nicht lange hielten sie es aus, dann mußten sie wieder Feuer zünden und Kaffee kochen. So erwarteten sie den Tag.

Am Morgen war weit und breit nichts mehr von der Herde zu sehen; frierend machten sich die Gefährten daran, nach ihr zu suchen. Nach drei Stunden trafen sie den ersten Trupp, und am Abend hatten sie weniger gesammelt als am Vorabend.

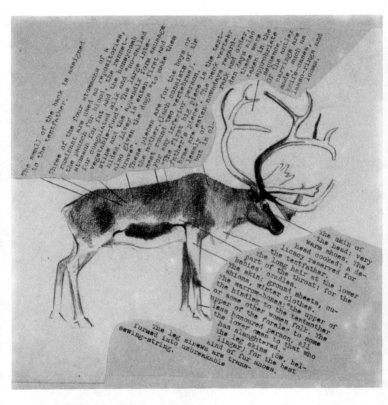

The smell of the back is assigned to the tentfather.

Three of the four stomachs of a ruminant are used as repositories. the paunch for blood, the rennet-stomach for fat and the honeycomb for coagulated milk and "so-called vegetable-food". The large intestines and the assembly form sausages hides given the dogs to make them also liter is eaten first and brave.

These pieces are for the boys or the mother. (Each consists of meat round (two vertebrae), for any inferior person. "The neck consists the first big piece. The neck nowadays regard-father's piece. The father's piece some pre-eaten lessly of or eaten nowadays regard-but in oil. den they pre also taken in the sequence of appropriate of the winter carvings are made, such as knife-cases, and clasp-rings, and lamp-looms.

the skin of the head: very warm shoes. The head cooked: a de-licacy reserved for the tentfather. the long hair at the lower part of the throat: for the skin: ground sheets, cu-babies: cradles. the marrow-bones: "the upper or shions, winter clothes, the hindles to the tentmother or some other women folk. The upper of the foreleg to some less honoured person. All the lower ones to that who has slaughtered." the leg skins (Sw. bel-linger) for the best kind of fur shoes. the leg sinews are unbreakable trans-formed into sewing-string.

"Das Rentier in seiner Aufteilung als Nutztier"

Handskizze tusk's (entstanden im Extil in England)

(den Text schrieb tusk in Englisch mit der Schreibmaschine dazu)

16

ZWISCHEN POLARKREIS UND NORDKAP

Alte Lappen hörte ich bisweilen von einem wunderlichen Tier erzählen. Es habe früher zahlreich in Lappland gelebt, ein sehr gutes Tier. Es sei kein Raubtier gewesen, und aus Rentierfleisch habe es sich nichts gemacht. In der Größe glich es dem bösen Jerf*, aber seine Heimat seien die stillen Wasser gewesen. Ein ausgezeichneter Schwimmer wie der Fischotter, mit einem Schwanz wie eine Rentierleber. Aber das Sonderbarste sei gewesen: Das Tier habe gelebt wie die Lappen. Es habe sich aus Holz und Reisig "Kohten" gebaut - Lappenzelte - oft mitten im Wasser, und hätte in diesen gewohnt.

Wenn sie so weit berichtet hatten, pflegten sie still ins Feuer zu blicken, und ich merkte, wie sie liebevoll des Tieres gedachten, das lebte wie die Lappen. Sie sprachen von ihm mit der gleichen Freundlichkeit, mit der sie über die vielen anderen Tiere sprechen, die nicht den Rentieren nachstellen. Und selbst vom Bären erzählen sie herzliche Fabeln, daß er ein guter Kerl sei und einmal den Herrgott über einen Fluß getragen habe, wofür es ihm jetzt recht gut gehe.

Sie fragten mich, ob dies zeltbauende Tier auch in meiner Heimat lebe, und ich erzählte ihnen, wie es dem Biber in Deutschland ergangen sei. Ja, so sei es auch in Lappland gekommen, die Bauern hätten das Tier gejagt, wenn es ihnen auch nie Leid angetan hätte. Sie fingen alle, alle, rotteten es aus, obwohl es doch auch ein Recht auf Leben habe in diesem Lande.

Ich war leicht beschämt. Ich war ja ein Vertreter dieser Welt, die seit tausend Jahren christlich ist, die auch den Lappen die große Liebe gegenüber den Nächsten verkündete, in der aber nur wenige

---

*Vielfraß, skandinavischer Raubmarder (aus norweg. fjellfross = 'Bergkater')

die Ausrottung des Bibers als Gemeinheit empfinden und jeden Biberpelz als Schandmal. Ich kam aus dieser Welt, die Lappen wußten, daß ich zu ihr gehörte, und ihr Vertrauen war mir wie ein unverdientes Almosen.

Die Ausrottung des Bibers ist ein trauriges Kapitel, aber unmittelbar schmerzend ist für die Lappen der Untergang des Wildrentiers. Selbst ein passionierter Naturfreund kann sich nicht vorstellen, mit welch glühender Liebe der Lappe am Wildrentier hängt. In

Vers und Erzählung lebt es fort. Im skandinavischen Lappland ist es wahrscheinlich ganz ausgerottet, in Finnisch-Lappland leben in abgelegenen Gebieten kleine Herden einer stattlichen Wildrentierrasse (Rangifer tarandus fennicus Lönnb.), des "Pëura" der Finnen. Ich vermute in ihr den Stammvater des zahmen Waldrentiers (lappisch "wuöute-poachtsu"), das vom Fjällren, vomHochrentier ("padje-poachtsu") in Lebensweise und Bau sehr verschieden ist.

Es kann nicht als sicher gelten, daß es sich bei den beiden Stammvätern, dem jetzigen finnischen Wildren und dem - vielleicht noch in Norwegen vorkommenden - Hochwildren nur um geographische Rassen handelt und nicht um streng geschiedene Arten.

Beide Wildrentiere unterscheiden sich von den "zahmen" Tieren durch stärkeren Bau, höhere Gliedmaßen und helleres, silberklares Fell. Es war die natürliche Blutauffrischung der rasch entartenden Lappenherden, es war das Ideal jedes Rentierkenners, jedes Lappen. Es bestand eine jahrhundertealte mystische Bindung zwischen Nomaden und Wildrentier, eine Bindung, die wir als Kulturmenschen nicht verstehen können. Würde man unserem Wald die Eiche nehmen, unserem Volk das Lied, der Jugend die Burgen und Ruinen, immer wäre nur eine sehr kleine Gruppe Menschen so schwer getroffen wie die Lappen durch die Ausrottung des Wildrentiers. Schweden, Norweger und Finnen, die Verkünder des christlichen Glaubens, die Kämpfer gegen das Opfertum, die Erfinder der Grenzen und Diebe des lappischen Bodens haben mit einer Rücksichtslosigkeit, die bei noch nicht zivilisierten Völkern unbekannt ist, die Wildrentiere Nordeuropas zu Geld gemacht.

Man höre die knappen und unsentimentalen Darstellungen eines Lappen über das Schicksal des wilden Rentiers an und die schmerzerfüllte Bemerkung, daß das freie Lappentum wohl auf den gleichen Weg gezwungen werde! Man wird sich plötzlich klar, daß Naturschutz keine Frucht der Zivilisation und einer überästhetischen Naturauffassung ist. Und doch spielen die Kämpfer um die Erhaltung der Natur die Rolle von Rechtsanwälten eines Raubmörders. Wir wissen: Wir können reden und schreiben und werben, aber geköpft wird er doch. Wir können dartun, daß der Bau eines Kanals dem Volk ein Stück aus der Seele reiße, aber er wird todsicher gebaut, wenn uns auch Tausende beipflichten würden.

An Lappland haben vier verschiedene Staaten teil: Norwegen, Schweden, Finnland und die Sowjetunion. Sie haben mit den Lappen nichts zu tun, und diese haben sie auch nicht gebeten, ihr Land in Besitz zu nehmen. Lappland ist der ganze nördlichste Teil des europäischen Festlandes, umspült vom Nördlichen Eismeer an der norwegischen und murmanischen Küste, östlich ans Weiße Meer grenzend, südlich ohne natürliche Grenze in die Siedlungsgebiete der Schweden, Norweger, Finnen und Karelier übergehend. Das norwegische Lappland wird "Finnmarken" genannt und ist gebirgig, der schwedische Teil ist die Landschaft Norrbotten und fällt vom norwegischen Gebirge langsam nach Osten ab ins finnische Flachland. Der Anteil Finnlands heißt "Lappi" oder "Lappinmaa" und ist im großen und ganzen Tiefland. Das sowjetische Gebiet ist die Halbinsel Kola, die sich an die Karelische Sowjetrepublik nördlich anschließt.

Demnach ist Lappland von verschiedenen Völkern bewohnt.

Zuerst sind zu nennen die Lappen und die Kolten oder "russischen Lappen", ferner in Norwegen Finnen und Norweger, in Schweden Finnen und Schweden, in Finnland Finnen und Nordkarelier und in der Sowjetunion Nordkarelier.

Überall in Lappland spielt sich ein Ringen zweier Mächte ab, des lappischen Nomadentums und der Siedlerkultur. Bei der äußerst verträglichen Einstellung des Lappenvolks kann man kaum noch von einem Kampf der beiden Volksarten sprechen, aber ein gewisser, von den Lappen empfundener und taktvoll betonter Gegensatz besteht noch immer. An vielen Orten, wo sich das skandinavische Siedlertum besonders freundschaftlich mit den Nomaden stellt, droht in der jungen Lappengeneration dieser Gegensatz zu verschwinden. Das ist die gefährlichste Entwicklung für die Lappen, weil das eine Vermischung mit den seßhaften Bauern und eine Aufgabe des anstrengenden Wanderlebens bedeutet.

Dieser Gefahr sind vor allem die finnländischen Lappen ausgesetzt, da sie rassisch den Finnen viel näher stehen als den Germanen. Auch bringt es der genügsame finnische Volkscharakter mit sich, daß sich die beiden Völker mehr angleichen als Germanen und Lappen. Es gibt Finnen, die selbständig nach Lappenart Rentiere, und zwar Waldrentiere hüten, was bei Norwegern und Schweden nicht vorkommt. So sind die Lappen in Finnland nicht einmal mehr eine ganz abgeschlossene Berufsgemeinschaft von Rentierhirten wie im übrigen Lappland. Blutsmäßig sind die finnländischen Lappen naturgemäß schon stark mit Finnen vermischt.

An echten Lappen leben in Finnland zwei Stämme: der Inaristamm und der Koutokeinostamm. Beide Stämme sprechen recht verschiedene Mundarten und unterscheiden sich auch in Eigenheiten der Tracht. Für alle finnländischen Lappen ist die vierzipfelige Mütze kennzeichnend, an der sie treu festhalten, selbst wenn sie ihr ganzes Leben in anderen, in schwedischen oder norwegischen Gebieten verbringen. Die Inarilappen wohnen rings um den Inarisee und haben großenteils Inari, die südlichen jedoch Sodankylä und die nördlichsten Parkkina als Kirchdorf. Sie schützen, soweit sie nicht verarmt, das heißt rentierlos sind, das Waldrentier, das durch sein Beharren in der heimatlichen Gegend kein Wandertum seiner Hirten bedingt. Zwar ist die Hege des Waldrentiers schwer, aber sicher ist sie mit weniger Anstrengungen verbunden als der Schutz des wandernden Hochrens. Die Inarilappen brauchen nicht regelmäßig den Wohnsitz zu ändern und wohnen daher in kleinen Häusern, ähnlich denen der Bauern. Von diesen übernehmen sie auch gerne die Annehmlichkeiten der finnischen Kultur, so die Sauna und das finnische Volkslied. Man trifft unter den Waldlappen des Inaribezirks erstaunlich zivilisierte Gestalten mit edlen Gesichtern, geschmackvoll gekleidet und dem modernen Leben aufgeschlossen.

Im nordwestlichen Teil Lapplands, in den Gebieten von Koutokeino, Utsjoki und Tana kommen winters auch Hochlappen, Wanderlappen aus Schweden und Norwegen, über die Grenze. Diese verbleiben den Winter über in den finnländischen Wäldern, wo sie an Weihnachten in die Kirche fahren, im "Pulk", im Fahrschlitten mit buntgezäumtem Fahrrentier. Diese Wanderlappen haben ihre Sommerplätze im schwedischen und norwegischen Gebirge. Sie sind für die Freiheit, die ihnen der finnische Staat im Überschreiten der Staatsgrenze läßt, dankbar. Den Winter verbringen sie in Finnland meist mit anstrengenden Wachtnächten bei den Herden, die in dieser Zeit stark vom Wolf gefährdet sind. Sie schützen einen kräftigen Hochrentierschlag, der sich wohl deshalb von den Hochrentieren anderer Gegenden unterscheidet, weil er sich am längsten mit dem Wildren vermischt hat. An ihren Sommerplätzen im nördlichsten Norwegen sollen noch heute Wildrentiere vorkommen.

An einer Stelle in Finnland haben auch Hochrentiere ihren Sommerplatz, geschützt von den östlichsten Rentierlappen Finnlands. Das ist im Petsamogebiet, wo sommers im Küstengebirge zwischen Petsamojoki und Paatsjoki, winters in den südlichen Wäldern eine Hochrenherde gehalten wird. Sie gehört den Kareliern und Finnen Petsamos und zu einem Teil den vier Lappenfamilien, die sie bewachen. Da Wolf, Bär und Jerf in diesen Bergen noch häufig sind, ist der Wachtdienst recht anstrengend. Sogar im Sommer, wenn in anderen Gegenden die Herde ganz ihren eigenen Wegen überlassen werden kann, ist eine starke Bewachung der Tiere nötig, in die sich die Männer und Burschen teilen. So wird das kärgliche Schutzgeld unendlich mühsam verdient.

Wenn wir uns hier mit den Lappen beschäftigt haben, die das Rentier schützen, so haben wir nur die Aristokratie des Lappenvolkes betrachtet. Wir dürfen nicht vergessen, daß viele Lappen durch eigene Untüchtigkeit, verbunden mit Schicksalsschlägen irgendwelcher Art, ihre Rentiere verloren haben. Diese Verarmten wurden meist Fischer. Andere, das ist der kleinere Teil, gingen zu finnischen Bauern in Dienst oder begannen selbst als Bauern. Das sind die Wohnlappen. Sie besitzen Pferde und Kühe, aber sie haben in Finnland die "Kapte", die farbige Lappenkutte, behalten.

Die Rentierhege spielt in Finnisch-Lappland nicht mehr die Hauptrolle, nicht einmal das Lappenvolk ist es, das "Lappi" überwiegend bewohnt. Eifrig und geschäftig erwirbt Finne auf Finne Boden und Rodungsrechte in Lappland. Das Finnentum ist zäh und beharrlich, das Finnenvolk ist ein Volk der Zukunft.

Außer den Lappen lebt noch ein Urvolk in Finnisch-Lappland, im großen Wald östlich der Straße Rovaniemi - Ivalo bis zur Eismeerküste hinauf. Man kann nicht sagen: bewohnt, denn wenn man auf hundert Quadratkilometer einen einzigen Bewohner rechnet, wird man nicht allzu falsch geschätzt haben. Das sind die Kolten, die von den Lappen scharf geschieden sind. Im Schrifttum werden sie meist als "russische Lappen" bezeichnet. Inwieweit sie mit den Lappen verwandt sind, ist schwer zu sagen. Ihr Glaube ist heute griechisch-katholisch, und in der Lebensweise sind sie stark von Rußland beeinflußt. Sie widmen sich der Hege des Waldrentiers und dem Fischfang an der Eismeerküste. Kulturell gleichen sie sehr den Lappen, im Typ zeigen sie völlig Eigenartiges, mehr Mongolisches, während die finnischen Lappen größtenteils blond und helläugig sind. Sie leben in grenzenloser Abgeschiedenheit in kleinen Hütten, die im tiefen Wald zerstreut liegen. Sie sind ganz ungesellig, ein Volk, dessen Lebensform die Einsamkeit, dessen Charakter das Einsiedlertum ist. Auf finnischem Boden ist in Kolttaköngäs am Paatsjoki und im Kloster (Yläluostari) in Petsamo eine griechisch-katholische Kirche, die von Kolten besucht wird.

Die Menschen beider Völker sind sehr klein gewachsen, die Kolten vielleicht noch kleiner als die Lappen. Durch die finnisch-ugrische, also mongoloide Sprache der Lappen wird die Frage der Rassenzugehörigkeit meist kurzweg mit "mongolisch" beantwortet. Die Lidfalte der Mongolen kommt jedoch selten vor und ist auch dann nur schwach angedeutet. Mit ihr nicht zu verwechseln sind die schrägliegenden Augen der Lappen und Finnen. Auch der der mongolischen Rasse eigentümliche Rückenfleck bei Neugeborenen, der sogenannte Mongolenfleck, wird ebenfalls bei den Lappen nicht beobachtet. Mit den europäischen Rassen sind die Lappen nicht verwandt. Ihre Körperverhältnisse und ihre Muskulatur sind eigenartig. Auffallend sind die kurzen Beine, die vom Sitzen im Zelt gebogen und breit gestellt sind. Die Haarfarbe ist meist aschblond, die Augen grau. Das Gesicht ist knochig, die Jochbogen stehen hoch und treten stark hervor. Die Kolten sind fast durchweg schwarzhaarig und haben dunkle Augen. Ihr Gesicht sieht mongolischer aus als das der Lappen. Die Haarfarbe ist gelb, und die Jochbögen sind so stark vorgestellt, daß an der Schläfe eine Mulde entsteht. Im Gegensatz zu den schwach behaarten Lappen zeigen die Kolten starken Bartwuchs.

Finnisch-Lappland ist nicht ganz so flach wie Süd- und Mittelfinnland. Verschiedene Berge und Höhenzüge, die bis 600 m Höhe ansteigen, beleben den endlosen Wechsel von Wald und Sumpf. Diese Berge wirken höher, als sie in Wirklichkeit sind, weil die Baumgrenze viel tiefer liegt als in unseren Breiten. Die letzten Birken sind höchstens in 300 m Höhe anzutreffen. Dann folgen weite Matten, spärlich mit Zwergbirken und Weidenbüschen bestanden. Dann Hänge, die von der Renflechte so dicht bewachsen sind, daß sie von fern wie beschneit, weißlich-grün, aussehen. Folgt der Wanderer den steilen Geröllhalden bis zum höchsten Gipfel, so wähnt er sich in erhabener Höhe, von wo er das Land weithin zu überblicken vermag.

Diese Berge liegen größtenteils weit ab von den wenigen Verkehrsadern. Selbst der unternehmende Touristenverein hat noch keinen einzigen 'der Touristik zu erschließen' vermocht. Auf einige dieser Berge sind schon Landvermesser gestiegen, kleine Expeditionen mit Theodolith und Stativ. Sie haben Höhe und Lage bemessen und ein weithin sichtbares Mal auf dem Gipfel angebracht. Andere Berge wiederum erinnern nicht an Menschen. Man begegnet auch niemandem, wenn man sie besteigt. Und man fühlt sich einsam, wenn man vom Gipfel übers Flachland schaut. In mannigfachen Gestalten erstrecken sich unten die Seen, bronzegrün die Sümpfe, dann wieder Wälder bis in die letzte Ferne.

Teilweise liegen diese Berge sehr weit von menschlichen Siedlungen ab. Fünf, sechs oder sieben Tage wäre bis zu ihrem Fuß zu wandern. Kein Wunder, daß dorthin wenig Menschen kommen. Lappen und Kolten pflegen die Gipfel der Berge nicht zu besteigen. Ob aus Gründen des Glaubens oder aus anderen Gründen, weiß ich nicht.

Die Berge Finnisch-Lapplands sind nicht sehr hoch, nur im nordwestlichen Zipfel übersteigen sie die 1000 m-Grenze. Die übrigen ragen 300 - 700 m hoch über die Waldebene. Der Pflanzenwuchs hört schon viel weiter unten auf als in mitteleuropäischen Gebirgen. Die letzten Birken wachsen eben noch auf 200 m Höhe, so daß große Kuppen zumeist kahl bleiben.

Lappland ist sehr reich an fließenden Gewässern. Große Ströme durchziehen das Land, die einen vom Menschen als einfache Verkehrsadern ausgebaut, die anderen fast noch unerforscht. Die vielen Flüsse sind bei weitem noch nicht alle kartographisch aufgenommen, und mancher Fluß und mancher Bach ist nur den Kolten und Lappen bekannt.

Das Vorwärtskommen im Urwald wird durch die Flüsse und Bäche mehr erschwert als durch die Sümpfe, von denen nur die großen eine Umgehung erfordern. Auf den wenigen Wegen, auf denen Menschen öfters durch den Wald wandern, muß oft bis über die Knie durch reißende Furten gewatet wurden. An breiten und tiefen Flüssen sind oft Boote zur allgemeinen Benutzung vorhanden, an langen Seilen befestigt, die an beiden Ufern angebunden sind. So lassen sie sich von jeder Seite erreichen. Der Forscher kann nicht immer die Pfade einhalten. Er verliert sie oft, da sie an vielen Stellen undeutlich sind und vielleicht mitten im Urwald, einige Tagesreisen von den nächsten Menschen entfernt, an irgendeiner verfallenen Hütte enden.

Oft hemmt ein Fluß, dann muß mitunter stundenlang nach einem geeigneten Übergang gesucht und übergesetzt werden. An großen Strömen ist nichts anderes möglich, als mit der Axt ein Floß zu zimmern, mit starken Klammern, und so das Hindernis zu überwinden. Diese Arbeit kann Tage erfordern, und es kommt vor, daß die Arme, die die Axt schwingen, vor Anstrengung zittern.

Wichtig sind in Lappland die Wasserscheiden. In Deutschland ist der Ausdruck "Wasserscheide" ein Geographen und Lehrern geläufiger Fachbegriff. Hier dient die Wasserscheide jedem Lappen als wichtige Orientierungshilfe.

In drei verschiedene Meere fließen lappländische Ströme. Torniojoki, Kemijoki und andere münden in die Ostsee, die Ausflüsse des Inarisees (Paatsjoki) und der Petsamojoki in den Varangerfjord und damit ins nördliche Eismeer, ebenso die verschwiegenen, unbekannten Ströme Luttojoki und Jaurijoki der russischen Murmanküste . Der Tuntsanjoki und der Oulankajoki fließen ins Weiße Meer.

Auf dem Rückweg von Heinäsaari im Herbst 1926 begann ich mit meinen Begleitern eine 300 km lange Durchquerung eines Urwaldgebiets: den Marsch von Petsamo nach Kuolajärvi. Wir hatten als Lasttier einen Renochsen gekauft und hatten in Petsamo den ganzen Weg mit kundigen Leuten durchgesprochen. Als wir aber das zweite Drittel der anstrengenden Unternehmung begannen, schien mein jüngerer Gefährte zu erkranken. Es zeigten sich bei ihm die ersten Anzeichen der Gürtelrose, an der er öfters litt. So mußten wir, kaum daß wir das Stromgebiet des tief im Wald versteckten Luttojoki erreicht hatten, abbiegen und auf siebentägiger beschwerlicher Wanderung besiedelte Gebiete im Westen am Paatsjoki aufsuchen. Wir hatten unsere Vorräte auf kürzere Zeit, auf einen besseren Weg mit weniger Hindernissen eingestellt und entdeckten Tag für Tag kein Zeichen von Menschen und Nahrung. Als wir dann endlich an der Strömung des Wassers feststellen konnten, daß wir das Gebiet des Luttojoki, unseres romantischen Zieles, verlassen und das Land des besiedelten Paatsjoki erreicht hatten, freuten wir uns riesig. Wasserscheiden, Gebirgszüge und Menschenspuren sind eben die einzigen Wegmale des Urwaldwanderers.

Tagelange Umgehungen erfordern auch oft die Seen, an denen in Lappland kein Mangel ist. Sie bergen so viele Fische, daß Lappen und Kolten allein von Fisch und Rentier zu leben vermögen. Volksbewußte Lappen bezeichnen alle andere Nahrung als des Lappen unwürdig. Sogar den "Hilakachkko", das glutgetrocknete Fladenbrot, halten sie für überflüssige, weichliche Beilage. Die besten Fische sind verschiedene Lachsarten, von denen die schmackhafteste nur in klaren Gebirgsseen über 600 m vorkommt, der "Tschuskafisch", der Fisch des Hochlappen.

Der größte See Finnisch-Lapplands ist der mit vielen Schären übersäte Inari- oder Enare-See. Er übertrifft den Bodensee um ein Mehrfaches an Größe. Er ist landschaftlich sehr schön, da für ihn Stunden völliger Windstille bezeichnend sind. In den hellen Sommernächten liegt dann der große See ohne jede Bewegung wie ein Spiegel unter einem Himmel voll eigenartig beleuchteter Wolkenformen. Die vielen Schären, die einen ganz freien Ausblick hemmen, wirken wie Kulissen.

Typisch für die lappländische Topographie ist, daß sich die Flüsse oft zu Seen verbreitern. Diese Seen haben meist verschiedene Zuflüsse und sollen sogar manchmal verschiedene Abflüsse haben. Auf den skizzenhaften Karten entdeckt man manche Unwahrscheinlichkeiten: Seen mit großen Zuflüssen und ohne Abfluß und derlei mehr.

Die Ebene Lapplands ist weitgehend sumpfig. Es gibt nur trockene sandige Hochflächen und trockene Hügel und Berge. Das Tiefland besteht aus Sümpfen und Mooren. Südlich des Inarisees unterbricht ein breiter, aber nicht hoher Gebirgszug, der Suolo Selkä, die Sumpflandschaft.

In Lappland spielt sich der Wechsel der nordischen Pflanzenwuchszonen auf verhältnismäßig kleinem Raum ab. In Sibirien vollzieht sich derselbe auf mehreren tausend Quadratkilometern. Petsamo und die Küste des Varangerfjords kennen nur Birken- und Wacholderwuchs, südlich des Klosters und südlich Kolttaköngäs beginnt die Kiefer, der zweithärteste Baum, während die Fichte bis zum nördlichen Strand des Inarisees zu finden ist. Birke, Kiefer und Fichte bilden die Dreieinigkeit des nordischen Waldes.

Das Klima Finnisch-Lapplands ist nur an einem schmalen Gürtel an der Küste des Eismeers ozeanisch mild. Im Inland ist es sehr hart, wenn die Winterkälte auch hinter gewissen Teilen Schwedisch-Lapplands zurücksteht. — 40° C ist auf jeden Fall keine

Seltenheit. Im Sommer ist es mitunter so heiß wie in Süddeutschland.

Bär und Fuchs sind in Lapplands Wäldern noch verhältnismäßig oft anzutreffen. Wenn man auf der Wanderung Finnen begegnet, ist meist die Frage: "Habt Ihr Bären gesehen?" Der Wolf ist seltener und zieht im Sommer über die Grenze nach Karelien. Sehr selten ist der Eisfuchs. Hermelin und Fischotter werden viel gejagt. In den Wäldern lebt der Elch recht häufig. Er ist erst vor noch nicht langer Zeit in diese nördlichen Regionen eingewandert. Das häufigste der großen Tiere Lapplands ist aber das Waldren, das 'Haustier', das keinen Stall kennt.

Die typischen Vögel der Wälder sind vor allem Auerhahn, Unglückshäher, Bergfink, Rotdrossel, Birkenzeisig und Hakengimpel. Der Unglückshäher ist ein anmutiger, drolliger Vogel, der den Wanderer in der Einsamkeit durch seine Neugierde unterhält. Der Hakengimpel ist ein recht großer Finkenvogel, der durch die angenehme rote Färbung des Männchens auffällt. Hauptsächlich in der Birkenregion kommen Alpenlerche, Schneeammer und Lapp-

landammer vor, während das rotsternige Blaukehlchen und die Rohrammer Bach und Sumpf bevorzugen. An Spechten werden Dreizehenspecht und Schwarzspecht beobachtet. Die häufigste Eule ist die Sperbereule, ein schmucker Vogel, der den Übergang zwischen Greifvögeln und Eulen darstellt. Ferner sind die riesige Lapplandeule und der Uralkauz nicht selten. An Greifvögeln fallen vor allem Rauhfußbussard und Merlin durch ihre Häufigkeit auf. Die Seen in den Ebenen werden vom temperamentvollen Polartaucher, die Gebirgseen von der Saatgans belebt. Häufig sind auch Singschwan, Schellente, Gänsesäger und andere Schwimmvögel. In den Sümpfen beobachteten wir viele Schreitvögel.

――――――

Das nördlichste Gebiet Lapplands heißt Petsamo. Es stößt an die Küste des Eismeeres und scheint ein recht "wertloses" Stück Land, das zu neunundneunzig Hundertstel aus Wildnis und Urwald besteht, zudem nicht holzreich. Der Ort Petsamo bildete sich aus einer Reihe nordkarelischer und finnischer Ansiedlungen, die um das russische Kloster, das sich in Petsamo befindet, entstanden sind. Aus dunklem Waldgebiet fließt der Petsamojoki gleichlaufend mit der neuen finnisch-sowjetischen Grenze nach Norden ins Eismeer. Er berührt die schmutzige Koltensiedlung Moscova, bis zu der ein schlechter Fahrweg führt. Eine halbe Meile nördlicher liegt der Hauptsitz des reichen Klosters Yläluostari. Dort gibt es Wiesen, die eine landwirtschaftliche Betätigung der Mönche gestatten. Wiederum 15 Kilometer südlicher stößt man auf große Klostergebäude, die im Besitz des finnischen Staates sind. Sie werden als Kaserne und Haus der Offiziere verwendet, ferner als Postamt für ganz Petsamo. Eine halbe Stunde Wegs weiter nach Süden ist es bis Parkkina, wo sich eine kleine Gastwirtschaft bemüht, aus Petsamo einen internationalen Touristenpunkt zu machen. Trifona, der Hafen- und Handelsplatz, liegt wiederum 8 km südwärts. Von da an fließt der Petsamojoki zwischen kahlen Bergen dahin.

Die Ribatschi- oder Fischerhalbinsel schließt die russische Eismeerküste, die Murmanküste nach Westen ab. Heute* verläuft die finnisch-russische Grenze auf der Fischerhalbinsel bis zu ihrem

――――――――――

*Ende der zwanziger Jahre

nördlichsten Punkt, dem finnischen Fischerdorf Vaitolahti. Südlicher liegt in einer Bucht das Fischerdorf Pumanki und noch südlicher Maattivuono. Dies ist von Lappen, den östlichsten ihres Volkes, bewohnt. Die drei Dörfer liegen grenzenlos abgeschieden wie kleine Staaten für sich. Pumanki ist, wie es scheint, wohlhabend. Im nördlichen Eismeer besitzt Finnland vier Inseln: die Heuinseln, Heinäsaari und die kleinen Vogelkolonien Laassa und Lunni. Lunni hat seinen finnischen Namen von seinen Bewohnern, den Papageitauchern, erhalten.

HEINÄSAARI

Meine Fahrt zur finnischen Eismeerküste

Im Frühjahr 1926 reiste ich nach Finnland. Mein Ziel war die finnländische Eismeerküste, von deren merkwürdigen Vogelinseln ich gehört hatte.

Eine ziemlich umfangreiche Vorbereitung war zu dieser Unternehmung nötig, um die Gefahr von Mißerfolgen zu verringern. Auch lag mir sehr am Herzen, brauchbare Ergebnisse zu liefern. Ich würde fern jeglicher Zivilisation lange völlig auf mich allein angewiesen sein, konnte allenfalls russisch orientierten Waldvölkern begegnen. Lappland war mir ganz und gar unbekannt, — die Fahrt glich einer Expedition ins Ungewisse.

Wohl konnte ich geographische Daten aller Art erlangen. Auch über Klima und Bevölkerung konnte ich mich nach deutschen Büchern unterrichten. Wie aber dieses Land auf mich wirken, wo ich am meisten gefordert werden und wieviele meiner Pläne vor der Wirklichkeit bestehen würden, konnte ich vorher nicht wissen. Berichte und Schilderungen waren vom Standpunkt des Touristen oder des Wissenschaftlers geschrieben; ihnen wird die tägliche Mühe von einer Gesellschaft, Begleitern und Dolmetschern abgenommen. Aber die Anpassungsfähigkeit des Menschen an fremde und ungewohnte Verhältnisse — so dachte ich — werde alle Hindernisse überwinden.

Von verschiedenen Seiten wurde die Verwirklichung meiner Pläne unterstützt; die ganze Unternehmung wurde überhaupt erst möglich durch das Vertrauen, das mir geschenkt wurde. Ich verpflichtete mich, Säugetiere, Vögel und Insekten für die Württembergische Naturaliensammlung in Stuttgart mitzubringen. Für den Bund für Vogelschutz gedachte ich Naturfilme aufzunehmen und wurde daher mit einer Filmausrüstung versehen. Einige weitere kleine Aufträge trugen dazu bei, die ungewöhnliche Reise zu rechtfertigen. Als Gefährten wählte ich zwei Freunde aus meiner Wandervogelgruppe, junge Menschen, die ich schon vorher bei großen Anstrengungen, bei Hunger und Übermüdung kennengelernt hatte.

Endlich kam der Tag der Abfahrt. Wir waren von der mannigfachen Vorbereitung und vom sorgfältigen Verpacken der Apparate, Gewehre, Arzneien, der tausend Dinge, die eine Expedition "unbedingt" mitführen muß, ganz erschöpft. Dazu kamen noch die Bahnfahrt durch Deutschland und hastige Besorgungen in Berlin. Dann plätscherten beruhigend die Ostseewellen an die Bordwand des grauen Dampfers, der mich in ein Land tragen sollte, nach dem ich mich schon lange gesehnt hatte.

Es war Mitte Mai und in Deutschland schon fast Sommer. Der Wespenbussard, der Pirol, alle Sommervögel waren schon angekommen, und der Wald leuchtete tiefgrün, während sich in der nördlichen Ostsee der Dampfer noch dröhnend einen Weg durch

das dicke Packeis bahnen mußte. Hier war erst Vorfrühling. Noch schwammen die Polartaucher auf den eisfreien Stellen des Meeres weitab von den Seen des Inlands, ihren Brutplätzen. Finnland war düster und kahl. Helsingfors zeigte kein Grün. Auf den Schären und im Hafen starrten noch verharschte und vereiste Stellen zum grauen Himmel empor.

Mit Kleidung und Ausrüstung war ich nicht auf Winter eingerichtet. So war es klar, daß wir nicht nach Lappland weiterfahren konnten, bevor dort Schnee und Eis geschmolzen waren. Daher trieben wir uns vorerst noch im Süden herum. Eine Woche lang suchte ich Elche, um diese aufzunehmen. Alle Bemühungen waren umsonst. Der Wald ist so groß, daß niemand eine Ahnung hat, wo das wachsame Wild zu treffen ist.

Nach diesem Mißerfolg wandten wir uns der Westküste zu, wo ich mich der Vogelwelt auf den Ostseeschären zu widmen gedachte. Wir fuhren nach Waasa und von dort mit einem Fischerboot in das Schärengebiet von Replot. Dort fanden wir bei schwedischen Fischern freundliche Aufnahme. Wir blieben zwei Wochen auf der kleinen Schäre, um ihr Vogelleben gründlich kennenzulernen.

Dann, als wir dachten, auch im Norden sei der Winter gewichen, brachen wir auf und durchfuhren Finnland bei klarem Frühsommerwetter. Der Nordländer kennt nicht das sachte, beschauliche Erblühen der Natur wie wir. Dort ist das Sommerwerden ein kurzer harter Kampf zweier Mächte. Hat der Sommer die Oberhand gewonnen, so gibt es kein Zögern mehr für die Kräfte, die lange unter dem Boden geschlummert haben.

Die Birken, die in Reihen die Straßen der Städte beleben, standen in hellem Grün, als wir am 3. Juni in der kleinen Hafenstadt Kemi ausstiegen. Wir befanden uns schon in rein finnischem Sprachgebiet und hatten mit der Verständigung große Schwierigkeiten.

Noch ein zweites war unangenehm: die Helligkeit. Es ist im Frühling im nördlichen Skandinavien und in Finnland so hell, daß die Schneeblindheit eine häufige und gefährliche Erkrankung ist. Die Lappen leiden sehr darunter, die Zivilisationsmenschen schützen sich oft mit farbigen Brillen.

Im Frühsommer läßt die Helligkeit schon wieder etwas nach. Wir empfanden sie noch schlimm genug. Um die Mittagszeit warf die staubtrockene Straße Kemis den Sonnenschein so grell zurück, daß die Augen schmerzten. Wir fühlten uns wie von Unruhe gejagt. Auch wurden wir abends nicht schläfrig, denn zur Schlafenszeit stand die Sonne noch weiß am Himmel. Wenn wir dann die Vorhänge in der Gaststube vorzogen, hielten diese das Licht nicht ab. Wochenlang vermißten wir die Dunkelheit, wochenlang schliefen wir den leichten, unruhigen Schlaf des Tages und waren abgespannt und müde.

So lernte ich die Mitternachtssonne als eine Qual kennen, die den arbeitenden Menschen zermürbt. Auch fing jetzt die Mückenplage

an, die in keinem Teil des Nordens so stark ist wie in den Sumpf-
gebieten Finnisch-Lapplands.

Die nördlichste Bahnstation in Finnland ist Rovaniemi, eine ziem-
lich große, aufblühende Handelsstadt. Sie wird reich an der Ver-
sorgung der finnischen Siedler mit Lebensmitteln, sie ist die
Pforte Lapplands. In Rovaniemi stehen steinerne Kaufhäuser.
Omnibus und Lastkraftwagen rattern durch die Straßen. Höhere
Schulen, Krankenhaus, — völlig das Bild einer neuen Stadt. In
kleinen Geschäften werden Lappensachen verkauft, das ist alles,
was an Lappland erinnert: Mädchenmützen, Taschen, Messer mit
geritzter Scheide aus Rengeweih. Rovaniemi liegt auf dem Polar-
kreis, und über der Stadt wölbt sich der blendende arktische
Sommerhimmel. Der Ounasjoki fließt bei Rovaniemi in den Kemi-
joki. Nie zuvor hatte ich so breite Flüsse gesehen. Auf ihnen wird
ein endloses Band von Stämmen geflößt. Die finnischen Arbeiter,
die sie fällen, verstehen nicht die Sprache der Lappen, die in die-
sen Wäldern ihre Heimat haben. Die schwedischen Direktoren der
Kemijoki-AG. sind nicht einmal der Sprache der Finnen mächtig,
die für sie arbeiten. Und vom Wald wissen sie nur, daß es im
Herbst schwer ist, Auer-, Birk- und Moorschneehuhn vom Kraft-
wagen aus zu jagen.

Von Rovaniemi zweigen die drei Kraftwagenstraßen ab, das Ske-
lett des Verkehrs. Nach Osten führt eine Straße bis in die Nähe
der russischen Grenze, nach Kuolajärvi über Kemijärvi, nach
Nordwesten der Fahrweg nach Kittilä, und nach Norden zieht die
Hauptstraße Lapplands. Auf ihr gelangt man nach einer Fahrt von
ungefähr 200 km ins Kirchdorf Sodankylä. Von dort aus sind es
ins nächste, Ivalo am Inarisee, noch ungefähr 300 km. In Ivalo
zweigt eine Straße nordwestlich nach Inari ab, die Hauptstraße
führt weiter in Richtung Petsamo. Die Verbindung mit Petsamo ist
noch nicht fertiggestellt.

Auf diesen Waldstraßen ist sommers starker Verkehr. Kraftwagen
für Post, Personen- und Warenbeförderung und im Herbst Last-
wagen, die dem lappländischen Bauern Heu vom Süden bringen,
fahren den ganzen Tag, von morgens früh bis spät in die Nacht,
mit hoher Geschwindigkeit. Viele Männer verdienen ihr Brot als
Kraftfahrer. Zu jeder Reise brauchen sie vier Tage, an denen sie

nicht müde werden dürfen, das Steuerrad von früh bis spät zu halten.

Wir sandten von Rovaniemi einen Teil unseres Materials nach Ivalo voraus und wählten selbst den kleinen Ford-Omnibus der Turisti-Verkehrs-Gesellschaft, um nach Vuotso, ins südlichste Lappendorf, zu fahren. Der Wagen war besetzt mit allerlei finnischem Volk, das, die schöne Reise genießend, scharf beobachtete, was sich ereignete. Es trällerte seltsame Tanzweisen vor sich hin und plauderte gemächlich miteinander. Oft hörten wir das Wort "Sksalaiset", Deutsche. Mit uns fuhr ein deutscher Professor aus Dorpat in Estland, der sich uns in Rovaniemi angeschlossen hatte und sich der Erforschung des Rentiers in Finnisch-Lappland widmen wollte. Wir fuhren von morgens acht bis abends zehn Uhr. Immer wieder wurde die Fahrt für kurze Zeit unterbrochen, um Kaffee zu trinken. Kaffee wird im Norden — vor allem bei den Finnen und Lappen — sehr viel getrunken.

Bei hellem Sonnenschein kamen wir in Vuotso an und begannen nach kurzer Rast eine Wanderung nach dem Kompaß durch die Wälder. Solche Waldfahrten sind etwas ganz Eigenartiges, um so mehr, als über Finnisch-Lappland nur ungenaue Karten mit großen Fehlern bestehen. Man weiß daher nie sicher, wo man sich befindet und wie der Weg sich fernerhin gestalten wird. Es kann niemandem empfohlen werden, solche Wanderungen in Lappland ohne Führer zu unternehmen.

Hemmend wirkt auch der Wasserreichtum des Landes. Immer wieder müssen Bäche durchwatet werden, und oft dauerte es lange, bis wir an Flüssen eine seichte Stelle fanden, die einen Übergang gestattete. Zudem hatten wir mit Kameras und Material, ferner mit Lebensmitteln für acht Tage schweres Gepäck. Anfänglich wollten wir quer durch den Urwald nach Inari gelangen, mußten aber dann, den Wünschen unseres Gastes entsprechend, nach Ivalo abbiegen.

Bis dorthin waren wir fünf Tage unterwegs. Das Wetter war uns sehr günstig. Wir sahen, meist aus Müdigkeit, davon ab, das Zelt aufzuschlagen. Es war auch nie nötig. Die ganze Zeit über stand die Sonne hell am Himmel.

Die Wanderung war äußerst anstrengend. Das Fehlen des Tag-

und Nachtwechsels verwirrte uns. Wir wanderten, da die Tage sehr warm wurden, nachts. Dann hatten wir die Sonne blendend vor uns, da wir genau die Nordrichtung einhielten. Dazu kamen die unangenehmen Mücken und die vom Durchwaten der Bäche und Überschreiten der Sümpfe meist feuchten Füße. Immer wieder aber wurde uns klar, daß wir uns in einer überwältigend schönen Landschaft befanden. Wir bedauerten sehr, sie kaum genießen zu können, weil wir überanstrengt waren.

Den ganzen 10. Juni waren wir zum Beispiel im Auto gefahren, die Nacht auf den 11. marschiert und hatten uns erst um neun Uhr morgens niedergelegt. Die Hitze, die Helligkeit und die Mücken ließen uns nicht zur Ruhe kommen. Geschlafen haben wir kaum. So ging es Tag für Tag. Dazu hatte ich an den Raststunden jedesmal Vögel zu präparieren, die ich geschossen hatte, und Platten und Filmkassetten zu wechseln. Meine Begleiter kochten derweilen unser sparsames Essen, halfen bei der Orientierung und erledigten sonstige Arbeiten.

Schließlich kamen wir ins Stromgebiet des Ivalojoki und erreichten dann den Fluß selbst. Dort trennte sich unser Gast von uns, um noch in der gleichen Nacht Ivalo zu erreichen. Wir hingegen blieben zurück, wie Steine vierzehn Stunden in unseren Schlafsäcken schlafend.

In Ivalo rüsteten wir uns für unsere Weiterfahrt. Von der Wirtin des Touristengasthofes und einigen Unteroffizieren der Grenzwache wurden wir freundlich unterstützt. Ich kaufte ein ziemlich großes Ruderboot von finnischen Fischern, mit dem ich zur Eismeerküste zu fahren gedachte. Wir erfuhren in Ivalo, daß das Brutgeschäft der Vögel auf Heinäsaari schon in vollem Gange, ja bei gewissen Vogelarten schon zu Ende sei. Wir hatten daher Eile, wenn wir noch zur Brutzeit auf die Inseln kommen wollten. Am 16. Juni war das Wetter zur Abfahrt sehr ungünstig. Das Postfräulein von Ivalo, eine hübsche Finnin, nähte uns noch in Eile ein Segel für unser neues Boot, ganz Ivalo nahm herzlich Anteil an unseren Vorbereitungen. Tagsüber verhinderten Wind und Regen unsere Abfahrt.

Am Abend erst wagten wir den Aufbruch. Wir hatten starken Gegenwind und kamen nicht mehr sehr weit. Am nächsten Tag setzten wir die Reise fort, um bis zum Abend die Mündung des Ivalojoki in den Inarijärvi zu erreichen. Der Wind nahm zu. Am Nachmittag legten wir bei Geschäften an, um Brot zu kaufen. Dann fuhren wir weiter. Gegen Abend hatten wir Sturm schräg von vorn und waren in Gefahr, gegen die Findlingsblöcke des Ufers geworfen zu werden. Immer wieder schlugen uns Wellen ins Boot. Einmal liefen wir auf und waren nahe daran, mit all unseren wertvollen Apparaten zu kentern. Der Wind drückte so stark, daß wir das Boot nur mit Mühe wieder flott bekamen.

Dann sahen wir voraus eine Hütte. Eben gingen einige Menschen nackt von der Sauna ins Haus. Bei diesem Haus ruderten wir an Land, zogen das Boot auf den Strand und traten ein. Draußen war harter Sturm vom See her. Wir erhielten gesalzenen Fisch und Brot. Dann wurde uns auf dem Boden das Lager bereitet. Am nächsten Morgen hatte der Wind noch nicht nachgelassen. Wir fuhren ab und überquerten die Ivalomündung gegen den Wind bei hohem Wellengang. In Lee einer Hügelkette an der Ostseite der Mündung bauten wir unser Zelt auf und ließen das Unwetter über uns ergehen. Es regnete, schneite und stürmte drei Tage und drei Nächte. Wir lagen während dieser Zeit im Zelt und schliefen meist. Am 22. war wieder gutes Wetter. Ich machte einige Aufnahmen von Blaukehlchen, Rohrammern, Bruchwasserläufern und einigen Pflanzen. Leider waren die Platten unbrauchbar, weil der Dunkelsack, in dem ich umlegte, Licht durchließ. Abends war der See spiegelglatt, und wir ruderten weiter. Die ganze Nacht glitten wir über den Inarisee. Es war windstill, und am Himmel türmten sich merkwürdige Wolkengebilde in vielen Farben. Die Ruderschläge war das einzig Hörbare. Nur ab und zu nahmen wir fern am Ufer Rentiere wahr, die zur Tränke zogen. Erschreckend zerriß bisweilen ein wilder, ungestümer Vogelruf die Stille: der Paarungsruf des Polartauchers. Er ist der am meisten auffallende Laut Lapplands.

Auf Inseln pflegten wir zu rasten. Bald schlugen wir auch das Faltboot auf, das wir mitgebracht hatten. Zur Vogelbeobachtung und zur Erkundung der Fahrstraße war es sehr zweckmäßig, noch ein kleines, beweglicheres Fahrzeug zu haben. Am östlichsten Ende des Sees lagerten wir zum letzten Mal auf einer Insel des Inarisees und kochten unsere Hafergrütze, die einzige Nahrung, die Brot einigermaßen zu ersetzen scheint.

Morgens um fünf erreichten wir die Siedlung Lusua, die am Ausfluß des Paatsjoki aus dem Inarisee liegt. Nun wurde unsere Weiterfahrt problematisch. Von Lusua bis Nautsi, einer vierzig Kilometer langen Strecke, ist der Paàtsjoki sehr reißend und bildet eine große Zahl starker Stromschnellen und Fälle.

Wir hatten aber das Glück, vom Direktor der Holzgesellschaft unterstützt zu werden. Er stellte uns Führer zur Verfügung, die uns über die Fälle bis Nautsi begleiten sollten. An einem einzigen Nachmittag legten wir die vier Meilen zurück und lernten dabei etwas ganz Neues kennen, die Koskifahrt*, und einen wunderlichen Menschenschlag, den Koskifahrer. In Virtaniemi benützten wir die letzte Gelegenheit, im Touristenheim zu speisen, da wir wußten, daß in den nächsten Wochen unsere Kasse gezwungenermaßen geschont werden würde. Auch würde die Kost wieder einseitig werden. Tiere wollte ich zur Brut- und Hegezeit nicht schießen, und das Angeln hatte auch ein Ende, weil wir im Inari unsere Schleppangel verloren hatten. Wir waren also für die nächsten Wochen wieder auf den Haferflockensack angewiesen.

Unser Führer trat ein und setzte sich -echt finnisch- schweigend abseits. Als wir gegessen hatten, stiegen wir bei leichtem Regen ins hochbepackte Boot, zwei von uns ruderten, einer saß untätig auf dem Gepäck und der Finne am Steuer. Dies ist bei den finnischen Booten ein loses Ruder, das in der Hand des Geübten in der verschiedensten Weise verwendet werden kann.

Bald glitten wir in starker Strömung. Der Fluß war voller Baumstämme, ab und zu stieß einer ans Boot. Wie aus Erz gegossen, starrte der Finne nach vorn. Dann einige Ruderschläge. Mit einer einzigen Bewegung erhob sich der junge Mann. Jetzt stand er auf

----

*Koski = Stromschnellen

der Ruderbank und spähte, wo wir am besten durchkämen. Vor uns toste ein Koski. Am Ufer jagten die Bäume nach hinten. Wir hatten hohe Geschwindigkeit. Blitzschnelle Bewegungen des Führers — wir wurden mitten hindurchgerissen, das Boot wurde von den schäumenden Wellen hin- und hergeworfen. Immer mitten hindurch. Der Finne ist ein Bild der Anstrengung und der Aufmerksamkeit. Einige Wellen schlagen ins Boot. Es geht in rasender Fahrt eine wasserfallartige Stromschnelle hinab. Dann haben wir es geschafft und rudern durch die kleinen Widerwellen. Erschöpft setzt sich der Führer nieder. Er lächelt. "Hyvyn on!" — es ging gut. Dann müssen wir Wasser ausschöpfen.

Koski folgt auf Koski, und wenn wir an eine Flößerhütte kommen, steigen wir aus, machen das Boot fest, trinken Kaffee und erhalten einen neuen Führer. Bald geht es weiter. Schon sind wir von den Wellen durchnäßt. Ab und zu begegnen wir Flößerbooten. Unser Führer spricht lange mit den Leuten, er erkundigt sich anscheinend nach den nächsten Stromschnellen. Manchmal legen wir vor Stromschnellen an, der Steuermann geht am Ufer entlang, um sich die Durchfahrt vorher anzusehen. Lange starrt er schweigend ins schäumende Wasser, dann fahren wir ab, rechts und links Holzstämme, scharf an großen Steinen vorbei, vom Gischt übersprüht. Einmal war der Fluß durch gestaute Baumstämme versperrt. Ein Boot mit acht Flößern kam zu Hilfe, und mit vereinten Kräften wurde unser Boot über die schwimmenden Stämme gezogen. Wir staunten ob der Gewandtheit, mit der die Männer in ihren rutschigen Lederschuhen auf den Stämmen umherliefen. Während der Arbeit verbog sich die kleine Messingstange, an der die deutsche Flagge an unserem Boot wehte. Einer der Burschen bog sie wieder gerade und sagte auf schwedisch, unter dieser Flagge habe er auch schon gefochten. Es entspann sich rasch eine finnische Unterhaltung, an der wir leider nicht teilnehmen konnten, aber hörten, daß sie vom Befreiungskrieg* handelte. Dann setzten wir die aufregende Fahrt fort. Lange hatten wir einen Führer, der fünfzig Jahre alt sein mochte und uns nach jedem Koski freundlich anlachte. Bei einer ganz großen Stromschnelle sahen wir den Ausdruck der Verzweiflung in seinem wetterharten Gesicht. Wir stießen im brausenden Strom mit aller Macht gegen

---

*vgl. Anm. Seite 42

einen Felsbrocken, über den das Wasser wegspülte. Keiner von uns dachte, daß unser kleines Boot einen so starken Stoß vertragen würde. Aber es ging gut.

Abends um acht wechselten wir zum letzten Mal den Führer. Der gefährlichste Koski bildete den Abschluß. Wir mußten aussteigen, und zwei Finnen stellten sich ins Boot, ohne Ruder und Steuer zu benutzen, nur mit Stäben in den Händen. Mit rasender Fahrt ging es durch Schaum und Gischt, eine Zeitlang sah man nur die aufrechten Gestalten, das Boot war von den Wellen verdeckt, aber es gelang. Die Finnen stiegen aus, der eine sagte auf schwedisch: "Lebt wohl und eine glückliche Reise", der andere schwenkte nur seine Mütze und verschwand im Dickicht. Todmüde, durchnäßt bis auf die Haut, mit einem lecken Boot, bogen wir in den Nautsijoki ein. Dort aßen wir noch und schliefen am Feuer ein, bevor wir daran dachten, das Zelt zu errichten und die nassen Kleider zu wechseln. Es begann in der Nacht zu regnen, und als wir am nächsten Morgen erwachten, waren unsere Schlafsäcke ebenfalls durchnäßt.

Die Führung durch die Holzgesellschaft hatte ihr Ende. Wir mußten uns nun selbst weiterhelfen. Ohne uns viel Rast zu gönnen, ruderten wir den Paatsjoki hinunter und hatten nur noch ein Ziel: schnell nach Heinäsaari zu kommen. Tag und Nacht stand wieder die Sonne am Himmel. Immer weniger maßen wir der Tageszeit Bedeutung bei. Wir ruderten bis zu zwanzig Stunden in einem fort, immer so lange, bis wir müde genug waren, im hellen Sonnenschein einzuschlafen.

Einmal kamen wir völlig übermüdet in die Hütte einer Koltin und gaben ihr zu verstehen, daß wir kochen und schlafen wollten. Sie kauerte mißtrauisch mit ihren Kindern auf der Erde und legte erst ihre Scheu ab, als wir sie aufforderten, von unserer Hafergrütze mitzuessen. Das alte Weib wird sich wohl gewundert haben: nachmittags um fünf Uhr krochen wir in ihr Schlittenzelt und kamen erst am folgenden Nachmittag um drei wieder ausgeschlafen zum Vorschein.

Das Schwierigste war jetzt die Überwindung der Stromschnellen. An der ersten trafen wir einen Norweger, einen verschlossenen Waldburschen, den wir baten, unser Boot zu steuern. Er setzte sich allein ins Boot, wir liefern am Ufer entlang voraus. Mit einer unglaublichen Gewandtheit ließ er sich durch die Stromschnellen treiben. Als er ausstieg, griff ich dankerfüllt in meine Brieftasche. Er lehnte jedoch jede Bezahlung ab und sagte, er habe es der Flagge zuliebe getan.

Flußabwärts wächst der Verkehr, und zur Umgehung der Stromschnellen sind meist kleine Rollbahnen gebaut, auf denen man die Boote übersetzen kann. So wurden für uns die Koski kleine Vergnügungen, da die Bahnen sonntags alleinstehenden Feldbahnen in der Heimat sehr ähnlich sind. Nur noch einmal kamen wir bei drei aufeinander folgenden Stromschnellen, an denen noch keine Rollbahn gebaut war, in Verlegenheit. Ein Anfall von Todesverachtung veranlaßte uns, sie allein mit Faltboot und Holzboot zu fahren, wobei wir beim Steuern die Bewegungen der kundigen Finnen nachahmten.

Es war sehr schade, daß wir den Paatsjoki so hinabhasten mußten, denn dieser Fluß ist reich an Vögeln. Fischadler und Habicht, Schellente und Polartaucher, Rohrammer und Schafstelze waren häufig. Wir sahen Kolonnen von faustgroßen Jungenten, konnten uns aber nicht mit der Beobachtung an diesem landschaftlich sehr schönen Fluß aufhalten.

Am 5. Juli kamen wir abends an den letzten und größten Koski des Paatsjoki, an den Wasserfall von Kolttaköngös. Die Luft war so erfüllt vom Brausen naher und ferner Stromschnellen, daß ich, der ich im Faltboot vorausfuhr, erst kurz vor dem Wasserfall die Gefahr bemerkte. Wir legten an und hießen einigen Kolten, unsere Boote mit Pferden über Land zu schleifen. Am 8. Juli fuhren wir in den Fjord nach Kirkenäs. Dort erreichten wir den Dampfer "Suomi", der uns mit all unserem Gepäck am gleichen Tag nach Petsamo brachte.

Anfänglich hatten wir zwar geplant, uns im Varangerfjord bis an die offene See mit dem Boot vorzuwagen. Dort wollten wir das Zelt aufschlagen und im Anblick des Eismeers einen günstigen Tag abwarten, um nach Petsamo zu rudern oder zu segeln. Allerdings war hierbei das Verlangen, eine einzigartige Leistung aufzustellen, größer als die Vernunft. Als wir nach Kirkenäs kamen und die Möglichkeit sahen, billig und gefahrlos mit beiden Booten nach Petsamo zu kommen, vergaßen wir unseren waghalsigen

Plan. Wir legten uns an Deck des Dampfbootes nieder und fielen bald in tiefen Schlaf. Erst jetzt bemerkten wir, wie anstrengend die Paatsjokifahrt gewesen war.

Die Landschaft um Kirkenäs war bedrückend. Endlos graue Klippen und Fjordfelsen. Keine einzige Birke, kein Grün war vom Wasser aus zu sehen. Die Stadt selbst ein öder Flecken aus stillosen Häusern. Auch draußen, wo das freie Eismeer an die Steilküste bricht, wirkt die Landschaft schwermütig. Nur an ganz wenigen Stellen leben in Buchten zeitweise Menschen: Kolten, die den Sommer fischend an der See verbringen. Das Eismeer bewegt sich meist in einer riesigen, trägen Dünung. In der Ferne sieht man kilometerlange Stücke der grauen Steilküste über die Kimm ragen. Zu dieser Landschaft gehört der gellende Ruf der Schmarotzerraubmöve.

Petsamo heißt der Bezirk, in dem Finnisch-Lappland an das nördliche Eismeer stößt. Er ist noch nicht lange finnländisch. Er wurde erst nach dem Befreiungskrieg* von den Finnen erworben. Vorher war Petsamo russisch und hieß Petjenga. Finnland hatte die Wahl zwischen diesem Stück Lappland und einer fruchtbaren Landschaft am Ladoga. Es entschied sich für Petsamo, da es so einen eisfreien Hafen erhielt. Tausend Kilometer südlicher, an der Ostseeküste, versperrt das Eis winters die Schiffahrt. Unter dem Einfluß des Golfstroms bleibt die gesamte norwegische Küste bis in ihren entlegensten Teil, dem Varangerfjord, eisfrei. Auch die russische Murmanküste ist eisfrei, und der Eismeerhafen Murmansk bei Alexandrowsk ist einer der wichtigsten russischen Einfuhrhäfen. Eine solche Bedeutung hat freilich Petsamo noch lange nicht. Denn die Bahnlinie führt ja erst bis Rovaniemi, und selbst die Kraftwagenstraße harrt noch ihrer Vollendung. Auch wenn sie fertig ist, wird Petsamo nicht viel an Bedeutung zunehmen, da eine 700 km lange Kraftwagenstrecke sich für Fracht nicht lohnen wird. Wichtiger als Petsamo selbst ist heute noch der norwegische Hafenort Kirkenäs, in dessen Nähe die finnisch-norwegische Grenze verläuft. Die Zollbestimmungen sind für Finnland sehr günstig, daher ist Kirkenäs der Einfuhrhafen Finnisch-Lapplands.

---

*Friedensvertrag von Dorpat 1920

Erst tief im Petsamofjord bekommt die Landschaft Anmut und Wechsel. Rechts und links des Petsamoflusses bildet sich eine Tiefebene, die im Hafen bei Trifona noch sehr schmal ist und sich dem Kloster zu nach Süden verbreitert. Vor Trifona liegen die Motorkutter vor Anker.

Wir trafen es schlecht in Petsamo. Von Trifona fuhren wir mit beiden Booten den Petsamojoki hinauf bis zur Kaserne. Dort fragten wir um Nachtquartier, wurden aber abgewiesen, da hierzu eine ausdrückliche Genehmigung des Majors von Rovaniemi nötig sei. So legten wir uns mit unseren Schlafsäcken unter ein kleines Dach, unter dem Glocken von verschiedenen Größen hingen. Auch am folgenden Tag zeigte niemand Interesse an uns, und wir fühlten uns einsamer als in den großen Wäldern. Wir benutzten den Tag, um das Gepäck und die Vorräte für Heinäsaari zu packen und das übrige im Petsamo zu verstauen. Am 10. Juli war starker Nordwind. Unser Boot war fahrbereit, und wir ruderten am Morgen von der Kaserne stromabwärts gegen Wind und Wellen. Der Himmel war grau, an den Felsen unterhalb Parkkina jagten sich drei Schmarotzerraubmöven. In der Nähe von Trifona war der Seegang so stark, daß wir wieder alle Kraft und Aufmerksamkeit aufwenden mußten, damit uns das Boot nicht vollschlug und kenterte. Mit großer Mühe erreichten wir den Hafen und mußten einsehen, daß wir nicht allein nach Heinäsaari gelangen würden. In Trifona fanden wir einen Kutter, der am Abend nach Vaitolahti in See gehen wollte. Er nahm uns auf mit der Zusicherung, uns in Heinäsaari abzusetzen. Vor dem Petsamofjord war der Seegang sehr hoch. Wir lagen in der Kajüte und schliefen - wie immer, wenn wir nicht für uns selbst sorgen mußten.

Vor Heinäsaari drehte der Kutter bei, der Takt des starken Motors verlangsamte sich, und wir wurden geweckt. Wir waren zwar in Lee der Insel, aber trotzdem war der Seegang sehr unangenehm. Unser Boot, das jetzt zu Wasser gelassen war, tanzte neben dem Kutter auf den Wellen. Das Überladen unseres Gepäcks war schwierig. Fast wäre unser ganzer Präparier- und Nahrungsvorrat fortgeschwommen. Wir verloren aber nur Gips, Salz und Pfeffer. Wir setzten uns auf die Ruderbank, dankten den Finnen und schaukelten der grünen Insel entgegen, dem Ziel unserer großen Fahrt. Es war Mitternacht, und die rote Sonne blendete uns. Hinter uns lag noch immer der Kutter mit abgestopptem Motor, das braune Holz leuchtend im Sonnenlicht. An uns vorbei flog ein Papageitaucher, der erste, den ich lebend sah.

Wir trafen drei Menschen auf Heinäsaari an. Zwei finnländische Soldaten und einen russischen Mönch vom Kloster Petsamo. Die beiden Soldaten waren von der Grenzwachtkompanie von Petsamo zur Bewachung des Schutzgebiets abkommandiert. Sie lebten während der Brutzeit auf Heinäsaari. Einesteils fanden sie es langweilig so fern von Kameraden und Sauna, andernteils fanden sie es wunderschön bei den vielen Vögeln, in Sommersonne und Einsamkeit. Beide waren Finnländer mit schwedischer Muttersprache, die in der Samskola, in der weitverbreiteten Mittelschule, deutsch und finnisch gelernt hatten. Die Soldaten bewohnten ein kleines, reinliches Haus, das sie mustergültig in Ordnung hielten. Auch wir zogen dorthin und gewannen in den beiden Finnen Freunde. Vom Soldatenhaus zur Anlegestelle führte ein breiter Weg, gesäumt von hohem, scharfen Strandgras. Auf halbem Weg war der Holzstoß aufgeschichtet, von dem jeden Tag der Vorrat ins Haus getragen wurde. Das Holz war vom Kutter gebracht worden, der - solange auf Heinäsaari Menschen leben - wöchentlich einmal vor der Insel stoppt. Im Haus stand ein guter Herd, an den Wänden hatten die Soldaten einen kleinen Spiegel, einige Lichtbilder von Kameraden und von Petsamo und Schalen einer prächtigen Seespinnenart, die man oft am Strande findet, aufgehängt. Über den Feldbetten hingen ihre Karabiner und Patronentaschen. Neben dem Haus erhob sich eine Fahnenstange.

Als wir ankamen, stand Flink, der ältere Soldat, am Strand und half das Boot an Land zu ziehen. In der Stube saß Kroog, der andere, und rauchte. Nach Finnenart waren die beiden zuerst zurückhaltend, und wir fühlten uns in den ersten Stunden überflüssig. Kurz nach unserer Ankunft kam der bärtige Mönch herein und setzte sich auf ein Bett. Er wollte erfahren, was es mit uns für eine Bewandtnis habe. Er war neugierig. Sein Haus war schmutzig, und seine Sachen waren es auch. Er war den ganzen Tag allein, abends kam er zu den Soldaten, die mit ihm russisch sprachen; denn eine andere Sprache konnte der Mönch nicht. Er wußte nicht nur über die Insel gut Bescheid, sondern auch einiges von der großen Welt. Bevor er ins Kloster ging, war er Matrose auf einem Großkampfschiff. Er wußte einiges von Deutschlands

Schiffen und ließ uns danach fragen. Auch der Name Hindenburg* war ihm bekannt. Der Mönch besaß auch ein seetüchtiges Boot, mit dem er ein paarmal nach Klein-Heinäsaari fuhr, um die dortigen Eiernester zu plündern. Öfters ruderte er mit der Senkangel hinaus und fing Dorsche, die in diesen Gewässern sehr häufig sind. Einmal brachte er eine Flunder mit, die er nicht mit einer Hand halten konnte, so schwer war sie.

Die Soldaten hatten kein Boot. Deshalb konnten sie eigentlich nur Groß-Heinäsaari vor Eierräubern beschützen. Die kleine Nachbarinsel wurde verschiedentlich von Leuten aus Pumanki heimgesucht. Sie hatten aber so viel Verständnis, daß sie nur die ersten Gelege nahmen, so daß die Vögel bei der zweiten Brut ihre Jungen hochbrachten. Die Möven auf Klein-Heinäsaari waren daher beim Anblick des Menschen viel aufgeregter als auf Groß-Heinäsaari, obwohl sie viel seltener Menschen sahen; denn Klein-Heinäsaari ist ja unbewohnt. Sie kennen eben den Menschen als Eierräuber.

Die beiden Häuser stehen nicht ganz dicht beisammen. Geht man vom Wachhaus am Mönchshaus vorbei, so kommt man zur Quelle. Dort gibt es Trinkwasser, und dort wuschen wir uns. Neben der Quelle steht ein Kreuz. Finnen haben dort einen angeschwemmten Toten beerdigt. Wahrscheinlich während des Murmankrieges 1919, vielleicht einen Engländer. Es ist ein einfaches protestantisches Kreuz; ein altes Tau hängt daran, wohl zum Zeichen, daß der Tote ein Seemann war. Auch auf Klein-Heinäsaari steht ein Kreuz, aber ein dreifaches, orthodoxes. Der Mönch zimmerte es einem toten Engländer.

Von der Quelle geht der Pfad weiter bergan auf festem Boden. Ein Brachvogelpaar, das einzige der Insel, fliegt schweigend auf. Nun kommen wir aufs Moltebeerenland. Es ist Erde aus Vogelkot, aus Pflanzenstoff. Der Pfad führt zum Leuchtfeuer. Das schläft den Sommer über. Es ist im Sommer ja nicht nötig, daß Leuchtfeuer brennen. Vom höchsten Punkt der Insel, dem Holzgerüst des Leuchtfeuers, schweift der Blick frei ringsum. Wir gingen sehr oft hinauf zum Leuchtfeuer, allein, denn dort oben war es sehr schön. Die beiden Häuser standen friedlich klein im Grün. Im Norden

---

*2. Reichspräsident der Weimarer Republik

vielleicht ein Dorschfischer an der Kimm. Die Pumankiküste im Osten war ja nicht weit, man konnte ihre Farben erkennen. Nur wo Schatten war, schien alles blau. Nördlich sah man Laassa und Lunni. Weit, weit war die Küste zu verfolgen. Im Süden die finnische Petsamoküste in kaltem Steinmassiv, mit kleinen Schneeflecken. Die Städte Kirkenäs, Vadsö und Vardö und die wenigen Dörfer waren nicht zu entdecken, denn sie liegen tief in Buchten und Fjorden versteckt. Die Küste rings um den Varanger-Fjord war deutlich auszumachen. Im Sonnenglast war sie mitunter leicht verzerrt. Fata Morgana! Berge wurden zu Türmen, standen wie Trichter umgekehrt in der Luft, oder losgelöst schwelte der Gipfel wie eine Gewitterwolke über dem Berg. Einsamkeit und Ferne und das Meer weit, weit blau!

Ist die Brutzeit des Eidervogels zu Ende, packt der Mönch seine Habe und rudert hinaus, wenn das Postboot vor den Inseln liegt. Er kehrt ins Kloster zurück.

Ist die Brutzeit der anderen Vögel vorbei, dann fahren auch die Soldaten ab. An einem bestimmten Tag kommen ein Amtmann von Petsamo und Fischersleute von Pumanki und Vaitolahti. In der Wachstube findet die Versteigerung der Grasflächen statt. Das ist ein großer Tag, und die Fischer nehmen ihre kleinen Buben mit, damit sie die schöne Insel sehen. Sie gehen nicht gleich ans Abschätzen des Heuertrags, sondern pilgern zuerst zum Leuchtturm und blicken umher. Froh sind sie und reden viel. Sie zeigen den kleinen Buben die großen Möven. Gegen Abend hämmern wieder die Motoren. Eine Weile fahren die Schiffe auf gleichem Kurs, dann biegt das eine nordwärts ab, Vaitolahti entgegen. Sie lassen ein paar Mäher zurück. Die holen sie wieder samt dem Heu, wenn es getrocknet ist.

Mitunter kommen auch andere Menschen nach Heinäsaari; Wissenschaftler. Sie kommen einzeln, in kleinen oder großen Gruppen. Die meisten machen nur einen Rundgang, streifen den Fernblick und pflücken einige Pflanzen. Sie nehmen auch rosa Muschelschalen und vielleicht den Kopf eines toten Lunds* mit. Sie fotografieren ein Vogelnest, treten ein paarmal in den Sumpf und rutschen regelmäßig an der Landungsstelle aus. Wir selbst

---

*Papageientaucher

erlebten, wie ein Schwarm von 25 Wissenschaftlern die Insel über-
schwemmte. Zwei Stunden genügten ihnen. Der Professor bat um
Ruhe und erklärte mit lauter Stimme die geologische, botanische,
zoologische und meteorologische Beschaffenheit der Insel. Er war
noch nie da gewesen. Der finnische Führer kaute derweilen
Strandgras. Ein junger Doktor drehte einem Lund den Hals ab,
und ein Student schoß zweimal an einem bogenschnäbligen
Strandläufer vorbei. Die Damen saßen einstweilen in der Wach-
stube und sagten, sie hätten sich mehr versprochen, und die Insel
sei doch öde.

Die Heinäsaari-Inseln scheinen die westliche Spitze einer von der
Pumankiküste hervorragenden Landzunge gewesen zu sein.
Zusammen betrachtet, steigen die beiden Inseln nach Osten zu
an, wo zuletzt die Stummelmövenwand auf Klein-Heinäsaari jäh
abfällt. Früher stieg sicher das Land gleichmäßig bis auf
Pumanganiemi. Beide Inseln stehen wie auf Tischplatten von
Urgestein. Rings um die Inseln ist der Meeresgrund nackter Fels,
an wenigen Stellen Sand, nirgends Schlamm und Schlick. Auch
der Strand ist meist kahler, ebener Fels, von den Gletschern der
Eiszeit eben geschliffen, wie in Skandinavien oft anzutreffen. An
mehreren Stellen hat sich eine dünne Sandschicht abgelagert.

Im Eismeer ist der Wechsel der Gezeiten sehr deutlich. Es gibt am
Strand einige Felsmulden, die nur bei hoher Flut erreicht werden
und stets mit stillem Wasser gefüllt sind. In diesen wächst
reiches Wasserpflanzenleben. Am Strand sind die Reste von aller-
lei Seetieren zu finden, zum Beispiel die Schalen, Beine und
Scheren einer schmucken Seespinnenart.

Im Innern der Insel hat sich unter dem Einfluß der reichen Dün-
gung vielseitiger Pflanzenwuchs entwickelt. An echten Bäumen
steht auf Groß-Heinäsaari nur eine einzige, verkümmerte Birke von
1/2 Meter Höhe. Dagegen ist auf dem Trockenland die Zwergbirke
häufig. In der Ebene trifft man wie auf dem Festland auf Sumpf
und Moor, auf den höher gelegenen Gebieten fallen Moltebeere,
Hungerblümchen und schwedischer Hartriegel auf. In den sandi-
gen Teilen des Strandes kommen Standmiere, Fetthenne und die
schöne, blaublühende Mertensia vor. In den feuchten Gegenden
wächst die blaugrüne Weide. Die Trollblume vergoldet ganze
Felder. Auch Blutauge und das zweiblütige Veilchen sind häufig.

Auf der Vogelinsel

Auf Heinäsaari gibt es keine Säugetiere. Es kann ja auch nicht gut anders sein, denn sicher ist sie schon seit sehr langer Zeit Insel. Nichts deutet darauf hin, daß sie früher mit dem Festland verbunden war. Sicher gab es auch Zeiten, in denen die Fluten des Eismeeres über das ganze Eiland wuschen. Sie hätten alle vierfüßigen Landtiere weggespült. Nur die verschiedenen Robbenarten des Eismeeres lieben es, sich am Strande Heinäsaaris zu sonnen.

Heinäsaari ist ganz Insel. Nie führt ein fester Weg von der Küste hinüber. Der Golfstrom hält Winter für Winter das ganze Meer eisfrei. Nicht weit vom Strand ist das glasklare Wasser schon so tief, daß es dunkelgrün erscheint. Selbst die tiefste Ebbe vermag keinen Weg aus Schlamm freizugeben. Oft wohl stand schon der Fuchs auf der Steilküste bei Pumanki und schaute unter sich das Eismeer wie ein blaues Tuch. Und dort zwei grüne Inseln, vogelumschwirrt. Und er dachte wohl auch, daß dort, woher die Brise ferne Mövenschreie bringt, leichte Beute sei, aber nie wird er hinüberfinden, denn Heinäsaari sind zwei rechte Inseln.

Nicht wie die Ostseeschären, wo die Schneehasen hoppeln, oder wie die einsamen Inseln im Inarisee, auf denen ich einen vollen Tag im Versteck kauerte, um einen Polartaucher am Nest zu filmen. Da kam plötzlich ein Trupp Rentiere durchs Gezweig, ein "Tjara" wie der Lappe sagt, ohne Glocken und ganz scheu wie wilde Tiere. Sie waren wohl übers Eis vom Ufer gekommen und hatten den rechten Augenblick verpaßt zurückzugehen.

Vielleicht sind sie auch zur Insel hinübergeschwommen, denn das Rentier schwimmt gerne. Ein anderes Mal, weitab von allen Menschen, im Wald von Suonikylä, sah ich abends Rentiere auf einer Insel. Es war ein seltenes Bild: Der Himmel war fahlblau, und der Spiegel des Ala Akkajärvi war es auch. Wir standen, im Weg innehaltend, am Strand und blickten zu einer Insel hinüber. Dort waren am Ufer zwei weiße Rentiere, eins stand und eins lag. Und ihr Spiegelbild verdoppelte ihre Erscheinung.

Heinäsaari ist säugetierlos, und es wäre interessant zu wissen, woher der größte Teich den Namen Peurajärvi, der "Wildrensee", erhalten hat. Auch ist es kaum je möglich, daß durch den Menschen Säugetiere dort eingebürgert werden. Denn nirgends am Strande der Heuinseln ist Möglichkeit, mit größeren Schiffen anzulegen.

Im großen Wald des Festlands fühlt sich der Wanderer bisweilen sehr einsam. Zumal wenn Menschen ferne sind, leidet ein empfindsames Gemüt stark am Alleinsein. Wohl ist rings Leben, rings ist das Wachsen der Bäume. Sie tragen in sich die Narben der Jahrzehnte und des Sturmes. Dort im Wald ist es mitunter so still, daß man nur eigenen Atem und Herzschlag vernimmt. Diese Schwermut der Einsamkeit, die ihren Stempel in die Seelen der Waldsiedler und Waldwanderer prägt, kennt Heinäsaari nicht. Wohl ist es abgelegen. Das nördliche Eismeer ist weit, weiter als der größte Sumpf. Aber auf den beiden grünen Inseln ist ein Leben, das keiner Menschenseele das Gefühl des Alleinseins gestattet. Da ist ein Wogen von Vögeln, ein stetes Kommen und Gehen, ein Fliegen und Jagen und ein Rufen in tausenderlei Stimmen. Der Mensch fühlt sich völlig nebensächlich. Das große Leben wird nicht von ihm beeinflußt. Er ist in einer anderen Welt zu Gast.

Der häufigste Vogel Heinäsaaris ist der Lund oder Papageitaucher. Es ist nicht zu sagen, wieviele dieser Vögel auf Heinäsaari brüten, aber sicher sind es Hunderttausende von Paaren. Sie bilden die große Masse der Heinäsaarivögel. Es ist ein sehr eigenartiger Vogel, der Lund, schon in seiner äußeren Erscheinung. Gestalt und Gliedmaßen sind an das Leben im Wasser angepaßt, denn er ist ein Taucher. Die roten Füße sind wie die der Enten, die drei vorderen Zehen durch zarte Schwimmhäute verbunden. Der gedrungene Körper wird auf den kleinen Füßen aufrecht getragen wie bei den Pinguinen. Das dichte Gefieder ist unterseits weiß und oberseits schwarz, der kleine Stummelschwanz ist kaum zu sehen. Aber der Kopf des Lunds wirkt wie der Kopf eines Harlekins neben den Köpfen der anderen Vögel.

Der Schnabel ist hoch und sonderbar zusammengedrückt und gerillt, daß er auf Bildern ganz unwahrscheinlich wirkt. Er ist feuerrot und schiefergrau. Man kann ihn nicht beschreiben, diesen Vogelschnabel, man muß ihn selbst sehen. Er tut sich auf wie eine Gartenschere und schließt sich mit großer Kraft. Über und unter dem Auge hat der Lund einen nackten Hautfleck. Das gibt ihm einen ängstlichen, besorgten Ausdruck. Und er hat Grund dazu. Denn ist es die Mantelmöve nicht, die ihm beim Auftauchen den Schnabel von obenher in die Weichen hackt, dann ist es vielleicht der Wanderfalke, der ihn beim Hochfliegen mit unerbittlichen Fängen greift. Und auf dem Heimflug ist es oft die vorwitzi-

ge Schmarotzerraubmöve, die ihn brausend schnell verfolgt, bis er in der letzten Not seine Beute, den kleinen glitzernden Fisch, fallen läßt. Mehr will die Räuberin meist nicht, denn es ist ihre Art, anderen Seevögeln die Beute abzujagen.

Die Lunde sind die Massen des Eismeers. Sie sind die Nahrungstiere der Greifvögel, der große Fleischvorrat. Sie sind die Vögel, um die es nicht schade ist, die verschwenderisch häufig sind. Und das wissen sie, die kleinen Großschnäbel. Sie wissen, daß ihr Leben eine einzige Hetzjagd ist, denn die Mantelmöven und die Falken leben von ihnen wie der Sperber vom Starenschwarm. Die kleinen Flügel reichen kaum, den schweren Körper vom Boden zu heben. Selten nur gelingt es dem Lund, von ebener Fläche abzustreichen. Meist marschiert er auf eine kleine Anhöhe, um sich zu ducken und dann schnurgerade meerwärts loszuschnurren. Es ist ein sichtbarer Entschluß, denn oft kann man sehen, wie die Weißbrüste sich wiederholt ducken, als wollten sie's nun wirklich wagen. Dann aber lassen sie wieder von ihrem Vorhaben ab.

Kurz nach dem Abflug ist ihre Geschwindigkeit sehr gering. Aber rasch nimmt sie zu, die kurzen Flügel schlagen so rasch, daß man sie nicht mehr sieht. So fliegt der Lund zum Meer hinaus: ein schwarz-weißer Körper an unsichtbar schnurrenden Flügeln, voraus ein leuchtend bunter Schnabel. Unter ihm das durchsichtige Grün der Eismeerflut, über ihm der blendend helle Sonnenhimmel, er selbst ein schwirrendes Farbenspiel. Und Hunderte fliegen mit ihm in gleicher Richtung hinaus, um zu fischen. Er sieht sie neben sich, hier und dort, alle gleich, wie mit einer Schablone an den Himmel gemalt. Hundert andere kommen zurück, einen kleinen Glitzerstreifen im roten Schnabel, Hunderte wiegen sich unter ihm in der grünen Dünung, Hunderte tauchen tief im Wasser. Überall Lunde.

Aber da gibt es auch anderes Geflügel: dunkles, helles, großes und kleines. Das geht den dummen Lund nichts an. Nur daß die große weiße Mantelmöve über ihm kreist, hat er gesehen. Oh, wenn sie doch satt wäre! Wenn sie einen anderen Lund verfolgen wollte! Er war schon müde, der kleine Rotschnabel, hatte ihm doch eine "Kiho", eine Schmarotzerraubmöve, am Morgen den Fisch abgehetzt. Aber heute hat das Schicksal ihn getroffen. Die nächste Flut wird seinen toten Körper auf das Strandgestein Heinäsaaris legen. Rings um zwei klaffende Löcher in den Weichen wird das weiße Gefieder braun verblutet sein. Der angstvolle Ausdruck des Gesichts wird sich nicht verändert haben. Außer den grünschillernden Mücken wird sich kein Tier mehr um den kleinen Leichnam kümmern. Ein Trost nur, daß noch hunderttausend Lunde verbleiben. So geht es jeden Tag mit vielen Lunden. Sie sehen plötzlich hinter sich den riesigen gelben Schnabel der Mantelmöve jagen und wissen sich angestarrt von zwei bösen, gelb umränderten Augen. Der Taucher fliegt wie ein Geschoß, aber schneller noch fliegt die Möve. Sie hat die schwarzen Schwingen angelegt und stürzt so dem Geängstigten nach. Im letzten Augenblick fällt er wie ein Stein ins Wasser, in dem er verschwindet.
Der großen Möve ist nichts Geheimnis, was in den Fluten des klaren Meeres vor sich geht. Wo der kleine Lund Atem holen will, ist sie schon mit Schnabelhieben zur Stelle. Immer öfter taucht er auf, immer röter sickert es ins weiße Gefieder und ins grüne Meer. Dann ist ein Loch in der Weiche des Armen, und der große gelbe Schnabel zerrt die Eingeweide gierig aus dem flatternden gequälten Vogel.

So ist das Leben des Lunds. Er kann nicht getrost auf der Wasserfläche ruhen, wie der Nordseetaucher es tut, noch darf er schlummernd am Strand stehen, wie die Eiderente bisweilen. Immer muß er auf der Hut sein. Und darum baut er nicht Nester wie die anderen Vögel, sondern Höhlen wie der Fuchs. Auch Tordalk und Grillteist brüten in Höhlen, aber sie benutzen Spalten und Ritzen im Gestein, sie bauen nicht selbst. Nur der Lund liebt die weichen, erdigen Stellen, in denen keine Steine liegen. Dort gräbt er Höhlen, tief und gewunden. Sie verzweigen sich und stoßen zusammen, und weil es so gar viele Lunde sind, ist Loch an Loch. Lundstädte! Höhle an Höhle, rings weiß getüncht. Oft suchte ich die Brutgebiete der Lunde auf. Von fern sah ich die weißbäuchigen Vögel in Trüppchen und Reihen ruhend vor ihren Höhlen stehen und seewärts blicken. Stets flogen einige ab, andere kamen gerade aus ihren Höhlen heraus und stellten sich zwischen die Gesellschaft der Ruhenden. Stets kamen auch Lunde mit vorgestreckten Füßen aus der Luft gestürzt und verschwanden in ihrem Bau: sie tauchten in die Erde wie wohlgezielte Steine, denn sie wähnten die Schmarotzerraubmöve im Rücken. Und wirklich: da kam sie auch hinter einem Lund dahergefegt, mit weiten Flügelschlägen in rasendem Flug. Aber der kleine Taucher wollte seine Beute nicht verlieren und erreichte die Höhle. Laut rufend zog die Raubmöve weiter.

Kam ich näher, so verschwanden meist die Lunde, die vor der Kolonie standen. Ein Teil kroch in die Höhlen, die anderen flogen ab. Der Lund ist aber ein sehr neugieriger Vogel, und deshalb blieben einige lange sitzen, ja manchmal schauten sie mich verwundert an und vergaßen ganz, sich in Sicherheit zu bringen. Solche Lunde, die den rechten Augenblick zum Abflug verpaßt haben und nicht mehr watschelnd zur Höhle gelangen, lassen sich mit der Hand fangen.

Schritt ich nun über das Erdreich, das in seinem Innern die vielen Vogelhöhlen birgt, so hörte ich immer wieder ein hohes Brummen von unten. Die Tiere waren ärgerlich wegen der Störung. Auch schaute, wenn ich regungslos verharrte, immer wieder ein neugieriger Kopf aus dem Boden, der mich verdutzt betrachtete, um schnell wieder zu verschwinden. Heimkehrende Vögel waren unangenehm berührt, einen Menschen in der Nähe ihrer Nester anzutreffen. Sie trauten sich nicht zu landen, wenn ich ihren Höhlen allzu nahe stand, und umkreisten einstweilen mit großer Geschwindigkeit die Kolonie. Aber schließlich wagten sie doch die Heimkehr und stürzten wie Sternschnuppen in ihre Löcher, daß die Luft in ihren Schwingen pfiff. Stets kreist eine große Schar von Lunden über die Kolonie. Sie fliegen fortwährend in großen Kreisen über der Insel, oft so viele, daß sie wie eine Wolke wirken. Das sind wohl Vögel, die gerade nichts zu tun haben, keine Eier bebrüten, keine Jungen füttern, nicht fischen. Sie sind in der Luft sicher vor den Angriffen der Mantelmöve und üben sich dazu im Fliegen. Sie fliegen immer denselben Bogen, Zehntausende von kleinen Flügeln werden geschäftig bewegt. Man kann nicht verstehen, daß sie so große Eile haben, und fliegen doch immer nur im Kreise, rund herum. Diese fliegenden Lunde sind eine Naturerscheinung wie das Nordlicht oder die Mitternachtssonne oder die Fata Morgana der fernen norwegischen Küste. So fliegen sie Tag für Tag, jeden Sommer, und nur wenige Nachtstunden ist Ruhe und Friede, wenn die Nachtsonne ihr Farbenspiel über Felsküste, Eismeermündung und Eiland malt. Dann steckt auch die böse große Mantelmöve den gelben Geierschnabel unter den Flügel und merkt nicht, wie die Mitternachtssonne ihre blendende Brust mit zartestem Rosa umkost.

Zu dieser Zeit schlafen auch die Lunde, die meistens draußen in der Dünung liegen, bald von den blauen Fluten hoch emporgehoben, bald tief im Wellental verschwunden. Andere stehen auf den gewohnten Aussichtsplätzen vor der Kolonie und blicken müde über das Meer. In der Luft aber fliegen nur wenige.

Der Lund ist ganz einzigartig im Tierreich, ohne Verwandte. Nur sein hoher, flachgedrückter Schnabel erinnert an den des Tordalken. Auch er ist ein merkwürdiger Vogel und brütet in großer Zahl auf den Inseln. Zwar kommen viele Lunde auf einen Alken. Trotzdem gibt es einige dichtbesiedelte Tordalken-Kolonien im Steingeklüft, das an verschiedenen Stellen an den Strand grenzt. Der Tordalk ist etwas größer als der Lund, nur nicht ganz so gedrungen gebaut wie dieser. Seine ganze Oberseite ist matt braunschwarz, sein Gefieder samtartig weich. Die Unterseite ist schneeweiß. Auch der Schnabel ist schwarz mit weißen Rillen. Über die Zügelgegend läuft ein schmaler weißer Streif und ebenso über die Flügel. Im Fluge ist der Alk nicht ganz leicht vom Lund zu unterscheiden. Hört man vom Lund in der Angst zag wimmernde und im Bau drohend brummende Laute, so ist der Tordalk fast immer stumm. Nur Eindringlinge in seine Brutspalte sucht er mit Fauchen zu schrecken. Oft sitzen die Tordalken ruhend auf den Steinen in der Nähe ihrer Nester. Dabei verdrehen sie sonderbar die Hälse.

Ich konnte mich einmal mit dem Oberkörper zwischen die harten Steine zwängen, die den Zugang zu einer bewohnten Bruthöhle bildeten. Vor mir im Dunkeln sah ich deutlich den weißen Zügelstreifen und ein Stück der weißen Unterseite eines Tordalken. Auch die weißen Rillen des Schnabels und das Flügelband konnte ich erkennen, alles Schwarze hingegen mußte ich mir dazudenken. Der Alk lag regungslos auf dem Boden, unter ihm wackelte hier und da etwas Weißes: ein dauniges Köpfchen mit fleischfarbigem Schnabel sah hervor. Mit aller Anstrengung konnte ich den Rücken der Mutter erreichen und streicheln. Sie fauchte und sperrte den Schnabel auf. Ich gewöhnte mich an die Dunkelheit und sah schließlich, wie der Herzschlag des Jungen im schützenden Flügel der Mutter wiederpochte. Es roch nach Erde und nach fischfressenden Vögeln. Lange verweilte ich so im Heim des Alken. Dann schob ich den Filmapparat vor, stellte scharf ein und kurbelte ganz langsam, um eine Erinnerung an die seltene Begebenheit zu erhalten. Ich wußte allerdings, daß bei dieser schwachen Belichtung kein befriedigendes Bild entstehen konnte.

Heinäsaari ist keiner der berühmten Vogelberge, die an vielen Stellen der Eismeerküste in Norwegen, Rußland, Island und Spitzbergen zu finden sind. Heinäsaari ist etwas ganz Besonderes, eine Insel mit viel mehr Vogelarten als auf den Vogelbergen. Der typische Vogel des Vogelberges, die Trottellumme, kommt hier nicht vor. Von der Sippe der Lummen brütet nur eine Art auf Heinäsaari, der Grillteist. Vom Papageitaucher und dem Tordalken unterscheiden sich die Lummenvögel durch spitzen Schnabel.

Alle sind echte Hochseevögel des nördlichen Eismeers. Alle können fliegen und sind nicht mit den Pinguinen zu verwechseln, deren kleine Flügel sich zu Flossen umgebildet haben. Diese bewohnen nur das Südpolargebiet. Der einzige nördliche Vogel, der ebenfalls flugunfähig war, der Riesenalk, wurde in der Mitte des vorigen Jahrhunderts ausgerottet. Er ist wohl auch auf Heinäsaari vorgekommen, denn die langsam ansteigenden Ufer bieten die Voraussetzung zum Brüten flugloser Vögel.

In vielen Büchern über den europäischen Norden wird die Bezeichnung "Lumme" falsch angewandt. Lom heißen nämlich in den skandinavischen Sprachen die Seetaucher, der Polartaucher schwedisch z.B. Storlom, große Lumme. So wird, da nur wenige Menschen Ornithologen sind, in vielen Büchern von der Lumme geredet, während der Kenner weiß, daß der Polartaucher gemeint ist.

Der Grillteist ist wiederum eine ganz merkwürdige Erscheinung der nordischen Gewässer. Das märchenhafte sommerliche Eismeer mit seinem verschwenderischen Licht wird durch die sonderbarsten Vogelgestalten belebt. Der Grillteist erreicht die Größe einer kleinen Ente und ist gleichmäßig grünschwarz gefärbt. Auf jedem Flügel ist ein eiförmiger weißer Fleck, der weit in die Ferne leuchtet. Der Teist steht nie aufrecht, wie es von den Lummen, Lunden und Pinguinen bekannt ist. Er liegt an Land immer auf dem Bauch, ohne seine knallroten Füße sehen zu lassen. In kleinen Gesellschaften liegen die Teiste nachts auf den Felsplatten am Strand und schauen auf die See hinaus. Ab und zu gähnt einer der Vögel, denn die Grillteiste gähnen viel. Dann sieht man, wie das Innere des schwarzen Schnabels weithin leuchtend rot gefärbt ist. Wie sonderbar! Ein Vogelschnabel, der innen gefärbt ist. Wenn sich die Grillteiste auf den Wellen schaukeln, pflegen sie oft zu rufen. Sie haben nur einen einzigen Ruf, ein hohes, sehr schrilles Gilfsen, nicht laut, aber messerscharf. Dabei öffnen sie den spitzen Schnabel sehr weit, als wenn sie stolz das rote Innere sehen lassen wollten.

Auch der Grillteist brütet in Steinritzen und -spalten der Küste. Er ist nicht häufig auf Groß-Heinäsaari, während er auf der kleinen Nachbarinsel etwas zahlreicher vorkommt. Die Nester sind nicht weit vom Strand entfernt, oft kaum außer dem Bereich der Flut.

Meine Arbeit auf den schönen Inseln war leider eine hauptsächlich wissenschaftliche. Nicht daß mir das Interesse gefehlt hätte, sorgfältig die Vogelwelt Heinäsaaris zu erforschen. Auch scheute ich nicht die mannigfache Einzelarbeit, die die Zoologie mit sich bringt. Aber dies schöne Stückchen Land verlangte immer wieder, träumerisch, dichterisch, malerisch erlebt zu werden. Leider läßt sich eine Expedition nicht auf künstlerischen Launen aufbauen. Oft bedauerte ich, daß in diese sonderbare Welt keine Maler kommen, um die Ruhe der Mitternachtssonne mit den roten Bergen und dem blauen Himmel zu malen. Oder Dichter, die mitteilen, daß es auch Länder gibt, in denen der Mensch unzweifelhaft nicht die Hauptsache ist. Oder wenn ein Schriftsteller käme und eine delikate Novelle schriebe über die Geschichte Heinäsaaris und über die Seele des Mönchs, des Einzigen, der auf Heinäsaari zu Hause ist.

Ich jedoch hatte nicht die Aufgabe, mich mit solcherlei Stimmungen zu befassen. Ich wollte ein möglichst lückenloses Bild von Heinäsaaris Vogelwelt erlangen und möglichst alle Arten in einigen Stücken präpariert dem heimatlichen Museum zukommen lassen. Vom Grenzwachtkommandanten in Petsamo hatte ich die Erlaubnis, auf den Inseln Vögel zu wissenschaftlichen Zwecken zu erlegen. Vom Standpunkt des Naturschutzes aus ist auch nichts gegen ein solches Sammeln einzuwenden, denn wenn ich eine Mantelmöve schoß, rettete ich etlichen Lunden das Leben, und wenn ich drei Lunde erlegte, so waren das so viele, wie eine Mantelmöve in kurzer Zeit gefressen hätte. Trotzdem war mir jeder

Schuß verhaßt. Dieser brutale Laut paßte nicht in das Leben Heinäsaaris, und ein sterbendes Tier macht meist einen bedauerlichen Eindruck. Ich schoß daher so wenig wie irgend möglich. Etliche Vögel fanden wir tot, flugunfähig oder verwundet, so daß sie sich mit der Hand fangen und mit Ätherdampf töten ließen. Wir brauchten z.B. keine einzige Mantelmöve zu schießen und ebenso keinen Lund.

Oft verschoben wir das Sammeln gewisser Vogelarten von Tag zu Tag, um die anmutigen Beobachtungen nicht mit einem Schuß abschließen zu müssen. Es ging auch mit dem Grillteist so. Am

Nachmittag vor unserer Abfahrt von Heinäsaari waren finnische Fischer von Pumanki auf die Insel gekommen, um die Grasflächen zu versteigern und einige Leute zum Mähen zurückzulassen. Wir fragten sie, ob sie an der Steilküste drüben keinen Greifvogelhorst wüßten, den ich vielleicht filmen könnte. Schon lange war auch mein Wunsch, einen jungen Jagdfalken aufziehen zu können.

Das Wetter war sehr schön. Wir ließen unser Boot von Finnen in Schlepp nehmen und begleiteten sie zur Küste, da einer, der etwas norwegisch verstand, wenigstens einen bewohnten Rauhfußbussardhorst zu wissen behauptete. Obwohl wir an diesem Tag nur einmal für kurze Zeit einen Bussard, aber keinen Horst gesehen haben, bereuten wir die Fahrt nicht. Wie und ob wir nach Heinäsaari zurückkommen sollten, wurde gottlob vom Wetter entschieden, denn sehr ruhige See mit günstigem Wind ermöglichte uns eine Überfahrt mit unserem kleinen Boot.

Es war wieder unvergeßliche Mitternachtsonnenstille, das Meer war unberührt und spiegelglatt. Man konnte die Küste bis nach Vadsö sehen. Unsere Ruderschläge waren das einzig Hörbare, nur bisweilen drangen aus der Ferne Mövenrufe von Klein-Heinäsaari. Es war die Nacht, bevor wir Heinäsaari verlassen mußten, und noch immer hatten wir keine Grillteistbälge.

Als wir an Klein-Heinäsaari vorbeikamen, flogen nur wenige Vögel umher, die meisten saßen ruhend und ohne Scheu auf den plattformartigen Felsen. Auf der schwachen Dünung wiegten sich viele Lunde. Die Luft war so klar, daß wir die See weithin überblicken konnten. Über der Heringsmövenkolonie kreisten einige der schönen Vögel. Vom Felsen der Dreizehenmöve strich bisweilen eine Gesellschaft mit vollen, ungemein weichen Rufen ab, um tief über die See zu eilen.

Es war ganz besonders schön in jener Nacht. Allein weithin, umgeben von einer reichen, vielseitigen Natur. Fern — wie glühendes Eisen — die Berge der Petsamoküste mit ihrer kalten Armut und Härte, die Tafelberge der Fischerhalbinsel uns im Rücken. Himmel und Meer blau. Tümmler schwammen schlafend im Kreis. Mit scharfen Blasen holten sie von Zeit zu Zeit Atem an der Oberfläche. Das Wasser war ganz klar bis auf den Grund. Wir beugten uns lange über den Bootsrand, vertieft in die zarten Formen und Farben der Quallen, die unter uns dahinflossen, in die Seesterne

und Seeigel, Krebse und Seespinnen, die sich am Grund beweg-
ten. Die schönen Heringsmöven und die ungemein weichen Rufe
der Dreizehenmöve. Ein Schuß! ... Es war die letzte Gelegenheit,
Grillteiste zu bekommen, und ich mußte schweren Herzens in eine
kleine Gesellschaft dieser Vögel schießen. Vier Männchen blieben
liegen, die übrigen flüchteten ins nahe Wasser.

LAPPLAND

In der Gewalt des Lichts

Zu viert stiegen wir eines Abends Ende Mai aus dem Verkehrs-auto. Es war tief in der Polarzone. Die Sonne schien noch hell, obwohl es schon 23 Uhr war.

Dort sah ich die ersten Lappen.

Ein kleiner Mann kam den Fahrweg entlanggezottelt, die Hände am tiefsitzenden Gürtel. Er ging am Rand der Straße. Seine Kutte und die vier Zipfel seiner Mütze wackelten hin und her. Er sah über die Rodung zum Wald hinüber. Es war Feierabendstimmung. Ein breites, helles Gesicht mit grauen Augen. Das war etwas ganz Neues.

Auf einem Siedlerhof machten wir unser Marschgepäck fertig. Andere Lappen kamen mit einem zweirädrigen Karren und einem kleinen Pferd. Ihre schwarzen Kleider trugen gelbe und rote Be-sätze. Zwei Bilder von diesem Eintritt in Lappland sehe ich noch deutlich vor mir. Das eine waren die Augen der Frau. Sie sagten gar nichts oder hatten eine andere Sprache als unsere Augen. Keine Trauer, kein Haß, kein Spaß, kein Interesse für mich. Aber dieser Blick beunruhigte mich sehr. Mir wurde klar, daß ich in eine fremde Welt trat.

Das zweite Bild bewegte mein Herz mehr: ein Lappenjunge von etwa 12 Jahren, der eine hellblaue Kapte* trug und eine feine rote Mütze mit vier Zipfeln. Seine Beine waren gleich dick oben und unten, denn die Lappen stopfen in ihre weichen Lederschuhe Heu. Bis unter das kleine Röckchen waren die Beine in schwarzes Leder eingepackt. Sein Gesicht war schmal und bescheiden. Er sah in mir einen fremden, reichen Großtuer. Er hatte recht. Von meiner eigenen Unternehmungslust berauscht, konnte ich keinen Augenblick mehr ruhig stehen.

Kurz vor Mitternacht verließen wir den Lappenpfad, dem wir anfangs gefolgt waren, und nahmen die rote Sonne als Richtung. Sie hing über Hügelketten im Norden, die wir wohl in den näch-sten Tagen erreichen würden. Ich ging voraus. Vom sumpfigen

---

*farbiger Lappenrock

Boden hatten wir bald nasse Füße. Mein Tornister war sehr schwer. Am Hals hing mir die geladene Jagdflinte.

Es ging ins Ungewisse. Der Boden, auf dem wir marschierten, raschelte und knisterte; bald trocken und hart wie in einem Park ohne Unterholz, bald schnalzte und gurgelte er unter unseren Schritten: Sumpf.

Unter schmerzenden Schultern und kalten Füßen leidet die Liebe zur Natur. Aber hier war die Schönheit mächtiger als alle Beschwerden.

Vollkommene Windstille trat ein. Kein Grashalm bewegte sich, keine Fichte schwankte. Alles stand regungslos. Gelbrotes Sonnenlicht malte sich auf allen Bäumen und Büschen wieder. Der Himmel blühte tiefblau und spiegelte sich in den Sumpfgewässern wie in blanken Silberplatten. Die Natur hielt den Atem an. Sie schien zu warten oder zu lauschen.

Zu dieser Zeit singen die Vögel von den Wipfeln der abgestorbenen Fichten oder vom höchsten Zweig eines Weidenbusches. Alle Brüste, die weißen, die schwarzgepunkteten oder blauen, weinroten oder gelben, sind der Nachtsonne zugewandt. Die Schnäbel öffnen sich weit: die Kehlfedern sträuben sich, die Augen sind geschlossen.

Dieser Mitternachtschor ist mir ganz fremd. Wenn ich zu Hause an einem Maimorgen um fünf Uhr erwache, schwelgt die Luft auch in Vogeltönen. Aber sie sind heitere Musik, die von Flieder und blühender Wiese handelt. Welch sorglose Stimmung erweckt zum Beispiel das Lied der Mönchsgrasmücke! Ein sonnenbeschienener Bach von Tönen. Aber diese Sänger hier erfüllen mich mit der

Sehnsucht nach noch Fernerem. Eintönig flötet die Weindrossel, eine zweite antwortet, eine dritte noch weiter weg. Diese Töne passen nur hierher. Hinter dem Sumpf, vor dem wir stehen, kommt wieder der Wald. Hinter diesem Wald wieder Sumpf, Steine, Halden mit Rentierflechte und wieder Sumpf, ein Hügel mit Flechte und wieder Wald und wieder Sumpf. Jedes Lied gilt einem Sumpf. Der Bergfink singt wie ein dünner Gong aus Blech, der Birkenzeisig wispert, das Blaukehlchen dichtet mit perlenden Glockenschlägen Weisen ohne Anfang und Ende. Wald und Sumpf halten den Atem an, um den Vögeln zu lauschen. Ich bin benommen. Am Rand des stillen Sumpfs empfing mich eine Natur in fremder Sprache. Sie machte mir bewußt, wie weit weg ich war.

Die Lappen haben nie anderen Frühlingsgesang gehört als diesen. Alles, was man als Kind hörte und sah, ohne es sich bewußt zu machen, bleibt besonders in einem haften. Das waren bei mir die Vogelmelodien der Gärten, in denen ich spielte. Sie gaben der Heimat ihren Klang. Wenn ein kleines Kind im Wald alleingelassen wird, so nähern sich die singenden Vögel unbekümmert. Ich stellte mir vor, wie die Waldlappenjungen in den klingenden, windstillen Mitternachtsfeiern ihre ersten Streifzüge machen.

In solchen Stunden versuchte ich zu fühlen, was mich hinter jenen Hügeln und an den Ufern irgendeines Sees erwartete. Rentiere spielten hier eine große Rolle. Ich hatte noch keines gesehen.

Wir plantschten weiter und übersprangen schwarze Moorbäche. Die feuchten Zwergbirken kratzten unsere bloßen Knie wund. Ein Stück Landschaft nach dem andern brachten wir hinter uns.

Der Wind stand wieder auf, die Sonne stieg höher und zog nach Osten. Jeder hing seinen Gedanken nach. Das unaufhörliche Licht wurde uns während der sieben Wandertage sehr lästig. Wir schliefen fast nicht, weil wir nicht müde, sondern nervös wurden. Und wenn wir auf einer Lichtung auch einmal Ruhe fanden, so war es ein leiser Sonnenschlummer, der nicht den Flötenruf des Wasserläufers überstand.

Die summenden Stechmücken und ihre vielen Stiche hinderten uns auch am Schlaf. Wir schmierten uns Teeröl auf Gesicht und Hände. Sein Geruch hielt die Plage ab. Diesen Geruch atmeten wir wach und schlafend ein, und er verband sich in uns tief mit der Vorstellung des lappländischen Sommers. Später in Deutschland hatte ich meinen breiten Gürtel mit Dolch und Teerölflasche wie eine Ehrenwaffe an der Wand meines Zimmers hängen. Wenn mich ein Freund besuchte, der einmal mit auf einer Nordlandfahrt gewesen war, ließ ich ihn ein wenig an der offenen Flasche schnuppern. "Hier riecht's nach Lappland!" Die Erinnerungen tauten auf und flossen hervor. Mit ihnen brach Sehnsucht aus nach neuen Reisen wie Feuer.

Vom wolkenlosen Himmel strahlte die Sonne rücksichtslos. Wenn wir rasteten, sah ich die Kameraden minutenlang mit den Armen das Gesicht bedecken, als seien sie der Verzweiflung nahe. Aber es war nur der Wunsch nach Dunkelheit und Schlaf. Der Professor, der fast nichts selbst zu tragen und später nur Erzählungen zu verfassen hatte, drängte immer. Wenn wir zu schlafen versuchten, weckte er uns nach kurzer Zeit und wünschte den Abmarsch.

Ich suchte die großen Erlebnisse. Ich finde sie nur, wenn ich einigermaßen satt und sorglos und der Zuneigung meiner Freunde sicher bin. Nur dann konnte ich mich aus dem Krampf der Stumpfheit lösen, in dem mich stechende Sonne, Hunger und Anstrengung versetzten. Große Erlebnisse gab es an jedem dieser Tage.

Einmal stand eine unheimliche, abgestorbene Kiefer wie ein grauer Knochen vor dem dunkelblauen Himmel. Der Boden war mit fahlen Flechten bedeckt. Ein gestürzter ebensolcher Urwaldriese lag sparrig wie auf vielen Füßen im Weg. Schlugen wir mit der Rückseite der Axt an einen Ast, sprang er mit hellem Knall ab. Die Bruchstelle war weiß und leuchtete weit. Solches Holz brannte wie Zunder. Wir hatten nie Mühe, unsere Suppe zum Kochen zu bringen. Die Fichten waren kerzengerade und standen alle einsam. Die Flechten, die den Stamm einhüllten, waren fast schwarz. Diese Fichten waren sehr hoch, aber oben und unten gleich dick. Ihre Zweige reichten bis zur Erde. Nur wenig grüne Jugend zeigte sich in ihrem strengen Baumgesicht. So sahen sie aus wie dünne, verkohlte Türme. Den jahrhundertealten Kiefernknochen, der in den blauen Himmel ragte, umstanden sie wie Wächter.

Am dritten Tag mochte es gewesen sein, als wir einen Menschen trafen. Heute weiß ich, daß es ein Kolte* war. Er stand allein im Wald und trug lumpige, gewöhnliche Kleider. Er wagte nicht, sich

---

*Urbwohner der Halbinsel Kola. Die Kolten schließen südöstlich an die Lappen an.

zu bewegen, und blickte zu Boden wie ein Sünder. Der Professor (er war Balte) sprach ihn mit estnischen Brocken an und ich mit schwedischen. Er schwieg scheu. Dieses ganze Volk ist wie eine Gesellschaft eingeschüchterter, geprügelter Kinder. Wenn sie eben noch lustigen Singsang pflegten, verstummen und erstarren sie beim Anblick eines zivilisierten Menschen zu Masken. Lauernd sehen ihre schwarzen Augen aus den Schlitzen. Ihr Mund ist zugepreßt.-

Man geht weiter wie eine Gefahr. Mißtrauische Blicke folgen, bis man verschwunden ist.

Die Reste des Koltenvolkes ziehen sich in die tiefsten Wälder zurück. Sie müssen mit irgendeiner Art Herrenmenschen einmal furchtbare Erfahrungen gemacht haben. Die Angst der Kolten ist in Nordfinnland so bekannt wie die Wanderlust des Rentiers.

Manchmal zerriß ich die Stille mit einem Schuß. Gleich darauf stach mir der süße Pulvergeruch in die Nase. Er erinnerte an die vielen Vögel, die ich schon geschossen hatte. Hier handelte es sich um Vögel, die ich für unser Museum sammelte. Manchmal auch um eine Ente für den Kochtopf. Die meisten Schüsse endeten mit Ärger. Ich ärgerte mich, daß die Beobachtung nicht genügte. Jeder Vogel tat mir leid, aus dessen Federn Blut quoll. Diese Vögel mußten abgebalgt und gut verpackt werden. Umschwirrt vom Mücken und fast schwindelig von Sonnenhelle und innerer Unruhe, war das eine böse Arbeit. Manchmal schien sie mir nicht zu lohnen, und ich warf die umsonst geschossenen Vögel wieder weg wie ein Mädchen die umsonst gebrochenen Blumen.

Viele Stunden lang hörten wir es in der Ferne rauschen. Es erlosch für Minuten, wenn der Wind mit uns ging. Dann kam es wieder. Wir hörten es bei Sumpfüberquerungen und im Wald. Immer lag dieser Ton in der Luft. Spät am Abend kamen wir an hügeliges Land. Zwischen den Bäumen sahen wir wolkenweise Wasserstaub aufsprühen. Die Sonne stand schräg. Wir traten an den Rand einer Schlucht. Tief drunten tobte zwischen hinabgestürzten Bäumen, Felsen und steilen Erdhängen ein Wasserfall wie Milch.

Wer kannte diesen Platz? Der Boden, auf dem wir standen, vibrierte. Am Rand der Schlucht saßen wir eine Weile im sonndurchglühten Sprühregen und starrten hinunter. Möge nie eine Straße hierher finden!

"Ich denke, wir gehen", sagte der Professor.

Wir folgten dem Flußlauf, denn er lag in unserer Richtung, und kamen am achten Tag zu Menschen und Brot.

Landsknechte und Koskifahrer

Dort zweigt der Fahrweg, der vom Süden kommt, nach rechts ans Eismeer und nach links zum alten Kirchdorf Inari. Eine Tankstelle, zwei rote Herbergen mit weißen Fensterrahmen und eine kleine Kaserne für die Grenzwache: das ist Ivalo.

Erkki Pikkinen hieß ein Korporal bei der Grenztruppe. Er trug Lappenschuhe mit echten lappischen Bändern, enganliegende schwarze Hosen, eine graue Drillichbluse mit drei goldenen Tressen auf den grünen Schulterklappen und eine gute Mütze mit blankgeputzten Kokarden. Er hatte ein Kindergesicht. Selbstbewußt ging er mit wiegendem Körper seinen wenigen Pflichten nach. Wenn er die Tür der Gaststube öffnete, tat er das behutsam, als fürchte er, mit seiner Riesenhand die Klinke zu verbiegen. Ebenso setzte er sich auf die Ofenbank. Wenn sie ihn etwas fragten, antwortete er mit rauher Stimme in kurzen militärischen Sätzen und blickte blank und frei.

Korporal Pikkinen erzählte uns seine Landsknechtgeschichte. Mit siebzehn Jahren trat er ins Schutzkorps ein und beteiligte sich auf der Seite der Weißen am Bürgerkrieg.*

Als Jägersohn hatte er Waffenliebe und Waffenkenntnis in die

---

*gegen die Roten, d.h. die Kommunisten

Armee mitgebracht. Bald wurde er Maschinengewehrschütze und Gruppenführer. Er kämpfte in Mittelfinnland gegen Kommunisten. Der Korporal hob den Mut seiner damaligen Feinde hervor. Auf beiden Seiten wehrte man sich bis zum Äußersten. Man machte viele Gefangene. Kämpfe, an denen sich Finnen beteiligen, sind blutig. Das ist bekannt. In Tammerfors lag ein rotes Frauenbataillon Pikkinens Maschinengewehrgruppe gegenüber. "Es fiel uns schwer, auf die Frauen zu schießen. Sie waren sehr schlecht bewaffnet. Zum Teil besaßen sie nur Messer. Aber ihr Mut stand dem der Männer nicht nach. Es gab sehr viele Tote."

Pikkinen zog den linken Schuh aus und zeigte uns die tiefe Narbe seiner Verwundung. "Ich bin immer Soldat gewesen." Dann erzählte er von den beiden freiwilligen Einbrüchen in Karelien. Das waren — ich glaube 1920 und 1922 - Privatkriege ohne offene Regierungsbeteiligung gegen die Sowjetunion. Mit ihnen wurde versucht, die karelische Sowjetrepublik zu erobern und an Finnland anzuschließen. Leningrads rote Armee erschien aber viel rascher in den Wäldern, als vorauszusehen war. Sie erstickte die Gewaltstreiche in Blut. Erkki Pikkinen zog seine Brieftasche hervor und zeigte mir eine Fotografie: Ein großer Truppenteil in ungleichen Uniformen auf einer Waldschneise in "Hab-acht"-Stellung. Halb von oben sieht man auf die die Reihen. Der Horizont ist Waldunendlichkeit. Darüber Wolken. "Das war meine Kompanie. Nur sieben Mann sind übrig." -

Das Koskifahren steht dem Finnenburschen ebensogut wie das Soldatsein. Koski heißen diese schäumenden, tosenden, kochenden Stromschnellen der Flüsse. Sie kommen in allen Märchen vor. Mit ihrem Leben und ihrer wilden Stimme sind sie wie Tiere. Der Japaner liebt die Kirschblüte, der Finne seinen Koski. Die Ahnen haben ihn rauschen hören, auch die Enkel werden Lachsfallen in ihm aufstellen. Kein Ereignis ist groß genug, um den Koski zum Schweigen zu bringen. Jeder hat ein anderes Gesicht. Der eine ist schwer und gefährlich, der andere harmlos wie ein Spiel.

Die Kolonisten und Waldarbeiter tragen meist schwarze Kleider und breitrandige Hüte. Ihre Boote bauen sie vorn und hinten hoch.

In einem solchen Boot steht ein schwarzer Mann, ein Ruder in den Fäusten, und schaut voraus. Er ist zum Gefecht mit dem Koski bereit.

Wir sehen vom Ufer zu. Alles läuft ab wie ein Film. Vor Schreck steigt uns das Blut in den Kopf.

Mit rasender Eile saugt der Strom das Boot an den oberen Rand der Koskitreppe. Der Finne kann nicht mehr zurück. Er muß durch. Die ersten Wellen haben das Boot ergriffen. Es scheint, als tauche es unter. Dort bohrt es sich durch, wird hochgeworfen, von Gischt verdeckt, schießt dahin wie ein Hecht. Die schwarze Gestalt macht blitzschnelle Bewegungen. Hier ein Ruderschlag, dort vorbei, da abstoßen. Er kämpft mit der Kraft des Angegriffenen. Nach einigen Minuten ist er durch. Es geht im stillen Wasser weiter.

Sofort schöpft der Mann sein Boot aus. Er zählt, wieviel Schöpfer Wasser hereingekommen sind. Seine Kameraden werden ihn heute abend fragen: "Wie hast du den Hakonkoski gefahren?" Stolz wird er sagen: "Mit vierzehn Schöpfern Wasser!"

Gewisse, ganz gefährliche Koski werden nicht gefahren. An ihnen sind Rollbahnen gebaut, auf denen man die Boote über Land ziehen kann. Tollkühne Jugend fährt sie doch. Ich sah, wie zwei Flößerburschen oberhalb eines solchen Koski ihr Boot an einen Busch banden und mit Katzenbewegungen ans Ufer sprangen. Sie stiegen auf einen Felsen über dem brodelnden Kessel und starrten hinab. Ich hielt es nicht für möglich, daß ein Mensch da lebend durchkommt. Der eine hatte den Arm auf die Schulter des anderen gelegt und wies hierhin, dorthin. Sie berieten den günstigsten Kurs und einigten sich nach langen Minuten. Als sie ihr Boot losbanden, wurde mir fast übel. Ich fürchte mich vor dem Anblick von Verwundeten, Sterbenden und Toten. Ich setzte mich nieder. Die Knie zitterten mir.

Die Flößer fuhren schon bald in der Zone, in der es kein Zurück mehr gibt. Dann verschlang die weiße, brüllende Hölle ihr Boot wie ein Blatt. Die beiden schwarzen Gestalten wanden sich und ruderten verzweifelt.

Einen Meter weiter rechts und sie wären krachend mit Rennpferdgeschwindigkeit am Granit zerschellt! Einen ungeschickten Schlag, und das Boot wäre quer gekommen und im selben Augenblick vollgeschlagen!

Für Schwimmer gibt es kein Entrinnen aus diesem Strudel.

Solche Kämpfe gehen uns ab. Klettern im Gebirge, Seefahrt, Eisbärjagd mit Hund und Speer mag ebenso gut sein. Wir Inlandleute, Flachlandleute sollten auch so etwas haben wie der Finnenbursche die Koskifahrt: wir sollten alle fliegen!

Wolken und Vögel

Von Ivalo fuhren wir eines Abends mit all unserem Gepäck in einem Holzboot mit Segel ab. Der Professor war in Ivalo geblieben. Wir hatten starken Gegenwind. Er nahm bis zum Abend drauf noch zu. Das kalte Wetter und das langweilige Rudern trübte unseren Humor.

Schwarze Wolken türmten sich im Nordosten auf. Wenn wir kurze Zeit nicht ruderten, wurden wir zurückgetrieben. An der Mündung des Ivalojoki in den Inarisee trugen die Wellen schon Schaumkronen. Wir sahen am Ufer eine graue Siedlerhütte und beschlossen, dort besseres Wetter abzuwarten. Die ersten Regenschauer gingen nieder. Wir erreichten den steinbedeckten Strand mit Mühe und mußten ins Wasser springen, um das Boot vor dem Kentern zu bewahren.

Wir waren froh, als unser Boot auf dem Trockenen lag und uns die rauschenden Wellen und die hinfegenden Wolken nichts mehr anhaben konnten.

Im einen Eck der niederen Stube war die offene Feuerstelle. Ein dreibeiniger Topf stand dort. In ihm kochte etwas. Zwei schäbige Hunde knurrten zuerst und legten sich dann nieder. Zwei Jungen in bunten Hemden saßen da. Sie wagten kaum, uns anzusehen. Eine Frau nähte und sah von Zeit zu Zeit zum Fenster hinaus nach dem Wetter. Wir baten um Unterkunft mit den wenigen finnischen Worten, die wir kannten. Ich kaufte Salzfische und hartes Fladenbrot, das an der Decke hing.

Ich glaube nicht, daß die Leute sonst viel sprechen. Monat um Monat sehen sie sich und hocken in einer kleinen Stube beisammen, wenn sie nicht gerade fischen, heuen, jagen oder fallenstellen. Sie haben sich nichts mehr zu sagen. Sie wissen alles voneinander.

Für uns war dieses elende Leben in einer Finnenhütte eine interessante Exkursion. Für die Familie war es das Leben. Sie empfanden das Elend vielleicht gar nicht mehr. So wie ich den kleinen

Schaden an meiner Tür nicht mehr sehe und das Ticken meiner Uhr nicht mehr höre.

Am nächsten Morgen hatte der Sturm noch nicht aufgehört. Wir waren frisch und ruderten das Boot quer durch die Mündung gegen den Wind. Wir brauchten eine Stunde dazu. Es stürmte und goß noch zwei Tage. Wir warteten im Zelt.

Die Freiheit und die Verantwortung für die Fahrt machten mich glücklich. Unsere Art zu reisen ist etwas Herrliches. Man ist allem gewachsen und fühlt sich stark.

Wir hatten eine ungetrübte Lebenslust in uns. Sie war strahlend wie Gold. Der Staub des Alltags und des Mißmutes wollte sich immer wieder auf ihr niedersetzen, aber die Regennächte auf Fahrt wuschen ihn weg.

Ich weiß, welch zähflüssiger Strom die Gesellschaft ist. Mancher Junge nimmt sich vor, dagegen anzurennen. Aber wenn der Strom ihn erfaßt hat, erlahmen seine Kräfte bald, und er läßt sich mit den anderen treiben, einerlei, wohin es geht.

Man sollte die Jugend ermutigen. Sie ist Hoffnung. Wie oft geht sie unter. In mühseliger Erziehung wurde in meinen Schulkameraden Kampfgeist und Selbstvertrauen zerstört. Ich selbst habe mich vollfressen müssen mit unnützem theoretischen Lernstoff. Die Praxis verkümmerte dabei. Ich wurde oft gedemütigt, und die Direktion erklärte sich immer mit dem dümmsten und ungerechtesten Lehrer solidarisch. Aber ich habe vieles bewahrt.

Schon früh wird die Jugend zerschlagen. Von denen, die mit 14 Jahren Lehrling werden, kann sich kaum einer behaupten. Im Studentenalter ist es meist zu spät. So lange wie möglich sollte man die Jugend diesem dickflüssigen Strom der bürgerlichen Ordnung fernhalten, damit sie groß und stark werden kann.

Ein einziger junger Mann ist nichts. Man muß deshalb Zusammenrottungen unterstützen. Einen Jungenbund muß man schaffen, in dem sich neues Leben entwickeln kann. Das ist eine Bewegung der Neuen, die bessere Wege gehen als die Alten. Sie müssen lernen, kritisch zu prüfen. Sie dürfen keine Kämpfe scheuen, um die Klarheit ihrer Köpfe zu verteidigen. Sie müssen sich auf große Kämpfe vorbereiten.

So dachte ich vor sechs Jahren, als am Inarisee der feuchte Sturm in unseren Haaren wühlte, und so denke ich heute noch.

Es war Nacht.

Wir fuhren über den See. Wir sahen seine Größe nicht, denn der Wasserweg verlor sich immer wieder zwischen Inseln. Es tat uns fast leid, seine Ruhe mit Ruderschlägen zu stören. Über dem Wasser lag leichter Dunst. Die kleinen Inseln standen wie Kulissen hintereinander. Der See war vom Himmel nicht zu unterscheiden. Die Inseln hingen in der Luft. Sie schienen mit ihrem Spiegelbild verwachsen.

Über der blaugrauen Dunstschicht bauten sich goldgelbe und weiße Wolken in allen Formen und Tönungen auf, während zu uns nieder die Sonne nicht drang.

Unsere beiden Boote glitten feierlich auf den Wasserstraßen dahin. Wir hatten die Gesichter den schönen Farben und Wolkenformen zugewandt.

Die Mitternachtsstille hörte auf. Das Wasser kräuselte sich, der zauberhafte Dunst verflog, und der Himmel wurde trüb. Die vielen Inseln hatten kein Spiegelbild mehr. Sie waren immer gleich: Kiefern, kleine trockene Kiefern, graue Steine dazwischen und graues, totes Holz in Fülle.

Oft hören wir weit draußen Platschen, wie wenn starke Flügel und breite Schwimmfüße das Wasser schlagen. Dann wieder etwas ganz anderes: unsagbar wehmütiges Heulen. Laut, von unbestimmter Richtung kommend, wie von einem flötenartigen Holzblasinstrument herrührend. Und dann tiefe, wütende, angriffslustige Töne eines großen Vogels.

Der Polartaucher ist es, der mit seinem angsterregenden Geschrei die Sommernacht des Inarisees beherrscht. An einem der nächsten Tage fand ich auch ein Nest in einer kleinen Inselbucht. Es lag zwei Schritt vom Seeufer. Als ich in Gedanken am Ufer entlangging, sah ich plötzlich das brütende Weibchen dicht vor mir. Fast so groß wie eine Gans ist es und hat einen spitzen Schnabel. Sein Rücken ist schwarz mit viereckigen, weißen Flecken, die in Reih und Glied stehen. Solche viereckige Flecken hat kein anderer Vogel. Sie sehen gar nicht natürlich aus. Die Kehle ist samtschwarz, der Bauch schneeweiß und der Oberkopf fein mattgrau ohne Schatten. Dieser Vogel brütet nicht heimlich und versteckt wie die Eiderente. Kilometerweit müssen ihn Habicht und Lapplandkauz als schwarz-weißes Farbenspiel im grünen Gras sitzen sehen.

Als ich kam, reckte der Polartaucher den Hals und rutschte mit einem ärgerlichen Schrei ins Wasser. Er schlug mit den großen Flügeln, um rasch vom Ufer zu kommen. Mit einem zweiten Schrei tauchte er.

Am nächsten Tag versuchte ich ihn am Nest zu fotografieren. Aber mein Versteck war nur eine halbe Sache. Er kam nicht zurück und ließ seine beiden olivgrünen Rieseneier erkalten.

Einen ganzen Tag im Versteck zu sitzen, ist eine Anstrengung für den Geist. Man verbohrt sich in Gedanken aller Art und wird nicht froh. Vom vergeblichen Warten kann man nicht froh werden. Meine Freunde hatten Essen gekocht, als ich spät abends zum Lagerplatz kam.

Ich war mit mir unzufrieden. Ich hatte gute Gelegenheiten ausgelassen, andere hatte ich durch unvollkommene Vorbereitungen verpfuscht. Immer entschuldigte ich mich vor mir selber und tröstete mich auf die Zukunft. Wenn dann wieder eine Gelegenheit kam, Vogelbilder zu machen, dann war ich müde oder das Licht genügte nicht. So sah ich eine Kette von verpaßten Gelegenheiten hinter mir. Ich nahm mir vor, gründlicher zu werden.

Das wunderbare Brot

In den kommenden Monaten in Lappland blieb ich Freund der
Vögel, Flüsse, Berge und Rentiere. Menschen lernte ich keinen
richtig kennen. Ich konnte die Sprache nicht. Was man von außen
sah, war nicht viel: breite Finnen mit aschblonden Haaren und
wasserblauen Augen. Sie trugen Rohrstiefel mit Nasen vorne. An
ihren Gürteln hingen Messer, die in der Form ihrer Schuhnasen
und ihrer Boote ausliefen. Lappen, Kolten, Norweger ...

Wir rauschten mit unseren Booten vom Inarisee ins Eismeer. Bald
durchnäßt von Koski, bald von Regengüssen. Armeen von
schwimmenden Holzstämmen bedrohten uns. Hunger kam und
ging. Wir schliefen, wann es uns gerade paßte, und verloren jedes
Tagesmaß.

Dann war's geschafft, und das Eismeer lag vor uns. Wochenlang
saßen wir auf einsamer Insel und widmeten uns den Vögeln. Wir
fuhren während einer stillen Nacht mit unserem kleinen Boot weit
auf die rote See hinaus. Dann verließen wir die Schwärme der
weißbauchigen Vögel, und etwas Neues begann: drei Wochen Ur-
waldstrecke durchqueren. Zwei breite Ströme trennten uns vom
Ziel. Die Gefährten wagten ihre Zweifel nicht auszusprechen. Lie-
ber verrecken als schwach scheinen!

Hunger ... Sumpf ... Regen ... Ich will keine Fälschung begehen.
Diese Tage liegen wie unverbrannte Kohlen in mir.

Ich kenne den Hunger. Meist habe ich ihn zum Vergnügen und
zum Sport selbst gerufen. Und ihn wieder hinausgebeten, wenn
ich seiner überdrüssig war. Aber damals ging er nicht, sondern
saß fest wie eine Zecke.

Die ersten Herbstnächte beschatteten unsere Lager, in denen wir
wenige Stunden überanstrengt schliefen. Fanatischer Tatendurst,
Ehrgeiz, eine edle Entartung des Verstandes hatte den Marschbe-
fehl gegeben. In zwanzig Tagen wollte ich eine 300 km lange Ur-
waldstrecke durchqueren. Zwei breite Ströme trennten uns vom
Ziel. Die Gefährten wagten ihre Zweifel nicht auszusprechen. Lie-
ber verrecken als schwach scheinen!

Ein Grenzsergeant sagte: "Ihr erreicht nie Kuolajärvi!" "Natürlich
erreichen wir!", knirschte ich.

Und dann folgte Tag auf Tag. Die wissenschaftliche Arbeit wurde immer schmächtiger. Am dritten Morgen schon trug unser Marsch ins Leere die Zeichen eines Endspurts.

Aber Zweifel dürfen nicht aufkommen! Die Gesinnung ist die letzte Stütze. Kopf zurück!

Mit knisternden Hufen ging das hochbeladene Rentier vor uns her. -

Wir sind ja schon längst schwach! Wie kann man von dem bißchen Margarine und Haferflockensuppe satt werden? Unsere Arme wollen nach den ersten Axtschlägen ausruhen. Aber nein! Es geht!

Wir gelobten uns, kein Wort vom Essen und vom Hunger zu sprechen, um uns nicht gegenseitig zu schwächen. Jeder schämte sich vor den beiden anderen. Langsam arbeiten war eine Schande. Jeder Vorschlag zur Rast war es auch. Über Essen — wie gesagt — kein Wort!

Mit verbissener Wut spielten wir eine Komödie. Ihr Ende werden wir nie erleben! Aber wir spielen, spielen. Jeder durchspielte Tag ist ein Gewinn!

Es ging an Seen vorbei, über denen der Polartaucherschrei stand wie die Rauchsäule über einem Vulkan.

Es ging durch Sümpfe, deren Ende stundenlang blau und fern am Horizont lag. Einmal mußten wir in einem Sumpf übernachten. Auf einem kleinen trockenen Inselchen lagen wir mit schmerzenden Gliedern.

Es ging über Brandmark. Wir kletterten müde über zackige Steine. Das Rentier blieb stehen und senkte das Haupt. Weiter! Weiter! Himmel!

Die Landkarte stimmte nicht. Unsere tägliche Marschleistung war kaum zu schätzen. Wir tappten ins Ungewisse. Das letzte Stück Brot und noch nicht ein Drittel des Weges! Und noch keinen der beiden Ströme überquert!

Aber wir dürfen nicht schlapp machen. Wie eine Ohnmacht befiel uns jeden Abend die ungewohnte Herbstnacht. Die Sterne funkelten. Auf! Bewegen wir uns weiter.

Es gab kein Ventil der Ermüdung. Der eine mißhandelte das Rentier. Was fällt ihm ein?
"Reg dich nicht künstlich auf!" ist die Antwort und ein Tritt dem unschuldigen Tier. Wenn man die anderen schikanieren will, be-

teuert man, frisch und kräftig zu sein. "Der Hund lügt", denken die sich dann, "er schlottert genau wie wir."

Proviant sparen! Es sind noch mindestens fünfzehn Tage! Wir erwogen, ein fremdes Rentier zu schlachten. Wir fürchteten uns vor der strengen Strafe. Als wir an den oberen Gänsesee kamen, der Regen uns berieselte und eine neblige Nacht (die fünfte) begann, nahmen wir ein Boot, das da lag. Tage später zogen wir es auf ein entferntes Ufer.

Die beiden Gefährten packten zuerst das Gepäck hinein und verschwanden im Dunst. Ich wartete mit dem Rentier im Regen und hörte die Ruderschläge immer leiser. Bei mir hatte ich Messer, Streichhölzer, Gewehr und Patronen. Das Ren machte wieder Augen wie alle Rener, als wenn es in einer anderen Welt weidete. Ich mochte mich in meinen nassen Kleidern nicht bewegen. Eine Stunde verfloß. Plötzlich hob mein Tier die Nase und bäumte sich in wildem Schreck. Bären? — Ich zündete mir Feuer. Obwohl es strömte, gelang es mit einem Streichholz und selbstverständlich ohne ein Stück Papier.

Die nordische Dämmerung schleicht. Nach Stunden höre ich die Ruderschläge wieder. Das Boot schleift auf den Strand. Das Ren zögert nicht, schwimmend zu folgen. Es war ganz zahm.

In einer verlassenen Hütte mit schlechtem Dach blieben wir. Unser Hunger nach Brot war groß. Nachts gingen Wolkenbrüche nieder. Tags suchten wir nach Menschen und jagten. Die meisten Gänge brachten nichts als Ärger, nasse Kleider bis auf die Haut und Enttäuschung.

Wir erlebten auf dieser Waldexpedition folgende Begegnungen:

Am zweiten Tag morgens kamen zwei Koltenfrauen an unserem Lager vorbei. Ihr gutes Schuhzeug und ihre Last wies darauf hin, daß sie weit wandern wollten. Wortlos mit gesenkten Blicken passierten sie uns. Es war noch in der Birkenzone. Wir sahen ihnen nach. Ihre roten Hauben verschwanden im Grün.

Am vierten Mittag hörten wir Stimmen vor uns. Vorsichtig gingen wir weiter. Da standen zwei kurze Männer mit Vollbärten. Sie sahen uns leutselig an und schenkten uns ein dunkles Brot. Wir gingen weiter, am Abend mußten wir aufs Petsamogebirge kommen. Die beiden Bärtigen blieben stehen, sprachen irgendeine Sprache und sahen uns nach.

Als die beiden Kameraden über den unteren Gänsesee fuhren, tauchte plötzlich ein Boot mit zwei Mädchen auf. Regungslos starrten sie auf meine Freunde und verschwanden dann wieder im Nebel.

Am Tag ruderten die Kameraden an den Seeufern entlang, um die Koltenmädchen zu suchen. Sie fanden eine Hütte. Alle Männer befanden sich zum Fischen an der Eismeerküste, nördlicher als die nördlichste Birke, hundertachtzig Kilometer von hier (Urwaldkilometer zu Fuß sind lang). Die Mädchen saßen allein da, starr vor Schreck vor den Fremden. Sie ernährten sich von Fischen. Sie hatten nichts abzugeben. Weitere Suche nach Menschen am Gänsesee blieb erfolglos.

Am achten Tag saßen wir am Feuer in der Hütte, da hörten wir plötzlich Schritte. In dieser drückenden Einsamkeit plötzlich Schritte! Uns traf der gleiche Schreck wie die Kolten bei unserem Anblick. Draußen standen zwei Weiber. Sie schauten auf uns, stiegen dann wieder in ihr Boot und bogen um die nächste Waldzunge mit kaum hörbaren Ruderschlägen.

Dann kam keine Begegnung bis zum (wenn ich nicht irre) vierzehnten Tag. Wir hatten die blamable Stunde schon längst hinter uns, in der wir uns für unfähig erklärt hatten, den Plan durchzuführen. Wir waren auf der Flucht zu den Menschen. Wir hatten den vermutlichen Kurs zur nächsten finnischen Siedlung genommen. Und wieder einmal die Entfernung um zwei, drei Tage unterschätzt. Und deshalb nicht genug Proviant gespart. Umgehungen riesiger Seen verzögerten unsere Wanderung. Auf einem Berg stand ein trigonometrisches Zeichen. Von ihm visierten wir andere Kuppen mit der Bussole an, um unsere Marschrichtung zu korrigieren. Aber die verzweigten Flüsse und Seen trieben uns immer wieder ab. Wir schleppten uns vorwärts. Unsere tägliche Ration war jämmerlich. Gutes Essen stand in unserer Phantasie wie ein Traumbild.

Sonderbare menschliche Spuren fanden wir. Sie waren alle alt und regten uns auf. Da lagen z.B. die Planken eines zerbrochenen Renschlittens wie ein Wrack. Dort stand ein morsches orthodoxes Grabkreuz auf einem Hügel.

Oder wir kamen an eine Hütte. Wir durchsuchten alle Winkel nach Brot. Nichts! Alte Netzstücke, zerbrochene Rengeweihe. Oder es stand auf hohem Baum ein Vorratshaus in zehn Meter Höhe, für

Bären, die hier häufig sein sollen, unerreichbar. Aber jeder angeschlagene Baum, jeder herumliegende Span war grau.

Da, am vierzehnten Morgen, ungewaschen, mit ein bißchen Suppe im Magen, sah ich am Rand eines Sumpfes etwas Weißes leuchten. Ich ging hin. Es war eine frische Baumwunde. Und dann plötzlich standen wir auf einem Pfad.

Stimmen, Menschen, Bauern, Finnen, drei Personen kamen auf diesem Weg. Wir begrüßten sie sehr herzlich. Die Bäume tanzten mir vor den Augen. "Brot, Brot!" Ein schwarzes, schweres, rundes Brot! Laßt uns beißen und schlucken! Das Essen klappte nicht recht. Zuviel Speichel im Mund, dann zu wenig! Hatte der Gaumen eine Gänsehaut? Als wir wieder aufbrachen, war mir nicht ganz wohl. Lag nicht etwas Fremdes in meinem Körper? Wehrte sich mein Magen nicht gegen dieses massige Gewicht? "Danke, danke!"

Wir bezogen in einem roten Bauernhaus Quartier.

Als ich mich erholt hatte, strich schon eiskalter Septemberwind über die Sümpfe und Seen. Der eine Kamerad bekam Fieber und mußte nach Hause. Nur Gesunde taugen in der Wildnis.

Unser Tier stand im Wald. Wir banden es von einem Busch an den anderen. Ich wollte noch einen zweiten Renochsen kaufen, beide mit Proviant beladen und doch noch quer durch nach Kuolajärvi.

Im Haus wohnte ein Zigeuner. Weiß der Himmel, was ihn nach Lappland verschlagen hatte! Er bemühte sich, gegen versprochene Provision, um das zweite Ren. Ich konnte mich kaum mit ihm verständigen, und er sprach und gestikulierte doch so viel.

Trotz seiner Mühe konnte der Zigeuner kein zweites Ren auftreiben. Aus dem Geschäft wurde nichts. Vielleicht ließ ich ihn meinen Ärger zu deutlich fühlen? Vielleicht hatte ich mir auf andere Weise seinen Haß zugezogen? Ich habe oft darüber nachgedacht.

Wir hatten nämlich keine andere Wahl, als mit dem einen Ren zu starten. Als es die zweiteilige Packung aufgeladen bekam, zitterten ihm die Vorderbeine. Unwillig und zögernd setzte es sich in Gang. Wir mußten es immer wieder antreiben.

Bei der ersten Rast fanden wir auf dem Rücken unseres Tieres, dort wo die Last am schwersten drückte, eine fingerlange Wunde wie von scharfem Messer.

Nach einem Tag versagte unser Tragtier ganz und vernichtete die weiteren Pläne. Tu ich dem Zigeuner Unrecht, wenn ich ihm die große Gemeinheit zutraue?

In meiner ersten Wut wollte ich zum Hof zurück und mich rächen. Aber hätte das etwas gebessert? Ich band mein Ren an einen Baum und schoß ihm eine Kugel in den Kopf. (Mit dem Messer konnte ich nicht schlachten.) Der Schuß fiel. Der schwere Tierleib brach zu Boden. Ein Hinterlauf fuchtelte noch eine Weile in der Luft. Die Augen drehten sich. Der Einschuß hinterm Ohr gähnte wie ein Mund. Aus ihm rauchte es, denn der Abend war kühl.

So endete der Versuch, von Petsamo nach Kuolajärvi durch den Wald zu stoßen. —

Ich will eine Maske anlegen

Ein Jahr war vergangen. Es war in Stockholm. Ich hatte mich von meiner Gruppe getrennt. Hinter uns lag: Dalekarlien, Herjedelen, Jämtland. Sonne und blonde Eintagsfreundschaften trugen wir in der Erinnerung.

Ich blieb allein in Stockholm zurück und genoß meine Freiheit.

Dort zeichnete ich, schrieb und bummelte. Dann reiste ich nach Norden, ins innere Lappland.

Von Jokkmokk fuhr ich mit dem Motorboot über den Parkijaur, Randijaur. Am Abend machte die Reisegesellschaft Station im Hof Björkholm. Lehrerinnen, Bauern und Inspektoren verschwanden in der Tür der Touristenbleibe. Der Abend war diesig. Ich sah mich um.

Jenseits des Wasserarms stand eine Hütte. In ihr wohnte Spiek mit seinen vier Buben. Ich nahm ein Boot und ruderte hin. Zwei Hunde beschnupperten mich. Das Abendlicht schien dem Mann ins Gesicht und beleuchtete wenig der dürftigen Stube. Ich setzte mich. Während Spiek mit seinen knöchernen Händen Feuer im Kamin machte, betrachtete ich die vier Jungen. Ihre spielerische Tätigkeit schien alles in diesem Haushalt zu besorgen. Sie saßen zuerst eine Weile etwas betreten zwischen ihren Hunden und beobachteten mich.

Ich hätte gern enge Freundschaft mit ihnen geschlossen, aber die Freundschaft mit Lappen war wie ein scheues Tier. Ich lockte es geduldig, erforschte seine Wünsche und verhielt mich so, wie ich glaube, daß es seine Scheu verlieren müsse. Nach langem Locken kam es argwöhnisch näher und freute mich durch seine Nähe. Aber schon eine kleine Bewegung verscheuchte es wieder, und wenn ich mich gab, wie ich bin, war alles vorbei.

Der Älteste hieß Jovva. In der Lappenschule entzückte er die Lehrerinnen durch seinen Scharfsinn, und mich langweilte er später durch endlose Erzählungen aus der königlich-schwedischen Geschichte. Er stand unter unglücklichen Sternen. Keine Mutter sorgte mehr für ihn und seine Brüder, keine Rentierherde wartete seiner im Hochland. Ich glaube, er ist ohne Zärtlichkeit herangewachsen. Tanten nähen ihm Schuhe, eine Jokkmokkskapte, wenn er seine alte zerrissen hat, und einen Rucksack aus weichem Renleder, wenn er einen braucht. Durch Fischfang, kleine Arbeitshilfen in der Herberge und Hermelinjagd verdienen die Buben ein bißchen, sie würden aber ohne die Hilfe anderer darben.

Eine Rentierkeule mit salzigem, schwarzen Trockenfleisch kreiste lange von Hand zu Hand. Vom Dach tropfte eintönig der Regen. Das helle Feuer glänzte in den Augen der Buben, die schnaufend ihre Kaffeetassen austranken. Sie sprachen mit dem Vater, und Jovva übersetzte, was ich von meinen Plänen sagte. Sie sprachen zischelnd, leise und tonlos. Alle Lappen sprechen so, die lange beisammen leben und gewohnt sind, einander zu verstehen.

Ich legte mich schlafen und sah die Jungen ihr Lager bauen. Einer sprang noch einmal barfuß auf und zog die Gewichte der Wanduhr vorsichtig herab. Es war Lasse. Er war damals etwa acht Jahre alt. Ein schwarzer Hund rollte sich neben seinem Kopf zusammen. Lasse hielt mit seiner kleinen Hand ein Hundeohr und schlief so ein. Das Feuer erlosch. Der Schein des späten Abends blieb. Ich freute mich auf die kommenden Erlebnisse.

Jovva und sein Oheim Anti führten mich ins Hochland. Sie summten kleine Melodien und sprachen viel. Auf ihren weichen Schuhen traten sie wie mit Bärenpfoten auf. An selbstgeschnittenen Wanderstäben schwangen sie sich über kleine, klare Bäche. Ihre Lederrucksäcke waren leicht. Je mehr wir uns der Baumgrenze näherten, desto munterer wurden wir und desto deutlicher empfand ich, daß ich Grund hatte, bescheiden zu werden. Ungeschickter als sie überquerte ich die Bäche mit meinen derben Stiefeln, und meine Fragen waren dumm.

Wir erreichten die letzten Birken. Sie warem vom Kampf mit Kälte, Schnee und Sturm krumm und kurz wie die Beine der Lappen. Die harten Blätter raschelten im Wind.

Der Sommer begegnete mir. Er war im Begriff, dieses Land zu verlassen. Das erste Herbstgelb saß im Birkenlaub. Die Nacht wurde länger, sie kämpfte mit dem Tag. Sie wußte, daß sie ihn in drei Monaten ausgerottet haben würde wie Ungeziefer. Aber Mensch und Tier wissen, daß sich das Licht im nächsten Jahr zur Rache erheben wird. Sonst wäre der Gedanke an die Zukunft unerträglich.

Und Mensch und Tier wußten, daß man das Licht jener Herbsttage nutzen muß. Alles möchte sich volltrinken mit Sonne und möchte Mittel wissen, etwas Farbe und Strahlenwärme in die dunkle Zeit hinüberzuretten.

Die großen Vorgänge der aktischen Welt sind nicht leicht zu ertragen. Im Winter wird es dunkel sein, man wird sich leichter verirren und keinen Fernblick haben. Es wird sehr kalt. Im Frühling stehen die Augen in Gefahr, von Licht und Schnee geblendet zu werden. Lawinen drohen, Flüsse schwellen an. Der Sommer Lapplands allein ist eine kurze, versöhnende Zeit der Farben und Freude. Der

Herbst bringt Sturm und Schnee. Frühherbst war, der letzte Teil also der guten Monate.

Wir verließen den düsteren Urwald. Vor uns breitete sich die Hochebene aus. Ihr Grün klang an Kupfer und Bronze und ging an verschiedenen Stellen in das Braun des offenen Moores über. Die Sonne gab dem Land den rechten Glanz, darüber wölbte sich blauer Himmel. Der Pfad war bald sumpfig, mit grauen, verwitterten und flechtenbedeckten Steinen belegt, bald glitzerte ein kleiner Bach in der Sonne. Sanfter Wind kühlte unsere Gesichter.

Wie kleine Bergtiere sprangen die Lappen von Stein zu Stein, umgingen Hügel und preßten sich durch Birkengestrüpp. Mit großen Schritten, die sich schlecht an die vielen Hindernisse anpaßten, folgte ich. Ich fühlte mich als altes Pferd. Meine Stimme war tiefer als die der Lappen. Sie gefiel mir nicht mehr. Auch sprach ich schlechter schwedisch als Jovva. Meine Glieder waren ungewandt. Mein Rucksack enthielt viel mehr und war daher unpraktischer. Meine Kleider hielten mich zu warm, und ich konnte mir nicht bei der Rast Erleichterung schaffen wie die beiden.

Sie hatten die Hosen wie alle Polarmenschen mit Gürteln auf den nackten Leib geschnallt. Hemd und Kapte trugen sie drüber, mit einem farbig gewobenen Gürtel zusammengerafft. An diesem Gürtel hing ein Messer in fein geschnitzter Rentierhorn-Scheide und ein kleiner Wetzstein im Lederfutteral. Wenn wir rasteten, banden sie sich die bunten Gürtel auf, damit von unten Luft an den Oberkörper konnte. So atmete ihre Haut und erfrischte sich, ohne stundenlang von Schweiß und feuchten Kleidern bedeckt zu sein wie die meine.

Fast schämte ich mich, um eine Rast zu bitten. Aber mir fehlte zu allem hin die katzenhafte Zähigkeit. Mein Körper konnte sich nicht mit einem Lappenkörper vergleichen, ausgenommen auf dem Gebiet der rohen Kraft. Da konnte ich großer Mensch mehr leisten als diese Zwerge. Mein Körper war voller Wünsche. Er wollte rasten, essen, trinken, baden.

Die Lappen suchten nach einem Platz mit schöner Aussicht. Sie fanden ihn. Sie setzten sich mit dem Rücken gegen den Berg, unterbrachen ihr Gespräch und schauten über die Fichten zu fernen blauen Bergen, auf Hochlandmatten und Talseen hinunter. Ich fühlte mich minderwertig. Ich wähnte meine Naturliebe nicht so tief. Ist sie nicht nur ein Erzeugnis der Erziehung oder ein

Ausweg aus der Großstadt? Frage einen deutschen Bauern, ob sein Acker schön sei! Er wird dich nicht verstehen. Frage einen Lofotfischer, ob er die Lofoten schön findet. Er wird deine Frage als Hohn nehmen.

Wir setzten unseren Weg fort. Anti sagte zur mir, indem er die Schwierigkeiten, die ihm die schwedische Sprache machte, überging: "Morgen sollst du sehen. Da kommen wir über ein hohes Bergland, sehen Berge, ganz weiß von Schnee. Und da kann man schauen. Weit, weit, bis zum Kebnekaise, bis zu den norwegischen Gipfeln. Da ist es schön. Das gibt eine feine Reise."

"Auf, auf!" rief es in mir, "zu den weißen Bergen. Es ist ja erst der Anfang. Es ist ja erst Herbst. Bis es Winter ist! Wieviel kann ich in dieser Zeit lernen. Warte nur! Ich werde genau so geschickt sein wie sie. Ich will eine Maske anlegen. Bürger werden einer anderen Welt ..."

Aus Büchern hatte ich vieles über Lappland erfahren, vor allem auch aus den Übungsstücken meines lappischen Lehrbuches. Aus ihm lernte ich jeden Tag mehrere Stunden die fremden Regeln der lappischen Grammatik. Sie wurden auf schwedisch erklärt. Ich lernte Vokabeln und übersetzte jeden Tag größere Übungsstücke. Es waren Zwiegespräche und kleine Schilderungen aus dem täglichen Leben. Außer dem Lehrbuch trug ich in meinem Tornister zwei Schreibhefte, um Tagebuch zu führen, einen Fotoapparat mit einigen Filmpacks, Stativ und mehrere Objektive, Papier, Farben und Bleistifte zum Zeichnen und Malen, ein Fernglas, einen wollenen Schlafsack, der wohl für die Winterkälte nicht genügte, und eine Zeltbahn. Ferner hatte ich Mundvorrat für die Wanderung bis zur Kohte*, in der ich bleiben wollte, Seife, Wäsche und was man sonst braucht.

An den Füßen hatte ich Lappenschuhe. Ich trug noch Strümpfe und stopfte die Schuhe ein wenig mit Heu aus, wie ich es bei den Lappen gesehen hatte. Bald machte ich es aber wie die Nomaden. Sie betten den nackten Fuß in ihren großen Schuhen nur in Heu. Ich trug eine anliegende Hose aus grobem Tuch, die eine hilfsbereite Bauersfrau im Tal erst in die richtige Form geschneidert hatte, und eine graue, wollene Bluse. Mein Rucksack war schwer. Trotzdem freute ich mich.

---

*lappisches Feuerzelt

Wir kamen an eine Kohte. Sie stand zwischen Birken verborgen.
Ihr Laub reichte fast bis zur Erde. Ich betrachtete die Kohte, wie
man seine neue Wohnung beschaut. Zuerst von außen, dann tra-
ten wir ein, gaben einer uralten Greisin die Hand und einer jungen
Frau. Die Lappen grüßten "Puörist", und ich tat es zaghaft auch.
Wir setzten uns auf die linke Seite, die denen zusteht, die nicht
zur Familie gehören. Ich hatte ja früher schon Lappen gesehen.
Ich war schon schönen Mädchen begegnet und mehrmals in
Erdkohten am rauchigen Feuer gesessen. Aber was ich hier sah,
war mir doch neu. Ein Zelttuch, das von einer Stangenkonstruk-
tion gespannt ist. Denkbar praktisch zum Transport! In der Mitte
war ein Feuerplatz und darüber im Zeltdach ein Loch, zu dem
Sonnenschein und Nordlicht Einlaß haben. Ich versank in die Be-
trachtung der Dinge um mich her.

Die junge Frau unterbrach sich nicht in ihrer Arbeit und ließ Anti
und Jovva erzählen. Neben ihr lag ein Tuch und darauf trockene
Sehnen vom Ren. Sie spann gerade den berühmten unzerreißbaren
Lappenzwirn. Sie tat das im Mund. Ich konnte nicht sehen, wie.
Ein dünner, gleichmäßiger Faden kam aus ihrem Mund, sie kaute
eifrig und schien mit Zunge und Zähnen zu arbeiten. Mit der Hand
zwirbelte sie unausgesetzt den fertigen Faden auf der strammen
Backe. Mir kam das zuerst lächerlich vor, bis ich bedachte, daß
dieses Handwerk ehrwürdig ist. Vor 300 Jahren stellte es ein Be-
richterstatter über Lappland schon im Holzschnitt dar. bis zum
heutigen Tag hat es sich erhalten.

Die fleißige Frau legte unbrauchbaren Abfall in die Feuerstelle und nahm wieder hartes Zeug zwischen die Zähne. Die Greisin hockte elend in ihrer Ecke und sprach weniges in langgezogenen Sätzen. Ihre gelbe Haut hatte viele Falten, ihre trockenen Augen waren von roten Rändern umgeben.

Wir gingen weiter. Jovva erzählte mir, daß diese alte Frau im lappischen Altersheim in Jokkmokk gewesen war und ein bequemes Leben hätte genießen können. Wenige Monate nur habe sie es ausgehalten, dann trieb sie die Sehnsucht bergwärts. Sie sei geflohen und auf einsamen Wegen zur Kohte der Ihren gekommen. "Lieber alle Mühsal des Nomadentums als die furchtbare Langeweile des seßhaften Lebens ..." So erfuhr ich immer wieder etwas Neues. Bald hörten wir Hunde und Stimmen, die nach ihnen riefen. Wir erreichten das Lager, in dem wir schlafen wollten. Fünf Kohten standen zerstreut im Birkengebüsch, und viele bellende Hunde wollten, daß wir umkehrten. Klapptüren wurden zurückgeschlagen, und neugierige Augen spähten, wer käme.

Diese meine Wege nahmen kein Ende, konnten kein Ende nehmen. Da kamen wir ins fremde Lappenlager, morgen würden wir die fernen weißen Berge sehen. Ich wähnte mich auf der Fährte eines begehrenswerten Wildes. Die vielen Wochen, die ich in verschiedenen Jahren durch nördliche Länder zog, waren immer gleich. Ich suchte, obwohl ich wußte, daß ich niemals finden könne. Stunden voll Lebensfieber waren häufig, ohne daß Großes geschah. Mein Herz hämmerte. Mein Geist wurde eins mit Nachtsturm und Feuer. Unglaubliche Fragen und Gedanken traten auf in meiner Einsamkeit, und ich schmierte Tagebücher voll mit gärenden Ideen. Ich war mir nicht klar, was ich suchte und was ich das nächstemal weitersuchen würde. Ich hoffte, ihm eines Tags leibhaftig zu begegnen, einem Tier, einem Volk, einem einzigen Mensch vielleicht, einer Nacht, einem Berg der höchsten Erlösung. Diese Suche und Unrast währt jetzt schon lange, sechs, sieben Jahre. Vor jener Stimme, die mich auf die Reise wies, fürchtete ich mich damals fast. Fürchtete mich mit der heimlichen Wonne des Wehrlosen vor ihr, genau wie man sich vor der erwachenden Leidenschaft fürchtet. Ich werde immer wieder dorthin gehen müssen, um die gelbe Mitternachtssonne blühen oder das Nordlicht geistern zu sehen.

Die westlichen Kablaleute

Die Bewohner dieser fünf Kohten heißen bei den Schweden und Lappen der Gegend die "westlichen Kablaleute". Sie haben ihren Herbst- und Frühjahrlagerplatz im Kablahochtal. Jeder Mensch in Lappland spielt eine viel größere Rolle als bei uns. Es gibt weniger. Jeder Seßhafte und jeder Nomade kennt jeden andern im Umkreis von drei Tagereisen und weiß in seinen Verhältnissen Bescheid. Hier in der Stadt kenne ich nicht einmal die Menschen, die auf dem gleichen Stockwerk wohnen wie ich. Und ich habe auch kein Verlangen, sie kennenzulernen.

Fünf Kohten sind ein richtiges Dorf mit großen und kleinen Leuten. Aber "Dorf" darf man nicht sagen, wenn man von Nomaden spricht, denn dieses Wort gehört in die Welt des Seßhaften. Auch "Heimat", "Scholle", "Haus" gehören zu ihr. Wir sind vom Nomaden, der das alles nicht kennt, tief unterschieden. Er hat keine Heimat, er wuchs nicht an einem Platz auf, sein Herz liebt nicht gewisse Bäume, gewisse Bäche, die sich in seine Kindheit prägten. Er kennt viele Plätze, viele Täler und Berge, und er liebt sie auch. Aber sieht er neue, so liebt er auch sie. Es gibt also Menschen, die keine Heimat haben und keinen Wohnort, obwohl im Leben der anderen Menschen die Liebe zur Heimat eine so große Rolle spielt. Die Kinder haben auch kein Elternhaus, sie haben nur Eltern. Denn sie sehen, daß die Kohte, in der sie sich geborgen fühlen und die sie als ein gleich wohlwollendes Geschöpf empfinden könnten wie wir unser Elternhaus, nur ein Traggestell ist, ein Windschutz, der eines Tages mit wenigen Griffen abmontiert wird. Dann bleibt ein kleines Päckchen Zelttuch und ein Dutzend Stangen übrig. Kein Mensch wird glauben, daß dieser Tuchballen, auf dem der pelzverpackte Lappenbub vielleicht gerade sitzt und den Vater mit der Herde erwartet, für ihn das sein kann, was für uns Seßhafte das Elternhaus ist. Nein! Ihm fehlen diese Gefühle. Ihn schmerzte nichts, als er die Kohte zusammenfallen sah. Seine Vorfahren haben sich nie angewöhnt, eine Heimat zu haben. Kein Nerv verlangt danach. Er liebt keinen Platz, er liebt etwas anderes: die Veränderung. Und diese Liebe ist so groß, daß sie wilder hervorbricht als je unsere Heimatliebe.

Die Wanderung ist von einer Art Reisefieber begleitet. Verzehrende Begeisterung läßt alle Mühsal ertragen. Am Ziel muß sich das ganze Lager von ihr erholen.

Diese Stimmung der Erholung traf ich im westlichen Kablalager. Vor Tagen erst war die Sita* mit ihren Raiten** vom Gebirge gekommen. Die Packungen der Renochsen lagen z.T. noch zusammengeschnürt umher. Die Kablaleute pflegen gemeinsam zu wandern und zu lagern und in bequemer Abwechslung ihre tausendköpfigen Herden zu bewachen. Ich ging umher, um Neues zu sehen und zu hören. In einer Kohte saß eine arme Frau. Sie hatte ein Kind, das einzige kleine Kind der ganzen Sita. Sie war häßlich, ihr Gesicht rot, und sie schielte. Als ich sie am Abend besuchte, kniete sie am Feuer und kochte für den Mann, den sie erwartete. Dazwischen stillte sie ihr Kind, packte es wieder in die Lederwiege, hängte diese an einen Stützbogen und schaukelte sie. Dazu sang sie leise ein Lied, das ich später, als ich lappich verstand, wieder hörte. Es heißt etwa:

> "Schlaf, mein liebes Kindchen, schlafe,
> Renkuh zieht mit Rentierkälbchen
> über eine grüne Halde.
> Schwimmt ein Fisch im klaren See."

In einer anderen Kohte fiel die gute Ordnung auf. Der Boden war mit frischem Birkenreisig bedeckt, jeder Stein der Feuerstelle frisch gewaschen. Dort wohnte allein eine kleine geschäftige Person, ein 25jähriges Mädchen. Sie hatte durch Erbschaft und eigene Tüchtigkeit über 1000 Rentiere erworben. Viele Lappenburschen hätten sie gern schon zur Frau genommen, aber sie zog dieses sonderbare Jungfernleben vor. Wozu die große Kohte? Klein und allein saß sie in ihr auf neuen Fellen und spann Zwirn. Ihr Mund schien dazu besonders geeignet, denn er war vorgewölbt wie ein kleiner Rüssel. Sie war nicht hübsch. Wenn sie die Axt schwang oder — wie ich später sah — einem Rentier das Schlachtmesser in die Brust stieß, floh jeder weibliche Reiz von ihr. Sie trug farbenfrische, neue Kleider und eine besonders hohe blaue Mütze wie alle Jokmokklappenfrauen. Zwei reinrassige schwarze Jokmokkshunde saßen neben ihr.

---

* Wandergemeinschaft, Lager
** Züge der Tragtiere

Von diesem reichen Mädchen wird viel gesprochen. Monate später wurde behauptet, sie habe eine Heirat mit mir in Betracht gezogen. Von lappischen Freunden wurde mir diese einzigartige Gelegenheit sehr empfohlen. Das war, wie gesagt, Monate später, als ich schon die Lappentracht trug und auf Rentiersonderungen arbeitete wie ein gutmütiger Riese.

Den größten Eindruck machte auf mich Amma Finberg. In den Tälern ist er als der reichste und bedeutendste Kablalappe bekannt. Später erfuhr ich aus seinem Leben, daß er früh Waise wurde, die Kapte ablegte und im Tal die schwedische Schule besuchte. Er war bei Bauern in Pflege und wurde dort vollkommen schwedisch erzogen. Aber das Nomadenblut ließ sich nicht vertilgen. Er hatte sich durch seinen Fleiß auf dem Waldhof unentbehrlich gemacht. Er war der beste aller Schüler. Trotzdem griff er zur Wurfleine, kehrte der Hütte den Rücken und wanderte auf seinen kleinen Füßen in die Berge zu den Kohten. Man glaubt, es gehe mit dem Hochlappentum reißend bergab. Aber bei Kindern wie bei Greisen kommt "die Rückkehr zu den Bergen" häufig vor. Wir haben es ja von der Greisin in der ersten Kohte gehört. Ein dritter Fall ist Klein-Jovva. Er ging mit mir nur in die Berge, um sich nach einer Helferstelle umzusehen. Denn auch er wollte Nomade werden. Ich wette, wenn ich in zehn Jahren wiederkommen sollte, steckt auch sein kleiner pausbäckiger Bruder Lasse droben in einer Kohte.

"Amma Finberg", erzählte mir eine alte Frau im Tal einmal, "war ein hübscher, empfindlicher und nachdenklicher Knabe." — Das sah ich jetzt noch am 26jährigen. Amma schien edel, vornehm, gerecht, tüchtig, wie man sich die Wilden, z.B. die Indianer, vorstellt. Wie oft baute ich in mir von solchen Menschen ein ähnliches Bild auf, glaubte alle großen Eigenschaften in sie hinein und fiel dann, wie von einem Faustschlag getroffen, zurück in die Wirklichkeit, wenn ich sie beim Trunk oder bei Gelegenheiten traf, die den Mut auf die Probe stellen. In die ärmliche, kleine Wirklichkeit fiel ich zurück, die immer viel schlechter ist, als unser Geist es hofft. Nicht immer, aber meistens.

Amma schien meinem lieben Ideal sehr ähnlich. Je mehr ich ihn kennenlernte und mich in Gedanken mit ihm befaßte, desto unsicherer wurde ich, indem ich jenen Faustschlag erwartete. Furcht und Freude zugleich war es, was ich vor jedem Zusammentreffen mit ihm empfand. An jenem ersten Abend hatte ich großes Glück: es wurde vereinbart, daß ich bei ihm übernachten solle. Die späten Abendstunden saß ich an seinem Feuer und ahnte nicht, daß er sattelfest im Schwedischen war. Wenn ich ihn aber anredete, schüttelte er nur den Kopf und wies mich mit einer interesselosen Bewegung an seine dicke Magd Inka.

In der Kohte fiel mir auf, wie wenig stillose Gegenstände herumlagen. Blechbüchsen und kleine Nähmaschinen verderben sonst das Bild der Nomadenkohte. Die internationalen Kleidermodelle mischen sich schamlos mit der alten Stammestracht. Aber hier sah ich viele holzgeschnitzte Becher und Schöpflöffel, aus dünnem Holz und Rinde gebaute Schachteln, runde Freßtröge für die Hunde und Schalen, in die man Renkühe melkt. Sie sind aus einem Stück geschnitzt. Sie sind zweckmäßig und schön, genau wie die Konstruktion der Lappenkohte selbst. Mit den Mitteln der mathematischen Wissenschaft kann man errechnen, daß es keine günstigere Art gibt, ein solches Zelt zu stützen.

Die Magd ist dick, jung und den ganzen Tag vergnügt. Sie kocht für Amma und die beiden reinrassigen Renhunde, sie ordnet ihre Kohte, hackt Holz und ist zufrieden. Das Feuer hatte das Wort. Amma schien mit den Gedanken weit abzuschweifen. Er legte sich zurück auf einen Schlafsack. Sein Blick drängte sich mit dem Rauch zum Himmel ins Freie. Weder das junge Mädchen noch meine Anwesenheit holte ihn aus seinen fernen Überlegungen zurück. Er lauschte und dachte. Manchmal sagte er etwas Freundliches und Lustiges zu seiner Magd oder mir, obwohl ich schlecht verstand. — Sein körperliches Bild ist mir entschwunden. Ich erinnere mich dunkel eines gepflegten Gesichts und schlanker, sehr gewandter Glieder. "Sicher verachtet er die Vorlauten, Ruhelosen, Vielsprechenden!", dachte ich, schwieg und tat nichts wie er den ganzen Abend.

Am nächsten Morgen lernte ich einen alten Mann mit wenig Zähnen und seine böse Frau kennen. Er hieß — zum Unterschied vom Kleinen — Groß-Jovva, war arm und neidisch. Er jammerte viel über die Beschwerden des Lappenlebens. Die Leute mochten ihn nicht, und wenn seine Alte mit ihren Hunden schimpfte, grinste die ganze Sita. Von mir wollte Stuör-Jovva wissen, ob ich Geld habe (ob ich also Gegenstand seines Neides und seiner Mißgunst wäre). Weiter fragte er nach Einzelheiten aus meinem Privatleben,

die ihn nichts angingen. Schließlich fragte er mich, ob Amma und
Inka beisammen schliefen. Ich sehe noch sein enttäuschtes Ge-
sicht, als ich ihm nichts sagte, aus dem er ein Gerede hätte
machen können.

Die Kohte

Nach drei Stunden angenehmen Weges kamen wir zu einem weite-
ren Lagerplatz mit zwei Familien. Die eine war unglücklich, denn
die Geier des üblen Geschwätzes hatten sie heimgesucht. In den
Hütten und Kohten hörte ich Getuschel. Es galt einem Mädchen,
das ein Kind bekäme und dazu standhaft den Vater verschweige.
Oh, oh! Schande über dieses Mädchen!

Die verworfene Familie war sehr sympathisch. Ein alter, tüchtiger
Mann, ein frischer Bursche, eine riesengroße Frau und eine hage-
re Greisin mit schneeweißen Haaren. Ich hoffe, daß sie auf mei-
nem Gesicht weder Neugier noch überlegene Tugend gelesen
haben. Die künftige Mutter selbst war nicht da. Ich ging wieder.

Neben Pavvas Kohte wurde gerade eine kleine Rentierherde getrie-
ben. Sie brach krachend durchs Birkengestrüpp. Auf einem freien
Platz strömte sie noch eine Weile erregt im Kreise und kam dann
zur Ruhe. Mit der Wurfleine fingen die Männer Muttertiere, um sie
von den Frauen melken zu lassen.

Jetzt hatten die Tiere keine Scheu mehr. Mit hängenden Köpfen
standen sie da und ruhten aus. Pavva hatte die aufgerollte Wurf-
leine auf dem Arm. Blitzschnell warf er und hatte einen jungen
Renhirsch mit Kolbengeweih fest. Die Tiere um ihn her sprangen
erschreckt zur Seite. Einige Worte wurden gewechselt, die ich
nicht verstand. Dann nahm Pavva das Rentier an den Geweihstan-
gen. Er drehte das Geweih langsam zur Seite. Sein Gesicht war
vor Anstrengung rot. Der Renhirsch stürzte dumpf auf den zer-
stampften Boden. Sie legten ihn auf den Rücken und klemmten
seine Vorderfüße unter das Geweih. So war er ganz wehrlos. Er
keuchte und rollte die Augen. Jetzt wurde er kastriert. Pavvas Kin-
der (ein fünfjähriger Junge und ein zehnjähriges Mädchen) schau-
ten zu. Die Lappen machen das seit jeher mit den Zähnen. Ich
wußte das schon aus Büchern, aber ich erschrak doch. Sie sagen,

in den Zähnen habe man besseres Gefühl. Ich glaube, sie tun es nicht gern. Aber alle tun es. Sie beißen selbst ihre Zugtiere zahm. Das geschieht in hellem Sonnenschein vor jungen und alten Augen. Ganz Lappland weiß davon. Warum soll ich es verschweigen?

Wir verließen die Sita. Unser Weg führte stundenlang bergan über die Matten des Fjälls*. Der Boden ist leicht zu begehen, kein Sumpf, kein weiches Moos, in dem der Fuß versinkt, kein Zwergbirkengestrüpp, das ihn umklammert. Die Augen haben Zeit, über die Berge und Täler zu schweifen. Die Talsohlen sind von dunklem Waldpelz bedeckt. Dazwischen starren wie räudige Stellen Seen zum Himmel. Der Wald wird an den Hängen heller und unansehnlicher, bis er sich im hellgrünen Birkengestrüpp verliert. Darüber beginnt die Flechtenmark, die der Höhe zu immer fahler wird, bis sie sich in grauen Felsregionen verliert. Auf ihrem großen Raum ist Mensch und Tier von jeder Last des Tallebens befreit. Die dünne Bergluft erheitert uns.

Anti und Jovva paßten sehr gut in die Landschaft. Die strahlenden Ornamente am Wetterkragen und an den Ärmeln standen auf dem Grau ihrer Kutten wie die kleinen blauen Blüten auf der Bergfläche. Reine Farben sind immer selten, sind Edles neben der Gewöhnlichkeit.

Schroffe, schnee- und eisbedeckte Gipfel, Grate und verwegene Gesteinsschichtungen fehlen; alles, was bei uns zu Lande Berglandschaft schön macht. Wir gingen lange auf einer ansteigenden Fläche oder einer schwachen Wölbung. Wir waren nicht gebunden. Wir hätten überall gehen können, einen Kilometer weiter rechts oder zwei Kilometer weiter links. Überall ist der Boden gleich, man kann nicht abschätzen, wie weit es noch bergauf geht und wie weit man schon von den letzten Birken entfernt ist. Man kommt sich noch viel verlorener vor als in den alpinen Bergmassiven.

Ich marschierte eifrig und dachte an das unbekannte Ziel, verfiel schließlich ganz den wirren Gedankengängen über meine Pläne und Beweggründe.

Die beiden Führer hielten und zeigten mir kleine Tiere, die durch

---

*baumlose, fast unbesiedelte Hochflächen Skandinaviens

die Flechten raschelten: Lemminge, mit gelben, schwarzgezeichneten Rücken.

Darüber schwebte ein Lemmingfresser, der Bussard, mit klagendem Ruf. Er stand minutenlang unbeweglich wie ein Drachen am Himmel. Den Blick dem Wind entgegen, halten sich die Rauhfußbussarde so ohne Flügelschlag lange Zeit in der Luft. Er ruft noch klagender als unser gewöhnlicher Mäusebussard, ähnelt ihm aber sehr im Flugbild. Ich sah hinauf zu ihm und wieder auf den Boden, denn ich hatte schon viele Rauhfußbussarde gesehen.

Hinter uns erhob sich der Bergkamm wie eine Scheidewand zwischen zwei Welten. Ich schritt in eine andere Welt, in der man Renhirsche mit den Zähnen kastriert. Der beengende Raum, der mich zu Haus umschloß, war plötzlich weggezaubert, so rasch und gründlich, daß es unfaßbar schien.

Ich war an keinen Tag gebunden. Ich konnte die Zeitrechnung vergessen. Die vergangenen Wochen, Monate und Jahre waren mir einerlei, konnten mir nicht helfen, mich höchstens reizen, mich vielleicht mahnen und mir die falsche Richtung meines Weges beweisen.

Die Vergangenheit wollte ich vergessen wie die Zeitrechnung auch.

Die Zukunft war ein Chaos, das sich aus den Befürchtungen und Ermahnungen anderer und meinen Hoffnungen mischte.

Die Gegenwart war geistlos. Zwei fremde Menschen, die ich nicht verstand, wollten ein bißchen Geld an mir verdienen und führten mich deshalb ins Gebirge. Ich war ihnen entweder lächerlich oder unbegreiflich. Die Gegenwart war eine Landschaft, die mir nicht alles bot, was ich brauchte. Sie riet mir nur, schnell zu den Fachleuten dieser Landschaft zu gehen, zu den Lappen, und mich ihnen ganz anzuvertrauen.

Es ist schwer, jetzt alles beiseitezudenken, was sich seitdem von dieser anderen Welt, vom Leben der Nomaden, mit mir verschmolzen hat.

Es war noch wahr. In zwei Marschtagen konnte ich im Notfall eine Telefonleitung erreichen. Die arktischen Expeditionen waren ganz andere Taten. Als Andrée mit seinen beiden Gefährten auf dem Dach des Ballonschuppens in Spitzbergen stand und sich entschloß, am gleichen Tag zu seinem Polarflug zu starten, hatte er mehr Grund, sich als Held zu fühlen, als ich. Und er machte in seinen Niederschriften weniger Aufhebens davon als ich hier von mir. Ich weiß nicht, wie mutig andere Menschen sind.

Ich sah im Geist mir gegenüber so viele vernünftige Gesichter, die lächelten und den Kopf schüttelten und sich nach kurzer Zeit abwandten, wie sie sich von anderen, unwichtigen, einmaligen und nicht zur Ordnung gehörigen Dingen abzuwenden pflegten.

Hier lief ich als kleine, zweibeinige Laus über die große Haut Lapplands.

Anta Piiraks Kohte lag einsam am Fuß des Portifjälls. Dorthin brachten mich die beiden und zogen dann weiter. Sie hatten einen vorgeblichen Grund, weswegen sie noch in die nächste Sita wollten, bevor sie kehrt machten. Der wahre Grund aber war ihre Wanderlust und ihre Liebe zum Hochland.

Anta Piirak ist ein schwarzhaariger Zwerg mit rotem Gesicht. Seine Stimme klingt hoch wie die einer Frau. Er ist reich und erfahren, fleißig und ein bißchen geizig. In der ganzen Gegend schätzt man ihn. Ich wurde sein Schüler.

Anta wies mir meinen Platz auf der Gastseite der Kohte an. Ich packte meine Sachen hinter mich und holte mein Lehrbuch vor, um zu lernen. Das machte alle aufmerksam. '

"Laß sehen", sagte Inka, die Frau, auf schwedisch. Während sie das Buch betrachtete, machte sie lappische Bemerkungen zu Pär, dem Sohn, und Ebba, der Magd. Beide sahen mich an.

"Viele sind schon gekommen und haben versucht, das Lappenleben zu studieren", sagte Ebba. Sie hatte blonde Zöpfe und blaue, schrägliegende Augen. Sie sprach gut schwedisch.

"Wozu willst du lappisch lernen?", fragte Pär, "willst du in Lappland bleiben? Oder für die Wissenschaft?"

"Eigentlich für nichts. Ich möchte euer Leben kennenlernen."

"Also zum Vergnügen! So weit reisen und in der Lappenkohte sitzen! Mein Gott! Das hättest du doch wirklich nicht nötig!", sagte wieder die Mutter. Sie war früher Lehrerin gewesen, von damals konnte sie schwedisch.

Am zweiten Abend fragte mich Inka: "Sind deine Angehörigen Bauern oder Erdgräber?"

Fast alle "Ladde"*, die sie kannte, gehörten diesen Berufen an. Denn über die umliegenden Täler und das Erzbergwerk in Gellivare reichte ihre Erfahrung nicht hinaus.

"Richter ist mein Vater."

Sie bekreuzigte sich fast vor Ehrfurcht und fand mich nun noch unerklärlicher.

Meinen Berichten aus der großen Welt lauschten alle aufmerksam. Ebba bat mich, deutsch zu sprechen. Ich sagte ein Gedicht auf, da fuhr knurrend einer der Hunde aus dem Schlaf und bellte. Als ich wieder deutsch sprach, bellte er wieder. Ebba sagte, er höre nur immer lappisch und schwedisch. Jetzt meine er, ein Fremder komme, der eine andere Sprache spreche.

Ebba bat mich auch, ich solle sie deutsch lehren. Wenn wir dann später in eine fremde Kohte kämen, wollten wir deutsch miteinander reden. Dann würden alle Leute staunen. Sie lernte gleich: "Jetzt ist Schlafzeit. Burschen rausgehen. Frauen wollen Lager machen."

Als wir wieder hereinkamen, waren die Felle zum Schlafen ausgebreitet, und wir legten uns nieder. Das Feuer seufzte noch mal und verlosch. Die Sterne blinzelten zum Rauchloch herein. Aufgerollt lagen die Hunde zwischen uns.

---

*Nichtlappen

Das Ren

Anfangs vertrug ich die viele Fleischkost nicht recht. Morgens gab es geschmortes Renfleisch, mittags Salzfleisch mit Kachko, dem lappischen Glutbrot. Den ganzen Tag freute ich mich auf dieses Kachko-Stück. Es war viel zu klein. Abends, wenn es draußen dunkel war, wurde das Hauptmahl gegessen. Es war immer dasselbe: gekochtes Renfleisch, das man in heißes Fett tauchte. An diesem Fleisch mußte man sich satt essen. Dazwischen wurde oft starker Kaffee getrunken. In den ersten zehn Tagen war ich fiebrig und schwindelig von der ungewohnten Kost. Aber dann wurde ich langsam zäh, die Sehnsucht nach Kartoffeln und Gemüsen trat zurück. Dann ging ich auch lieber mit Pär aufs Hochland, was mich anfangs sehr anstrengte. Die Lappen wandern von Jugend auf rastlos und schnell. Unsereins kann kaum mit ihnen Schritt halten. Alle paar Tage sammelten Pär, Ebba und Anta die Rentierherde und trieben sie zum Lagerplatz. Dort wurde geschlachtet und gemolken. Dann führte sie Pär wieder aufs Hochland und entließ sie dort. Die Tiere zerstreuten sich weit. Einige mochten auch in andere Täler und auf andere Berge gehen, dafür kamen fremde und schlossen sich unserer Herde an.

Einzeln und in kleinen Trüppchen sind die Rentiere sehr scheu. Sie verhoffen und sichern schon von weitem, werfen das Geweih zurück und traben davon. Aber sie traben immer dorthin, wo sie ihre Kameraden wissen. So sammeln sie sich ganz von selbst, wenn der Mensch kommt.

In der Herde sind die Tiere zahm. Der Lappe treibt sie vor sich her. Wollen sie die Richtung wechseln, schickt er seinen Hund, der sie mit lautem Gebell zurückjagt. Der echte Renhund des Jokkmokkslappen ist schwarz. Er geht dicht hinter den Füßen seines Herrn. Eine kleine Bewegung mit der Hand versteht er, und schon wirbelt er davon wie ein schwarzer Ball, den der Wind vor sich hertreibt. Die Rener fliehen vor ihm. Böse Hunde folgen ihnen und beißen sie wie der Wolf in die Hinterbeine. Bald ist es genug, und der Lappe ruft ihn zurück. Das ist viel schwerer. Wenn der Hund zu lange jagt, zerstreut er die Herde in alle Winde. Der Lappe schreit Flüche hinter seinem Hund her, er schreit aus Leibeskräften, als ob ein Unglück geschähe. Bei der Dressur ist das schwierigste, daß der Hund zurückkomt und ihn das Jagdfieber nicht fortreißt. Deshalb darf er nie geschlagen werden. Kommt er nicht gleich, so wirft man ein Stück Holz nach ihm. Er wird sich dann beeilen, denn er weiß, daß er in der Nähe seines Herrn immer nur Fressen und Lob bekommt. Ich hätte gerne auch allein Rentiere gesammelt, aber es lohnte sich nicht, einen Hund auf mich zu dressieren.

Die Herde ist ein zauberhaftes Bild. Die vielen silbergrauen Rükken strömen durcheinander, tausend breite Hufe treten die Erde. Ein Rentier hat nichts Nacktes. Sogar die breite Nase ist dicht behaart, die Ohren, die Haut zwischen den Klauen. Alle Geweihe trugen damals Bast. Griff man eines, so fühlte man ihm das Herz schlagen. Im Auge haben die Rener etwas Friedlich-Verträumtes, nur wenn sie fliehen oder in der Wurfleine hängen, Angst. Die Renherde ist so schön, daß man sie nicht aus dem Auge lassen kann. Ein alter Härk*, dem die Lappen eine Glocke an den Hals gebunden haben, eilt voraus. Sein Geweih ist vielverzweigt. Wie eine Welle drängen die anderen hinter ihm her. Muttertiere rufen ihre Kälber. Tausend Beinsehnen knistern wie elektrische Funken.

So geht's bergab zu den obersten Birken und mit Krachen hindurch und hinab. Alle Pfade führen zum Kohtenplatz, denn es ist kein anderes Lager in der Nähe. Ich kann mir schlecht vorstellen, daß wenige Tage, bevor ich kam, die Kohte noch nicht dastand, sondern weit droben irgendwo westlich zwischen den weißen Bergen. Und in vier Wochen vielleicht schon ist dieser Platz wieder leer wie jeder andere Platz im Wald.

Die Herde ruhte aus. Die vier Hunde hatten sich im Kreis um sie gelegt. Wir saßen in der Kohte und tranken Kaffee. Dann gingen alle Leute hinaus. Wieder wurden Muttertiere gefangen. Inka, die Mutter, und Ebba, ihre Nichte und Magd, molken. Auch ich schwang eine Wurfleine und nahm Milchtiere fest. Hatte sich die Schlinge in ihrem kleinen Geweih zugezogen, so bäumten sie sich und sprangen augenrollend mit allen Vieren zugleich in die Luft. Ich zog sie heran und band ihnen die Nase zu, wie ich es gesehen hatte. Die Atemnot machte sie zahm. Dann hielt ich sie am Gehörn fest. Nun kam Ebba und schlug sie mit der flachen Hand

---

*kastrierter Renbulle

auf den Bauch. Ebba schlug so lange, bis die Renkuh ruhig blieb und sich melken ließ. Wenn sie ein Achtel Liter gab, so war es viel. Aber die Milch war fett wie Rahm.

Die Sonne schien, und alle waren guter Laune. Ich befreite mein Rentier, nachdem es gemolken war, und wollte ein neues fangen. Zufällig stand hinter der Kuh, die ich zum Ziel genommen, einer der stärksten Bullen mit riesigem, blanken Geweih. Ich warf zu weit, und meine Leine erfaßte den Hirsch. Ich hatte noch nicht begriffen, was geschehen war, da lag ich schon auf dem Boden und schleifte, das Lasso in den Händen, hinter dem fliehenden Bullen. Die Lappen lachten. Ich sprang auf und schlang das Lasso um eine Birke, die da stand. Der Berserker war wenigstens zum Stehen gebracht. Dann galt es, ihn zu befreien. Pär sagte mir nachher, ich hätte es ganz gut gemacht.

Als letztes wurde geschlachtet. Anta wählte einen jungen Bullen aus und band ihn an einen Baum. Pär führte die Herde wieder ins Hochland. Der junge Bulle zerrte an seinem Strick und wollte mit. In der Kohte schliff Anta das Messer. Rentierschlachten ist eine Kunst für sich.

Anta zwang das Opfer auf die Erde, drehte es auf den Rücken und verschränkte seine Vorderbeine im Geweih. Er setzte sich rittlings auf den runden Tierbauch. Dann stieß er ihm wild das Messer zwischen die Rippen bis an den Schaft. Er hielt es am Griff. Der Griff zuckte und schüttelte seine Hand. Ein Tier starb. Es streckte seine Hinterläufe.

Beim Zerwirken bewies jeder Handgriff tausendmalige Übung. Ich sah zu. Es wurde mir klar, daß ich das nie ganz lernen würde. Aber ich wollte es auf jeden Fall versuchen. Von einem geschlachteten Rentier bleiben nur die acht Hornschalen der Füße, die Galle, der Inhalt der Därme und des Magens übrig. Das Fell wird mit angespitzten Stäben gespannt. Die Felle der Beine heißen Bellinge. Sie werden mit Spänen aufs Kohtentuch zum Trocknen gelegt. Später werden gute Winterschuhe aus ihnen. Kopffelle geben Winterschuhe zweiter Qualität. Aus dem Gehörn schnitzen sie Haken, Messerschneiden, Lassoringe, Löffel und Gürtel-schlösser. Der abgezogene Schädel ist gekocht eine Delikatesse. Er kommt gleich in den Topf. Die Därme werden gereinigt, verschlossen und mit Blut gefüllt. Sie geben Wurst. Auch die vier Mägen, die ein Rentier hat, werden im Bach gewaschen. Der kleinste wird auch Wursthaut, ein zweiter wird mit dem Rest des Blutes gefüllt, luftdicht verschlossen und in den Rauch gehängt für Zeiten, in denen nicht geschlachtet wird. Der dritte Magen wird mit Fett gefüllt, der vierte mit Milch. Alle diese Beutel hängen rund und prall in der Kohte und werden langsam braun vom Rauch.

Neugierig war ich, als Inka einmal einen alten Milchmagen öffnete. Eine grünliche, bröckelige Masse war in ihm. Sie schnupperte daran und schien befriedigt. Sie gab mir einen Löffel voll in meine Kaffeeschale. Es schmeckte aufregend sauer und pikant.

Anta zerlegt den Rumpf und bindet zwei große Stücke mit Weidenreis zusammen. Er hängt sie in den Rauch. Sie geben das beliebte suovas pierko, das auch den Zivilisierten schmeckt. Ein anderer Teil kommt roh auf ein Gestell im Freien, an dem eine primitive Leiter steht. Nur ein Hund in ganz Jokkmokkslappmark, eine pfiffige kleine Hündin, hat gelernt, solche Leitern hinaufzuklettern und oben alles zu fressen und zu verderben. Sonst fliegen nur Vögel auf das Gestell und stehlen. Anta gibt die acht Markknochen in die Kohte. Sie werden am Abend gekocht. Ebenso Herz, Niere und Leber. Ein Stück Leber wird gleich den Hunden gegeben, "damit sie mutig werden".

Zuletzt trennt Anta alle Sehnen von den Knochen und reiht sie auf ein Holz. Sie werden über dem Feuer getrocknet und dann von den Frauen im Mund zu Nähsaiten gesponnen.

Die Arbeit ist getan. Vom Rentier ist fast nichts mehr übrig. Ein bißchen Blut hängt am Gras. Der Geruch von frischem Fleisch und Eingeweide steht darüber. Es dunkelt. In der Kohte prasselt das Feuer. Die Markknochen dürften bald gut sein. Es wird gesprochen und gelacht. Das kleine Beil wandert herum. Die heißen Knochen krachen, schmatzend saugen wir das Mark heraus. Zwischen Ebba und mir steht eine breite Fleischschale auf dem Fell. Wir nehmen uns mit den Fingern ein Stück nach dem anderen und tauchen es ins heiße Fett. Die Hunde haben ihre Schnauzen dicht an unseren Messern und warten, daß etwas für sie abfällt.

Unglaubwürdige Erzählungen

Immer öfter verstand ich lappische Ausrufe und Sätze und versuchte selbst die schwere Sprache. Ich trug zum Arbeiten ja schon eine echte Kapte. Ich hatte ein bißchen Holz gehackt. Nun bat Inka mich, eine Erle zu fällen. Ich tat es und brachte sie in einzelnen Stücken herbei. Mit einem Reismesser schälte Inka die Rinde ab und setzte sich Gerbsäure an, um aus Renkalbfellen weiches Leder zu gerben.

Immer wieder hielt sie inne und dachte nach. Der schwedische Name von Erle war ihr entfallen. Sie wollte aber nicht, daß ich etwas Falsches lernte und vielleicht meinte, es sei ein anderer Baum. Es ließ sie nicht in Ruhe. Mit der Wahrheit nehmen es die Lappen sehr genau. Scherzlüge oder Übertreibung macht sie ernst und mißtrauisch, obwohl sie alle anderen Arten Witze lieben. Sie empfinden es schon als Großsprecherei, wenn einer sagt: "Ich werde jetzt die Herde holen." Wer weiß, ob er sie findet, ob ihn nicht unterwegs Stalo, der böse Waldgeist, frißt. Man muß sagen: "Ich will versuchen, die Herde zu bringen." Oder: "Ich will mal nach der Herde sehen."

Diese Gewissenhaftigkeit lächerte mich. Anta sagte einmal: "Jetzt wollen wir versuchen zu essen." Ja, wer weiß, ob es gelingt, dachte ich bei mir.

Wir setzten uns in die Kohte. Die Sonne schien oben herein. Meine Pflegemutter nähte, und ich las ihr lappische Übungsstücke vor. Manchmal unterbrach sie und verbesserte meine Aussprache. Am Schluß sagte sie: "Ganz ausgezeichnet! Du hast einen guten Kopf." Jugenderinnerungen aus ihrer Lehrerinnenzeit stiegen auf.

Die anderen kamen zurück, und Inka erzählte sofort vom Mißgeschick, daß ihr der schwedische Name für Erle entfallen sei. Anta wußte ihn. Um sich von meinen Fortschritten im Sprachstudium zu überzeugen, sagte er mir auf lappisch, ich solle etwas hereinholen, das am Fleischgestell hänge. Ich verstand, nur das Wort des Dinges selbst war mir fremd. Draußen kam ich an Ebba vorbei. Ich fragte sie rasch, was mit dem Wort gemeint sei. Sie sagte: "Das weiß ich auch nicht."

Ich war sehr erstaunt. "Ja, ist das nicht Lappisch, was du da den ganzen Tag sprichst?" Sie belehrte mich, daß die Jugend ein unreines, einfacheres Lappisch spreche, das viel mit Schwedisch vermischt sei, und daß sie viele altlappische Worte, die Anta noch gebraucht, nicht mehr verstehe. Seitdem ich das wußte, trug ich mein kleines Teil dazu bei, die reine alte Sprache hochzuhalten. Ich sagte immer "poachtsu" und nicht "reinu", wie das Ren auf Neulappisch heißt.

Eines Nachmittags begleitete ich Pär übers Portifjäll zur Sita, die auf der anderen Seite lag. Ein Rudel Rener kreuzte unseren Weg. Der erste Schnee war gefallen. Ich unterhielt mich mit Umherblicken. Schritthalten konnte ich jetzt ohne weiteres. Als wir nach drei Stunden den steilen Hang über der anderen Sita hinunterrutschten und mit den Stöcken stocherten wie Flößer, blieb Pär plötzlich stehen und sah mich pfiffig an.

"Wenn wir ins Lager kommen, sage ich zu dir: Tal län tan sitan. Das heißt: jetzt sind wir in dieser Sita hier. Und du antwortest dann: län. Das heißt in diesem Fall: ja. Dann staunen die Leute, daß du schon so gut Lappisch kannst."

So machten wir's. Wir traten zu einer Kohte, in der eine ältere Jungfer wohnte, ihre Nichte, ein sehr hübsches Mädchen, und deren Bruder. Im letzten Tagesschein zerwirkte er ein Ren. Ich sah ihm eine Weile zu. Mit genau den gleichen Messerschnitten und Handgriffen arbeitete er wie Anta. Ich spielte den Schweigsamen.

Als wir in der Kohte saßen, erzählte Pär von mir. Kein Wort ging verloren. Die Jungfer wandte sich an mich.

"Ja maahtah juö saine hoallat?" (und du kannst schon Lappisch sprechen?)

"Mahtan pinnatjau!" (ja, ein bißchen!)

Sie lachten. Am Feuer in der Kohte hat der Mißmut keinen Platz. Wie viele Stunden saß ich auf den verschränkten Beinen und sah ins Feuer. Und jede Stunde war echt und froh verflossen.

Die Kohte füllte sich. Eine alte Frau trat ein, ein großer Bursche kam noch dazu. Ein kleiner Junge stolperte durch die Tür. Ein magerer Mann mit einer Pfeife folgte. Sie verstanden alle schwedisch, und ich erzählte. Von Deutschland und, was noch interessanter schien, von anderen Lappenarten. Und ich flocht meine kleinen Tendenzen hinein.

"In Deutschland gibt es sehr viele Menschen. In der Stadt, in der ich wohne, leben 300000. Sie bedecken mit ihren Häusern ein ganzes Tal und die Berge am Rand."

Der Mann mit der Pfeife sagte: "Man kann sich so viele Menschen gar nicht vorstellen. Sie sind wie eine große Renherde aus Menschen."

"Ja, wie eine Herde. Man kann sie nicht kennen. Sie sind fast alle fremd." Das war wieder fast unvorstellbar. Die Hände ruhten. Alles dachte angestrengt, um sich das vorstellen zu können.

Die Greisin erzählte etwas auf Lappisch. Pär übersetzte es mir: In ihrer Jugend war ihr Wanderweg ein Tal im Norden. Dort seien auch so viele Menschen gewandert, daß man sie nicht alle kannte.

Ich fuhr fort: "Unsere Häuser sind aus Stein. Sie sind sehr groß. Drei Schichten übereinander, oft fünf, sechs. Eigentlich mehrere Häuser übereinander."

"In Jokkmokk gibt es auchHäuser in zwei Lagen übereinander. Zieht ihr euch zum Schlafen aus?"

"Ja, jeden Abend. Unsere Betten sind weich und warm."

"Tusk*, höre! Seid ihr alle seßhaft?"

"Ja, es gibt nur einen kleinen Nomadenstamm bei uns: die Zigeuner. Aber sie wandern unregelmäßig."

"Wie wandern sie? Mit Renern und Schlitten?"

"Mit Pferd und Wagen."

"Ho! Und wenn die Pferde Rentieren begegnen, gibt es dann Streit?"

Ich erklärte, daß es keine Rener in Deutschland gäbe und daß es gar keine geben könne.

"Sage, hab ihr Hunde?"

"Ja, verschiedene Arten. Es gibt Hunde, die haben Pfoten, so groß wie eine kleine Kinderfaust, und es gibt so kleine, daß ihr Kopf nur so groß ist wie eine Kartoffel."

Kartoffeln kannten sie von ihren Besuchen im Tal. Stille trat ein. Ich hatte nur Spaß machen wollen. Aber solche Späße versteht man hier nicht. Schnell rettete ich meine Erzählerehre und verbesserte mich:

---

*schwedisch-lappisch: der Deutsche - Name des Verfassers bei den Lappen

"Wie eine ziemlich große Kartoffel natürlich. Es gibt ja große und kleine Kartoffeln."

"Was tut ihr mit den Hunden, wenn ihr keine Rentiere habt?"

"Viele Hunde bewachen das Haus ihres Herrn. Andere führen Blinde, helfen den Jägern, bewachen Herden und Schafe oder ziehen kleine Wagen wie die Härke den Kieris*. Aber die meisten Hunde haben keinen Beruf und sind zum Vergnügen da."

"Wieso wachen?", fragte der große Bursche Petrus, "habt ihr Tiere, die man vor Bär oder Wolf schützen muß oder fürchtet ihr, daß der Vielfraß eure Vorräte stiehlt?"

"Beides nicht. Aber es gibt Diebe und sogar Mörder. Unter diesen vielen Menschen gibt es natürlich solche und solche. Und sie kennen einander doch nicht. Wißt ihr übrigens, was Schafe sind?"

"Ja", sagte das Kohtenmädchen, "in Kvikkjokk hat ein Seßhafter vier gehabt. Sie liefen in den Wald, und ein Bär hat sie gefressen."

"Aber", fragte Petrus, "wenn ihr zu Hause keine Rentiere und keine anderen Tiere habt, wovon lebt ihr dann? Baut ihr Kartoffeln an? Was verkauft ihr denn?"

"Nichts! Wir kaufen alles: fertige Kleider, Fleisch, Kartoffeln, alles was wir brauchen. Das Geld bekommt Vater vom Staat. Er steht in Staatsdiensten."

"Großer Gott! Alles kaufen!" Die Unterhaltung ging noch lange hin und her.

Eine kleine Erzählung aus der Heimat schloß so:

"... denn ihr müßt bedenken, daß es bei uns ja im Winter auch helle Tage gibt."

"Was? Helle Tage im Winter?"

"Ja. In Deutschland ist auch im Hochsommer dunkle Nacht und im Winter heller Tag mit Sonne."

Die Leute sahen sich an und wurden verlegen. "Was ging da vor?", schoß es mir durch den Kopf. Die einen schienen zu denken: "Ist das eine verdrehte Welt", aber die Miene der anderen sprach: "Er ist ein Lügner! Er hat uns den ganzen Abend zum Narren gehalten."

"Was sagt der Deutsche?", fragte die Weißhaarige.

---

*Offener Schlitten

"Er behauptet, sommers gäbe es in seinem Lande dunkle Nächte und im Winter Sonnentage."

"Das ist wohl nicht richtig", sagte Petrus zu mir. "Das weiß ja das kleinste Kind, daß der Sommer hell ist und der Winter dunkel. Wenn man sich das vorstellt: im Mittsommer eine Nacht mit Mond und Sternen! Ihr habt auch keine andere Sonne als wir."

Ich mußte es beschwören. Nur dieses langsam wachsende Vertrauen nicht wieder verlieren!

Verstört verließen die Leute unseren Feuerkreis und stapften, wie von erschütternden Erlebnissen getroffen, ihren eigenen Kohten zu. Sonne im Winter! Nacht im Sommer! War es denn die gleiche Welt, von der dieser Mensch kam?

Iß, damit du lebst

Der fünfjährige Bub rieb sich mit den Fäusten die Augen und sagte: "Tante! Ich will heute nacht hier schlafen. Wo du doch Besuch hast!" Kinderwünsche haben Geltung in Lappland: Tante holte einen kleinen Schlafsack hervor.

Das Morgenmahl war fertig, und ich hörte wohl zum hundertstenmal den Spruch: "Porro, aht viessu" (iß, damit du lebst!). Sie sagen nicht "Gesegnete Mahlzeit" oder "Der Herr Jesus hat's beschert", sondern "Iß, damit du lebst".

Pär brach mit den Burschen der Kohte auf. Sie wollten in eine ferne Sita zur Rentiersonderung. Das Mädchen zog seine beste Kapte an und band ein farbiges Kopftuch unter die hohe blaue Mütze. Sie sammelte die Ziegen der Sita, nahm den Bergstab und machte sich mit ihnen auf den Weg. In Aktse, einem sehr einsamen Schwedenhof, sollten sie im warmen Stall überwintern. Ich blieb noch eine Weile, um Leute kennen zu lernen und Neues zu sehen.

Die Jungfer stopfte dem kleinen Jungen die Schuhe und gab ihm Kaffee. Die Hände im Schoß, sah sie ihm zu, wie er trank. Er nahm vorher die Mütze ab. Das tun alle. Seine Haare waren blond und struppig wie ein Schnauzerfell. Seine Augen lagen in mandelförmigen Schlitzen. Sein Gesicht war straff, breit und lustig. Immer wieder fragte er die Tante etwas, und sie belehrte ihn.

Jetzt kamen noch zwei seiner Brüder herein, ein älterer und ein jüngerer. Die Tante ging hinaus. Die drei Jungen begannen ein Gespräch, das ich verstand.

"Wie kann nur das Feuer leben?", fragte der eine.

"Es bekommt doch Holz zu essen", antwortete ein anderer.

"Aber wie lebt die Uhr?", und sie sahen alle drei zur kleinen Uhr hinauf, die an der Zeltstange hing und tickte. "Sie bekommt doch nichts zu essen."

Die Tante kam wieder herein. Ihr Liebling fragte sie, wie die Uhr lebe.

"Sie wird aufgezogen, da seht!", und sie nahm die Uhr vom Haken und zog sie vorsichtig und bedächtig auf.

"Wenn man die Menschen nur auch aufziehen könnte!", sagte einer leise.

Sie gab jedem ein Stück Kachko und sagte zur mir auf schwedisch: "Die Jungen werden nicht satt. Die Leute sind sehr arm. Wir geben alle den Kindern etwas. Wir haben ja sonst keine Kinder in der Sita."

Im Gespräch mit den Jüngsten, die ihre eigene Sprache erst entdecken, lernte ich viele neue Worte. Der Knirps, der bei uns geschlafen hatte, wandte sich wissensdurstig an mich. Auf allen vieren kam er zu mir gekrochen und setzte sich, so kollegial er konnte, neben mich.

"Höre! Gibt es Wasser in deinem Land?" Ich mußte lachen.

"Natürlich." Aber er war nicht so dumm. Er ging mit System vor.

"Gibt es dann auch Fische?" "Ja."

"Wie groß sind sie? Wie mein Finger?" "Es gibt auch größere."

"Wie der Axtstiel, der da oben hängt? Gibt es so große wie ich?" Ich antwortete, so gut ich konnte.

"Warum kannst du nicht richtig sprechen?"

"Meine eigene Sprache kann ich gut. Lappisch ist fremd für mich." Er dachte nach. "Hast du draußen den Lochkek gesehen? Weißt du nicht, was ein Lochkek ist?" "Ich weiß es nicht."

"Komm raus! Ich will dir zeigen, was ein Lochkek ist."

Ich folgte ihm. Er griff mich an der Hand und ging voraus zu einem bootsförmigen Schlitten, der oben geschlossen war. "Das ist ein Lochkek, und das dort ist ein Kieris ... Komm, wir gehen wieder in die Kohte und erzählen uns mehr." Ich sah auf ihn herab wie auf einen Hund, so klein war er.

"Wieviel Nasen hat man?", fragte er seinen großen Schüler. Ich lachte. "Eine!", und packte ihn an seiner Stupsnase.

"Nein, drei. Zwei Schuhnasen und eine im Gesicht ..."

"Gibt es Schwedenfrauen in deinem Land?"

"Nein, deutsche Frauen. Aber sie sind ähnlich wie die Schwedenfrauen."

"Wie bist du hierhergekommen?"

Das Gästebuch

Als ich das Portifjäll überquerte, hatten die weißen Wolken sonnenflammende Ränder. Die Schatten der Steine waren lang, dünner Wind flog über die Schneewehen. Was war ich eigentlich? Was sollte ich eigentlich tun? Ich entschloß mich, nach Kvikkjokk zu wandern und meine Post dorthin kommen zu lassen. Ich war doch manchmal sehr allein. Mit Pär und Ebba hatte ich ja feine Kameradschaft, aber sie ertrug nur Spaß und Sonne. Nach tiefer, schweigender Verbundenheit hatte ich Sehnsucht. Viel dachte ich an Deutschland. Das empfindsame Gemüt der Lappen gefiel mir ja sehr. Ich traf auch immer wieder auf das Heldenhafte, das ich beim Naturvolk suchte. Meine Erwartungen waren nicht zu hoch gewesen. Romantisch allerdings war das ja alles nicht. Romantisch wird es später sein, wenn ich wieder zu Hause bin.

Gut ist sicher die Trennung von allem Gewohnten. Sie ist geglückt. Denn es war mir wohl. Ich konnte mich an nichts klammern, mit nichts meinen Geist betäuben, mit keinem Buch, keinem Film, keinem fließenden Gespräch. Daraus entstand manchmal schwerblütiges Zögern. Die Gedanken lassen sich bekanntlich nicht bremsen. Ich mußte alle Schwermut mit guten Plänen und Beobachtungen verjagen. In so einsamen Zeiten sammelt man Lebenskraft. Man macht sich fertig zu irgend etwas Ungewissem-Kommenden.

Gestern hatte ich wieder einmal in einen Spiegel gesehen. Mich fesselte mein eigenes Bild. Ich besah mich wie einen ganz fremden Menschentyp. Was hatte ich für eine große, schmale Nase und was für eine weiße Haut! Die Form meiner Stirn und der Bau meiner Augenhöhlen schienen mir fremdländisch.

Ich traf Inka allein in der Kohte. Gleich erzählte ich ihr, was mir Pär, bevor er ging, gesagt hatte: die Leute vom anderen Lager hätten die Fährte von drei Wölfen gesehen. Sie seien aber wahrscheinlich weitergezogen.

Am nächsten Tag pilgerte ich, Selbstgespräche führend, nach Kvikkjokk. Es waren 20 Kilometer durch Wald, manchmal durch Moore und rieselnde Flußfurten.

Plötzlich bemerkte ich hinter mir jemand. Ich drehte mich um: ein Sarv, ein brünstiger Renhirsch, mit blankem Geweih! Er folgte mir. Ich blieb stehen. Er blieb auch stehen. In einem fort stieß er den schnarchenden Brunftruf aus. Ich hatte in den letzten Tagen die Vorsicht Pärs beobachtet. Er lief zwischen der Herde herum wie ein Raubtierbändiger in seiner Löwengruppe! Immer wieder meinte er, einer der erregten Bullen greife ihn von hinten an, und drehte sich blitzschnell um. Ich hatte schon viel von angreifenden Renhirschen erzählen hören.

Das Tier war ein Einzelgänger. Neben ihm brachen einige Renkühe durchs Gezweig. Der Sarv lief auf dem Pfad mir nach. Die Sonne ließ die armlangen Sprossen seines Geweihs leuchten. Dieses Geweih war ein ganzes Gebäude. Es hatte mörderische Spitzen nach allen Seiten. Es sah aus, als wenn es einen unsichtbaren Körper, der über dem Tierkopf schwebte, umklammerte.

Ich setzte mich unter eine Birke, auf die ich im Notfall klettern konnte. Mein Verfolger blieb stehen. Mit gesenktem Haupt sah er nach mir. Breit standen seine Beine, breit war seine silbergraue Brust. Seine Lenden zuckten, er warf das Geweih zurück und rief. Jeder Muskel seines schweren Körpers schien steinhart gespannt. Er war 20 Meter von mir entfernt. Zum Unglück näherten sich mir seine drei Bräute. Ich überlegte, ob er wohl weichen würde, wenn ich ihm entgegenginge. Ich versuchte es nicht.

Ich hielt es nicht aus und ging weiter. Immer rascher lief ich. Hinter mir hörte ich das Knistern der Sarvhufe. Ich setzte mich in Laufschritt. Mein Feind ging in einen tänzelnden Trott über. Das Hemd klebte mir auf dem Körper, die Stirn wurde mir feucht. Schließlich schlug meine Angst in Wut um. Ich war überzeugt, daß ich den Hirsch am Gehörn packen und seinen Stoß so auffangen könnte. Den Kopf würde ich ihm verdrehen, bis er dumpf auf den Boden stürzte. Ich wollte ihm die Vorderläufe ins Geweih verschränken und ihm das blanke Messer in seine heiße Brust stoßen. Das wäre Notwehr gewesen. Ich würde sein Fell in Streifen und den Rumpf in ein paar große Stücke schneiden, um sie auf

Bäume zu ziehen. Dort wären sie sicher vor Vielfraß und Fuchs. Ein Ohr hätte ich nach Kvikkjokk mitgenommen, um an den Kerben den Besitzer feststellen zu lassen.

Vielleicht erriet der gereizte Herrscher meine Ideen. Er blieb zurück. Ich konnte wieder langsam gehen. Eine gewisse Beklemmung verlor ich an diesem Tag nicht, weil ich wußte, daß es hier auch Bären gibt.

In Kvikkjokk begegnete ich Schweden und ihren Kindern. Jetzt erst merkte ich, wie sehr ich mich an die Einsamkeit gewöhnt hatte. Die vielen Menschen verwirrten mich. Ich setzte mich scheu in die Ecke der Gaststube und hörte mir alles an. Ich sah an mir hinunter. Meine Kapte war gebleicht und geflickt.

Hier herrschte ein ganz anderer Ton als in der Kohte. Die Leute verwendeten unnatürliche Redensarten und wollten einander imponieren. Sie sprachen viel. Ich war ganz ausgeschaltet und bekam einen heißen Kopf in der Stube. Ich war auch nicht mehr gewohnt, auf einem Stuhl zu sitzen. Das Bedürfnis, "hinunter auf den Boden", ließ mich nicht los.

In der Kammer, in der ich schlafen sollte, kam es mir sonderbar vor. Der Kamin flackerte. Ich nahm das alte Gästebuch vom Tisch und ließ die Seiten vom Feuer beleuchten. Das Jahr 1901. Am Rand sind die Seiten vom vielen Umblättern schmutzig ...

1901! Wie mochte es damals hier ausgesehen haben? Damals war das Reisen noch nicht so in Schwung. Für den Stockholmer lag Lappland noch im unerforschten Polargebiet. Ich weiß, was man heute noch für dumme Vorstellungen über den Norden hören kann. Damals ging die Bahn erst bis Lulea. Jokkmokk war ein winziger Flecken. Die östliche Wandergrenze verlief am Ostseestrand. Glückliche Zeit! Was hatten denn damals Reisende in Kvikkjokk zu suchen? Will mal nachsehen, . Sigrid Walström, Lehrerin — geboren 5. Mai 1875 — Stockholm — auf Missionsreise im schönen Lappland. Natürlich! Daß ich daran nicht gedacht habe! Die abgelegenen Täler von Jokkmokkslappmark gehörten ja zu den letzten heidnischen Regionen. Sigrid Walström, wie magst du ausgesehen haben? Warst in langem, faltenreichen Rock gekleidet? War deine Taille eng geschnürt nach der damaligen Mode? Hattest du ein keckes Strohhütchen oberhalb der Stirn? Ich kann kaum glauben, daß du in die Berge gezogen bist und in der Kohte geschlafen hast.

Ich blättere weiter. Wie beredt erzählen diese grauen Gastbuchseiten. Botaniker und andere Wissenschaftler haben hier geschlafen, Studiosus X und Doktor Y. Sie haben meine volle Sympathie. Ich kenne die Naturwissenschaft, sie ist die beste Erzieherin. Kein Vater und keine Schule können einen besser zur Wahrhaftigkeit und zur anständigen Gesinnung erziehen als die wissenschaftliche Arbeit. Diese Forscher haben hier nichts zerstört und nichts gestohlen.

Aber schon, wenn es heißt: "Knud Larson, Ingenieur, Lulea", wird es trübe. Das ist ein Bergwerksmann. Der sucht nach Erzadern. Sein Geist rauscht in Profitphantasien. Hat er ein gutes Erzlager gefunden, so fängt er an zu rechnen. Er sieht eine neue Bahn durch eine Waldschneise summen, er hört schon das Rasseln der Krane und Karren, er wittert Gewinne. Lappen und Rener haben zu weichen. Ein Erzbergwerk ersteht. Gottseidank ist nichts daraus geworden. Herr Ingenieur ist wieder abgereist, keine Baukommission ist gekommen.

Dazwischen stehen ungeschlacht gemalte Namen wie Lars Hutti, Peter Jovva Gruvisare. Das sind Lappen, die bei der Rensuche

Kvikkjokk gestreift haben. In der Spalte "Beruf" trugen sie ein "Nomad". Einige konnten nicht schreiben, und einige wollten nicht. Sie zeichneten ihre Rune ins Gästebuch.

Eine bunte Reihe sieht in genialen, beschränkten, verschnörkelten und herrischen Schriftzügen an mir vorbei. "Schulinspektor." Die Lappenschule soll immer schwedischer werden. "Pfarrer", "Landvermesser" und immer wieder "Kaufmann", "Handelsmann", "Agent". Sie brachten Schnaps mit. Fäßchenweise. Sie tauschten mit besoffenen Lappen Rentiere gegen wertlosen Pfennigplunder ein. Sie tun es heute noch. Trunksucht und Tuberkel haben sie gebracht. Nicht nur in Lappland. Überall im Kolonialgebiet. Ob Briten, Russen, Deutsche, Schweden. Sie sitzen am gleichen Tisch mit Pfarrer, Missionar, Arzt, Erzieherin. Ich habe es selbst gesehen.

Das Feuer war heruntergebrannt. Ich klappte das Gästebuch zu und legte mich ins Bett. Seit über drei Wochen die erste Nacht, in der ich mich auszog. Als meine Kleider neben dem reinen Bett lagen, ekelte mir fast vor ihnen. Aber Ungeziefer hatte ich keines. Ich sperrte die Fenster auf, so weit ich konnte. Ich bekam von der Stube Kopfweh.

Am nächsten Tag gab es Kartoffeln zum Essen. Ich hatte nie gedacht, daß das ein so großes Ereignis sein kann. Schon der Geruch regte mich auf. Ich saß in der Wohnküche. Als ich die erste zwischen den Zähnen zerbiß, durchrieselte es mich wie die Liebe. Liebe! Ich schämte mich fast, daß eine simple, gelbe Pellkartoffel alle Sinne, Gedanken und Gefühle in Besitz nehmen kann. Ich konnte diese Gier nicht einmal verbergen. Die dicke Frau schien es zu wissen. Sie sagte: "Nicht gewöhnt, nur von Renfleisch zu leben." Ich aß mich schwer und satt. Dann fürchtete ich, krank zu werden von Unmaß und plötzlicher Koständerung. In ähnlichen Lagen hatte ich früher schon einmal Fieber bekommen. Darum beschloß ich, am gleichen Tag zur Kohte zurückzukehren. Ich würde sie notfalls auch im Dunkeln finden.

Briefe aus Deutschland waren da, Zeitungen, Zeitschriften. Das meiste war geschraubt und verlogen. Nur wenig Echtes fand ich zwischen dem beschriebenen Papier. Meine Mutter schrieb zum Beispiel: "Ich denke oft an Dich und lese alles nach, was ich über Lappland finde. Ich kann mir gar nicht vorstellen, wie Du wohnst und was für einen Umgang Du hast." Ein Mädchen schrieb: "Ich denke oft an die feine Faltbootfahrt im Juli die Nagold hinunter. Wenn Du nach Stuttgart kommst, werde ich auch daheim sein. Ich freue mich sehr auf Deine Erzählungen." Ein Bub von der Gruppe schrieb: "Am Sonntag waren wir bei einem Treffen mit den Köngenern* auf der Solitude. Ich sage Dir: schlimm. Morgenandacht, Volkstanz mit Mädchen und langweilige Reden. Hoffentlich kommst Du bald wieder. Mit der Horte* geht es soweit ganz gut."

Ich ging zum Waldrand und sah nochmal zurück. Eine liebliche grüne Insel. Dazwischen Holzhäuser. Eine neue Kirche aus gebeiztem Holz im Norwegerstil. Kvikkjokk ist ein altes Kolonistendorf in Lappland. Es führt geordnete Kirchenbücher. Seine Geschichte ist bekannt. Aber es ist nicht die Geschichte Lapplands. Sie ist nicht in Büchern aufgeschrieben, sondern in Gedächtnissen.

Tagebuchseiten

Eines Abends in der Kohte sagte Anta vor sich hin: "Kuouosakissa lä." Pär antwortete: "Lä". Ich verstand sie nicht. Es schien eine unerfreuliche Sache zu sein. Nach einer Weile wandte sich Pär an mich: "Hast du das Nordlicht gesehen?"

Ich erwiderte, daß ich es früher in Finnisch-Lappland gesehen hätte. Dann ging ich hinaus und sah zum Himmel. Die Leute fürchteten sich vor dem Winter. Bald komme Schnee, Kälte und die Winterwanderung mit ihrem "Vaieve". Wie soll ich dieses Wort übersetzen? Beschwernis, Unannehmlichkeit, Strapaze. Viel "Vaieve" wird sein. Piiraks sind ja schon alte Leute. Und sie haben einen so langen und hindernisreichen Winterweg. Wer weiß, wie es gehen wird?

Mit gerunzelten Stirnen sahen sie zum Rauchloch hinaus, wo das Nordlicht am Himmel huschte. "Bald wird es schneien."

Am nächsten Tag schrieb ich in mein Tagebuch:

Die Nacht ist klar. Silberhell
strahlt im Mondlicht ferner Schnee.
Droben schläft das Portifjäll,

---

* konfessionelle Gemeinschaft der bündischen Jugend vor 1933
**vom Verfasser geprägte Bezeichnung für "Jungengruppe"

zwischen Fichten glänzt der See.
Traumbild, das die Dunkelheit erhellt —
Kältezeichen einer kalten Welt —
entstehen wunderbar, glühen,
schmelzen, wachsen, verblühen,
zaubern, zeichnen, schwanken,
mit einem beutesuchenden Kraken
und seinen riesigen Armen zu vergleichen,
die in die Unendlichkeit reichen.
Dunkler Wald, hohes Fjäll, kalte Nacht,
Nordlicht, fahle Geisterpracht!
Das Kohtenfeuer knistert leis
und bannt die Angst aus seinem Kreis.
Noch lange sah ich unter meinem Pelz hervor
zum großen Zwischenspiel empor:
Werden, Wandern und Vergehen.

Mit Eile wurden die Winterarbeiten fortgeführt. Ich half, wo ich
konnte. Zum Beispiel habe ich gelernt, mit der großen Axt Holz zu
schlagen. Die Lappen verwenden keine Säge, sondern nur

schwere, scharfgeschliffene Äxte an langen Stielen. Der gefällte
Stamm wird in anderthalb Meter lange Stücke geteilt und dann zu
zweit längs gespalten. Man muß gut treffen, damit die Axt nicht
abrutscht. Das habe ich gelernt. Inka nähte Fellschuhe und Pelze
für die Männer. Anta schlug zwei benachbarte Birken in Gürtel-
höhe und schnitt die Stümpfe als Hobelbank zurecht. Zwischen
weißen Spänen stand er und hobelte Skier für Pär.

Je eifriger für den drohenden Winter gerüstet wurde, desto lebhaf-
ter wurden die Abende. Anta erzählte freigebig. Das Feuer glänzte
in seinen schlauen schwarzen Augen. Sein rotes, bartloses Ge-

sicht glänzte wie Leder. In dicken Kleidern war er eingepackt. Hell klang seine Stimme, von Pausen und magischen Handbewegungen unterbrochen. Einige Erzählungen habe ich fast wörtlich in mein Buch eingetragen. Anta sagte: "Ich sehe schlecht. Wenn ich übers Feuer wegsehe, erkenne ich dich nicht. Ich sehe nicht einmal, daß da drüben jemand sitzt. Ich höre dich aus dem Dunkeln sprechen. Vor drei Jahren fuhr ich mit der Eisenbahn nach Stockholm zum besten Augenarzt. Er kann auch nicht helfen. Er sagte, es komme vom Rauch in der Kohte. Seitdem sind meine Augen noch viel schlechter geworden. Der Augenarzt sagte, ich solle das Leben in der Kohte aufgeben, sonst werde ich noch ganz blind. Ich werde bleiben ...

Wohin soll man sich wenden, wenn man sein Leben lang Nomad gewesen ist." — "Jetzt im Herbst führen wir ein angenehmes Leben. Die Natur kommt uns entgegen. Die Herde bleibt auf dem Hochplateau, und die Wölfe sind scheu. Im Winter und Frühling aber müssen wir fortgesetzt die Herde bewachen. Oft ist es so dunkel, daß man garnichts sieht. Dunkler als heute."

Wir sahen über uns den Himmel mit Sternen.

"Das Ren kennt keine Ruhe. Um Mitternacht liegen die Tiere zwei, zweieinhalb Stunden, oft nur anderthalb. Wir benutzen die Zeit und tasten nach Zwergbirken und Weidenreis, um ein Kaffeefeuer zu zünden. Dann geht's weiter. Wir hasten. Allein, meilenweit von der Kohte. Bald wissen wir nicht mehr, wo wir sind. Stolpern über Steine, fallen in Bäche, waten durch Sümpfe, immer hinter der Herde her. Wenn wir sie verloren haben, ist alles verloren. Wir wissen nicht, wohin es geht. Oft sehen wir die Tiere nicht mehr, sondern hören nur das Knistern ihrer Beine. Der Morgen kommt. Wenn Nebel ist, können wir auch dann nicht wissen, wo wir sind. Nur in der Not bleiben wir tagelang, mitunter wochenlang bei der Herde. Die Wegzehrung geht aus. Wir schlachten eilig ein Kalb und essen uns satt. Den Rest müssen wir liegen lassen. Wir melken eine Renkuh in unseren Lederschurz und lassen den Hund die Milch auflecken."

Anta sprach von der Jagd.

"Nur arme Leute jagen. Wir haben keine Zeit. Wir müssen uns um die Herde kümmern. Das ist uns wichtiger. Aber gelegentlich habe ich gejagt, als ich jünger war, und zwar den Wolf, den Teufelshund. Bei Harsch kann man ihn jagen, wenn er mit seinen Pfoten durch den harten Schnee bricht. Dann pflegen wir den Pelz auszuziehen und uns leicht zu kleiden, auch wenn es sehr kalt ist. An einen der beiden Skistöcke binden wir ein langes, scharfes Messer. Dann verfolgen wir die Fährte. Lange, stundenlang, viele Stunden rennen wir. Nur ausdauernde Skiläufer können so den Wolf einholen. Sieben, acht Stunden sind wir ohne Rast gerannt, da sehen wir den Wolf in müden Sprüngen. Wir laufen ihm zur Seite und stoßen ihm das Messer in die Seite. Jetzt wendet sich der Wolf um, und viele sind von ihm gebissen worden. Man muß schnell wie ein Blitz den Speer zurückziehen und ihm den Todesstoß geben.

Aber in der Regel, wie gesagt, ist die Jagd die Sache des armen Mannes."

Wenn Anta Piirak stirbt, nimmt er vieles ins Grab, was nicht mehr zu halten ist. Er besitzt Kenntnisse über Altlappland, die kein anderer hat. Er kann wunderbare Dinge erzählen aus einer gesetzlosen und dramatischen Zeit. In der Jugend seines Großvaters wurden noch Pfeile gegen den Vielfraß geschossen, deren Spitze der Schnabel des Polartauchers war. In seiner Jugend trank man dampfendes Blut zum Morgenmahl. Er meint zu wissen, daß er siebenundfünfzig Jahre alt sei. Aber er weiß es nicht sicher.

Einem Schweden diktierte er seine Lebenserinnerungen. Ich schrieb in Eile den Beginn des großen Manuskriptes ab und übersetzte ihn:

"Ich wurde in der Kohte geboren. Es war Spätherbst, und sie stand im Fichtenwald. Es soll so kalt gewesen sein, daß die Enden der Kohtenstangen oberhalb der Rauchöffnung von Rauhreif weiß waren. Man war vom Herbstplatz schon in den Hochwald hinuntergezogen.

Ich erinnere mich, daß meine Mutter Folgendes erzählte: Damals verkaufte man Pelzwaren, Felle, Beinfelle, Fäustlinge und Schuhe aus gegerbtem Leder am besten in der Stadt Pitea. Meine Mutter reiste in jenem Winter mit Gefährten nach Pitea. Diese führten die gleiche Art Waren mit sich. Ich war zwei Monate alt und durfte in der Wiege mitkommen. Vater blieb bei der Kohte und bewachte auf Skiern die Rentiere, damit sie beisammen blieben. Es war ein sehr weiter Weg vom nordöstlichen Ende des Skalkasees bis nach Pitea, und ich in der Tragwiege mußte diese lange Zeit in der Kälte liegen. Als ich aufwuchs und ins Alter kam, in das die Erinnerung zurückreicht, war mein Kopf gegen Kälte empfindlich. Jedesmal, wenn ich am Kopf fror, bekam ich Kopfweh. Meine Mutter pflegte dann immer wie zu ihrer Entschuldigung zu sagen: "Ich konnte nicht verhindern, daß die Kälte in deinen Kopf drang, als ich in jenem kalten Winter einen so langen Weg wanderte."

Wenn die Lappenkinder zu springen und spielen beginnen, ziehen sie gewöhnlich einen Schlitten, der so lang ist wie eine Hand und an dem ein Band festgebunden ist. Den zieht das Kind selbst rund um die Kohte. Dann will es auch einen Gegenstand im Schlitten haben. Wenn er herausfällt, weint und jammert es. Wenn man im kleinen Schlitten Schnüre und Ösen hat, um den Gegenstand festzubinden, so freut sich das Kind sehr darüber. Und hat ein Kind keinen solchen Spielschlitten, so muß die Mutter ein Band an den Freßnapf der Hunde binden und zum Kind sagen: "Sieh, da hast du einen guten Schlitten!"

Mit der Wurfleine beginnen die Buben früh. Sie ist das erste Spielzeug der kleinsten Kinder. Manchmal muß die Mutter auch eine Schaukel zwischen die Stützbögen der Kohte oder die Türstützen aufhängen. Manchmal bauen die Kinder schon ein Gestell aus Stäben auf. Es ist ganz klein, vielleicht zwei Ellen hoch. Und dann wollen sie Kohtentücher haben, und die Mutter muß ihnen dann ein Handtuch oder zwei Kopftücher geben.

Größere Kinder bauen, wenn sie viele sind, eine kleine Kohte, die gerade groß genug ist, daß sie mit Müh und Not hineinkriechen können. Dann verlangen sie von ihren Müttern Kohtentücher und bekommen von ihnen ein Rauchfangtuch als Kohtentuch. Einige bekommen eine kleine Kaffeekanne. Mit ihr kochen sie Kaffee oder lieber Tee. Der eine oder andere hat in der Kapte über dem Gürtel Essen bei sich: Kachkostücke oder Fleisch. Und dann ißt man und kommt überein, daß der Vater und der Mutter, einige Kinder und andere Knechte sein sollen. So berät man und macht aus, daß einige sich auf den Weg machen sollen, um die Herde zu sammeln und auf den Ruheplatz zu treiben. Aber zuerst muß man aus sparrigen Kiefernästen Rentiere machen und bestimmen, welches Besitzerzeichen jedes haben soll ..."

Bis dahin schrieb ich. Dann schlief ich über den Schreibheften ein, denn es war der Abend eines Arbeitstages. Am nächsten Morgen mußte ich das Manuskript seinem Besitzer wiedergeben. Ich habe oft gesehen, wie die Lappenkinder das ganze Leben der

Erwachsenen nachahmen. Dann fiel mir eine Geschichte ein, die sich bei Jukkasjärvi abgespielt hat. Schon ganz kleine Kinder sehen zu, wie geschlachtet wird. Dem Ren gilt kein Mitgefühl, es ist wanderndes Fleisch, es gehört nicht zur menschlichen Gesellschaft wie der Hund, von dem die Sage geht, daß er einen Vertrag mit dem Menschen gemacht habe. Der Mensch hat ihm gutes Essen und andere Wohltaten versprochen. Dafür stellt der Hund seine Arbeitskräfte zur Verfügung. Der erste Hund hat auch gebeten, man möge ihn hängen, wenn er ausgedient habe oder krank sei. Sonst sei seine Seele ruhelos. Auch das wurde in den Dienstvertrag aufgenommen. Wenn heute ein Lappe seinen Hund vertragswidrig behandelt, so läuft er Gefahr, daß derselbe sich nicht mehr verpflichtet fühlt und mit allen anderen Hunden in die Wälder zurückkehrt. Das wissen selbst die Kinder.

Aber ebenso wissen sie, wie gesagt, daß das Rentier nur Fleisch ist. Sie sehen die grausame Lust, mit der die Burschen schlachten, und sie finden nichts Böses dabei. In Jukkasjärvi waren drei Kinder zur Weihnachtszeit allein in der Kohte. Sie spielten Rentier. Zwei waren die Lappen, eins war Sarv. Die Lappen fingen das Rentier mit dem Lasso ein und zwangen es zu Boden. Dann wetzten sie das Messer. Sie hatten nie einen anderen Tod gesehen und nie von einem anderen Sterben gehört als vom Rentiertod, und der war ja etwas Gutes. Das Kind, das Rentier spielte, sagte: "Schlachtet mich endlich, ich friere!" Die anderen stießen ihm das Messer in die junge Brust. Dann zerwirkten sie ihren eigenen Bruder, so gut sie konnten, hängten einige Stücke in den Rauch, legten andere ins Salzfaß. —

Immer früher wird es nachmittags dunkel. Die Abende sind lang. Ich lehre Pär ein deutsches Lied. Es gefällt ihm sehr, weil es an das lappische Joiken erinnert, das endlose, jubelnde Jodeln im Hochland. Ich lehre ihn das Schweizerlied "Vo Luzern uf Wäggis zue".

Wir sangen es zusammen mit den deutschen Worten. Seitdem hörte ich es oft von ihm. Wanderer! Kommst du auf der Sommerreise nach Lappland und triffst du den schwarzhaarigen, stämmigen Pär Piirak im Gebirge, frage ihn danach, und er wird es dir vorsingen!

Inka hörte aufmerksam zu, dann unterbrach sie uns und fragte: "Tusk! Höre! Lernen in Deutschland schon die kleinen Kinder gleich deutsch oder beginnen sie mit einer leichteren Sprache, z.B. lappisch?" Ich sagte ihr, deutsch sei für uns die leichteste Sprache.

Dann lernte ich das Lied eines Lappenmädchens, trug es ins Tagebuch ein und übersetzte es:

"Ein kleines schmerzliches Lied will ich singen,
ein Liedchen über meinen Schatz.
Aber diese Liebe ist dahin.
Er hat mich wieder vergessen.
Ich kann nicht mehr zu ihm sprechen,
obwohl mir das Feuer der Liebe mein Herz verwundet,
wenn ich an seine Schönheit denke.

Ich erinnere mich sehr wohl
wie du zu mir sprachst,
als wir zusammen bei den Rentieren wachten.
Auf diese guten Worte hin
habe ich gesagt:
ich liebe dich grenzenlos.

Für einen Kuß von dir
gäbe ich meine ganze Herde hin.
Wenn ich erfahren würde, daß du eine neue Lieb hast,
zöge ich in andere Gebiete."

Es ist mit tonarmer, schwermütiger Melodie im Hochland zu singen.

Auf einer anderen Seite meines alten Tagebuchs heißt es: Ein wolkenloser Morgenhimmel. Im Osten strahlt die Dämmerung. Alles liegt still und regungslos im Wald und wartet auf Licht. Ein Rabe streicht durch den Dunst und ruft "krück-krück". Zeltväterchen (so nennen die Leute der Gegend Anta) hat Kaffee getrunken, die Schuhe angezogen und eine Pfanne Renfleisch gegessen. Jetzt sitzt er in der Kohte, sitzt auf einem Fuß und wärmt sich die Hände am Feuer. Dann sagt er: "Jetzt geh' ich", steht mit einem Ruck auf und geht hinaus. Er nimmt die Wurfleine vom Fleischgestell, hängt sie um und stapft, den Stab in der Hand, fjällwärts. Bald ist er auf verschwiegenem Pfad allein mit seinem Hund. Er läßt die letzten Birken hinter sich. Von ferne gesehen, ist Anta ein kleiner aufrechter Strich, der einem schwarzen Punkt, seinem Hund Nahppe, folgt.

Zeltväterchen wandert selbst wie ein Tier. Er stürzt, steht wieder auf, rutscht einen Hang hinunter, patscht durch den Bach und krabbelt auf allen vieren den anderen Hang wieder hoch. Er hat den Kamm erreicht. Hochlandluft schlägt ihm entgegen. Tief unter ihm im Tal steht Baum an Baum, in der Ferne silberweißes Hochgebirge, ein klarer, dunkelblauer Himmel darüber. Die Sonne hängt tief. Trotzdem ist es sehr hell. Der Schatten des kleinen Menschen, der dort oben steht, sich auf seinen Stock stützt und übers Land sieht, sein Schatten ist riesenlang.

An fernen Hängen wandern dunkle Punkte in kleinen Gruppen. Das sind die Tiere. Weiter stapft Zeltväterchen und bewegt seine kurzen Füße rasch und heftig. Er wandert durch eine Mulde, an der anderen Seite hinauf und über einen Hügel. Da stehen plötzlich die Rener groß und lebendig und wenden ihm die Köpfe zu. Die Schellen der Härke läuten in den Tag.

Nur eine Eigenschaft der Rentiere macht es zum Vieh des Menschen geeignet: der Herdentrieb. "Zur Herde, zur Herde!" Dort sind wir viele, dort waren es bisher immer die anderen, die gefangen wurden, dort werden wir geführt."

Die Herde heißt "Äallu". Sie ist wie ein See. Die Herde läuft nicht, sie eilt nicht, sie fließt. Sie fließt wie ein Wassertropfen auf Samt. Sie fließt in sich selbst. Ein Gewimmel Rümpfe, von einer Geweihhecke bedeckt, vom Schweißdampf überschwebt. Gehend auf einer Armee schlanker Beine.

Die Sarve kämpfen. Ihre Geweihe krachen aufeinander. Der Schnee schäumt unter ihren Hufen. Röchelnd stemmen sich ihre kämpfenden Körper gegeneinander. Viele Beinsehnen knistern. Der kurze Tag geht schon zur Neige.

Herbstnächte

Irgendwann im Dunkel legten wir uns nieder. Irgendwann im Dunkel entzündete Ebba das Feuer, und es war Morgen. Aber während der Schlafzeit war die Natur voller Unruhe. Mir war, als bereite sich ein großes Unglück vor.

Auf unserem Kohtenplatz lag noch kein Schnee. Barfuß ging ich hinaus. Es war nicht kalt. Ich blieb etwa eine Viertelstunde. Wolkenfetzen jagten am Halbmond vorbei. Hinter ihnen ergoß sich in immer neuen Fluten das Nordlicht über den Himmel. Das ging wie eine große Mühle. Nichts blieb. Wolken und Lichtarme zogen weiter. Regellos. Von Fleiß und Unrast war die Natur besessen. Ein arktischer Winter entstand.

Ich kroch wieder in den Schlafsack.

In einer anderen Nacht erhob sich ein Sturm. Besteht die Sita aus mehreren Kohten, so kann man Unterkunft finden, wenn der Wind eine Kohte einreißt. Bei uns war ein Sturm eine schwere Gefahr. Die Bäume bogen sich knarrend und rauschten wie ein wildes Meer. Die Kohte bebte. Die Stangen wanden sich. Wir warteten, daß sie im nächsten Augenblick brachen und das schwarze Tuch zerriß. Die Asche des Feuers flog über uns herum. Die Glut von gestern abend wachte nochmal auf. Wir lagen alle wach: fünf Menschen und vier Hunde. Wir hatten die Augen geschlossen und warteten mit schlaffen Körpern ohnmächtig auf das Ende.

Der Sturm holte Atem. Es war totenstill. Nur in der Ferne rauschte das Hochwaldmeer. Wo mochten jetzt die Rentiere sein? Sie standen wohl mit gesenkten Häuptern in einer Mulde. Ich hörte Anta beten. Monoton sprach er vor sich hin. Ich verstand einige Worte. Es war das lappische Vaterunser. Er hatte Angst: er betete. Das Rauschen der Bäume wurde lauter. Es näherte sich dem Gebäude aus Tuch und Stangen, in dem wir lagen, wie eine Woge. Es brüllte. Jetzt war es ganz nah. Jetzt sprang der Wind wie eine Katze auf die Kohte und schüttelte sie. Arbeit wäre Erlösung gewesen. Wir lagen klein und krumm unter unserer schwarzen Glocke. Ich hörte das alte Paar zusammen sprechen. Inka stand auf und befühlte die Stützbogen. Sie legte sich wieder. Der Orkan raste weiter.

Stundenlang lagen wir da, wußten uns wach und sagten doch nichts zueinander. Die Hunde waren wie ausgestopft. Keiner wagte, sich zu bewegen. Immer wieder sprang der Wind die kleine Kohte an und ließ sie knarren. Das dünne Tuch war straff gespannt wie ein zu enges Hemd. Ich tastete mit den Fingern daran. Ich lag auf der Windseite. Würde ich es mit einer Messerschneide berühren, so würde es zerreißen, und der Wind käme herein. Ich versuchte mir vorzustellen, wie es wäre, wenn die Kohte nicht hielte und wir plötzlich in der Landschaft lägen. Wir könnten kein Feuer mehr machen und kein Zelt mehr aufbauen. Wenn Schnee und Kälte kämen, müßten wir uns dick anziehen und herumwandern, um warm zu bleiben.

Wieder hörte ich Antas Angstgebete. Ich dachte an Ebba. Sie lag so allein in ihrem Eck, die blonden Zöpfe vor sich auf den Fellkissen. Sie dachte viel, was sie nicht sagte. Was dachte sie jetzt?

Der Morgen kam, der Sturm war abgeebbt, wir waren müde und verwirrt.

Die Hunde schliefen nachts zwischen uns. In der dunklen Kohte sahen sie genau so wenig wie wir. Ich erwachte manchmal, weil zögernd und unbeholfen ein Hund über mir weg zur Tür tappte. Er hob mit der Nase den Türvorhang, der mit Querleisten versteift war, und ging hinaus. "Klapp", schlug die Tür wieder zu. Nach einer Weile kam er wieder herein, vorsichtiger als er hinausgegangen war, und suchte seinen alten Platz. Aber er fand ihn nicht und legte sich seufzend irgendwo anders nieder. Eines Nachts weckte uns ein furchtbares Geschrei der Hunde. Was wir Menschen uns gefallen lassen, daß die "schwarzen Knechte" über uns wegsteigen, duldet ein Hund von seinen Kameraden nicht. Von wilder Angst besessen, bissen sie ins Ungewisse. Kämpfe zwischen Lappenhunden sind kein Spaß. Einmal sah ich zwei in der Kohte streiten. Der eine streckt dabei seinen Schwanz ins Feuer und versengt ihn, ohne seinen Feind loszulassen. Man reißt sie auseinander und wirft sie zur Tür hinaus wie Hölzer.

In der nächsten Nacht weckte uns eine andere Hundesensation. Draußen heulte einer in tiefem Schmerz. Was war los? Ebba sah

nach. Es hatte geregnet. Dann war Frost gekommen. Jetzt war der Türvorhang hartgefroren wie ein Brett. Die Hunde konnten hinaus, aber nicht mehr herein. Sie konnten mit der Nase die steife Tür nicht mehr öffnen. Man mußte die Türe offen lassen, damit das Gleiche nicht wieder passierte.

Von den vier Hunden der Piirakkohte waren nur zwei echte, schwarze Jokkmokkshirtenhunde: Nahppe und Tjabbe. Anta sagte mir, daß jeder Hund den Charakter seines Herrn annehme. Daraufhin verglich ich Nahppe mit Anta und stellte fest, daß noch mehr als der Charakter zwischen ihnen übereinstimmte.

Nahppe hatte gelbe, stumpfe, abgeschliffene Zähne. Anta hatte Lücken im Gebiß. Nahppes Wangen zeigten einzelne weiße Haare, Antas Haupthaar zeigte ebensolche. Nahppe verschmähte Süßigkeiten und hielt sich nur an Fleisch und Blutsuppe. Anta unterschied zwischen gutem Lappenessen und Bauernessen, das er verachtete. Auf Kachko legte er wenig wert. Brot, das Wanderer aus den Tälern brachten, interessierte ihn nicht.

Nahppe lag oft nächtelang draußen vor der Kohte, rollte sich auf, schlang den Schweifbusch um die Schnauze und sträubte die Haare. Er ließ sich einschneien, während die anderen Hunde sich das Kohtenfeuer auf den Balg brennen ließen. Anta hatte den Grundsatz, nur notgedrungen in Häusern zu schlafen. Er wanderte an einem Tag ins Tal und am Abend wieder zurück, um nur nicht in der weichlichen Stubenluft schlafen zu müssen. Das waren 50 Kilometer.

Nahppe konnte ein paar Meter neben sich einen Schneehasen wegrennen sehen, ohne ihm folgen zu müssen. Nur gelegentlich zerbiß er einen Lemming, der auf dem Weg stand und fauchte. Anta sagte, die Jagd sei unter seiner Würde.

Der kräftigste der Kohtenhunde war Tjabbe. Mit Nahppe war er offensichtlich befreundet. Man hatte überhaupt das Gefühl, daß die Hunde sich dauernd beobachteten und verständigten. Da wurden bald ängstliche, bald freundschaftliche Blicke gewechselt. Bald zuckte eine Schweifspitze, bald sträubten sich Rückenhaare.

Da lagen zwei Kopf an Kopf, ein dritter kauerte gereizt und beleidigt abseits.

Ungeheure Bosheiten geschahen. Tyrannisch knurrte der Stärkere den Schwächeren beiseite oder setzte sich auf ihn, als wenn er Staub wäre.

Stunden der Großmut kamen, in denen der glückliche Kleine mit dem wohlgelaunten Tyrannen spielend in den Wald schlendern durfte.

Tjabbe war ein kühner Hundebursche, sein gepflegtes Gebiß war eine Drohung. Er hatte wolfähnliche Gesichtszüge. Nahppes Kopf dagegen ähnelte dem des Eisfuchses: kugelige Stirn und etwas nach oben gebogene Nase.

Der Spaß von Liebe und Veränderung ließen Tjabbe weite Wege gehen. Es konnte sein, daß man abends umsonst in den finsteren Wald nach ihm rief. Er war übers Portigebirge in die nördliche Sita gelaufen, um einen Tag bei einer stillen grauen Hündin zu verbringen. Die Leute gaben dem Wanderer zu essen. Am nächsten Nachmittag trollte er wedelnd an den drei Kohten vorbei und begab sich auf den weiten Heimweg. Tjabbe war einer der wenigen Hunde, die man lachen sah. Er zeigte ohne Knurren die blanken Zähne, als er wiederkam. "Gute Leute! Da bin ich wieder. So eine kleine Erholungsreise hat man wirklich nötig hie und da."

Wenn Tjabbe wirklich hätte sprechen können, so hätte er nur von Rentierangelegenheiten erzählt, die seine Exkursion übers Gebirge heischten. So machte es Pär, sein Herr. Von den vielen netten Mädchen, die er auf seinen Wanderungen traf, erzählte Pär nie.

Klein, schwach und bescheiden war Mutj, der wolfsfarbene. Er verbarg eine gleichgültige Dienerseele in sich. Einäugig blinzelte er ins Feuer und wünschte, daß man ihn in Ruhe ließ. Ein Pessimistenhund, der immer zu kurz kam, wenn es etwas zu teilen galt. Weil er einäugig war, täuschte er sich in der Schätzung von Entfernungen. Der vierte hieß Muste und war ein schwedischer Jagdhund. Ich erwähne ihn nur der Vollständigkeit halber, denn wert war er nichts.

Das Mißtrauen wacht wieder auf

Man kann sich denken, daß vier Hunde in einer einsamen Kohte, zwölf Kilometer von der nächsten Sita entfernt, unbestechliche Wachsamkeit bewahren. Kommen lappische Wanderer vorbei, was selten genug geschieht, so fahren sie wütend unter dem Kohtentuch hinaus ins Freie und stürzen sich mit schäumenden Mäulern den Fremden entgegen. Aus zugekniffenen Schlitzen brennen ihre Augen. Ihre Haare sind gesträubt wie Stacheln, und ihre Ohren liegen an den Kopf gedrückt. Ihr Atem röchelt, als wenn ihre Lunge verwundet wäre. Wieder zerren sie die schwarzen Lippen hoch, um ihre leuchtenden Waffen zu zeigen. Ihr Knurren ist Haßgesang. Sehr oft rennen die Hunde umsonst hinaus und schlagen Alarm. "Es war eine Täuschung. Lieber zehnmal zu oft als einmal zu wenig", denken sie.

Ich war in eine andere Sita gegangen. Früher, als ich von Piiraks erwartet wurde, kam ich spät abends wieder zur Kohte. Ich sah sie vor mir im Dunkel. Matter Feuerschein drang zum Rauchloch heraus. Ein paar Funken stiegen auf. Als ich noch zehn Meter weg war, trat ich auf einen Zweig. Ich hatte Rückenwind. Die Hunde mußten mich schon längst bemerkt haben. Alles blieb still. Da hörte ich Anta halblaut, mit der Stimme seiner Angstgebete, sagen: "Ulmutj poacht — ein Mensch kommt." Ich trat ein. Halbdunkel und rauchig war es. Nur das alte Paar und drei Hunde waren da. Die beiden Menschen sahen mich mit angstverzerrten Gesichtern an. Die Winternacht zog Aberglauben und Lebensangst mit sich. Ich sagte: "Puörist!" — "Ach, du bist es!", meinte Anta leise. Nach einer Weile des Schweigens fügte er hinzu: "Und die Hunde blieben ganz still." Dann sagte Inka: "Du hast Macht über die Hunde!" Das war der Anfang. In den Augen der alten Leute wurde ich zum bösen Geist. Alles Unbegreifliche an mir wurde Zauberei und Verführung. Das Licht verschwand aus der Natur, die Vernunft verschwand aus den Gehirnen. Aber mit Pär verstand ich mich immer besser.

"Bist du ein Wahrträumer?", prüft mich Inka am Morgen. "Das mit den Hunden hat mich gewundert."

"Meine Träume sind nicht wahr", sagte ich, "ich träume, was ich abends gedacht und gesagt habe." Sie war nicht befriedigt. Sie wollte keine Ausflüchte. Sie suchte Bestätigungen, daß es bei mir nicht mit rechten Dingen zuging.

An einem anderen Abend stand ich mit Pär draußen unter dem Sternenhimmel. Ich legte ihm die eine Hand auf seine breite Schulter und zeigte mit der anderen zum Großen Bären. "Wie nennt ihr dieses Sternbild?" "Das große Elchgeweih."

Ich erzählte ihm von den Sternen. Von den Fixsternen, die wie unsere Sonne glühten und schrecklich weit entfernt seien, und von den Ringgebirgen unseres Mondes. Ich erklärte ihm die Größe der Erde und der Sonne und zeigte ihm den Mars, der in seinem rötlichen Licht am Himmel stand. Er wollte immer mehr wissen. Ganz begeistert von den neuen Kenntnissen setzte er sich in der Kohte nieder und erzählte seinen Eltern davon. Die hörten mißmutig zu, bis Inka seine Freude kühlte und zischte: "Es wäre besser, du würdest dich um die Rentiere kümmern als um Sterne, Mond und Sonne." Das klang besonders komisch in der finsteren Kohte, weil im lappischen Sonne, Tag und Licht das gleiche Wort hat: "Peieve". "Das können die alten Leute nicht verstehen", sagte Pär auf schwedisch zu mir.

Solche Zwischenfälle gab es noch zwei. Ich war den kurzen Tag mit Pär im Wald gewesen und hatte Holz geschlagen. Wir hatten viel erzählt und gelacht. Beide kannten wir einen Halblappen aus dem Skalkatal. Er war ein großer Geschäftemacher und Wichtigtuer. Er sagte immer wieder "was das betrifft, besten Dank", "für mein Teil" oder "absolut präzis". Wir ahmten ihn nach. Die Lappen gebrauchen keine solchen stehenden Redensarten im Gespräch.

Pär zog die Axt zurück. Sein Baum neigte sich, brach krachend durch die Zweige und fiel dumpf donnernd auf den Waldboden. Pär sagte: "Was das betrifft, besten Dank." Wir kicherten wieder wie kleine Mädchen.

Als wir abends in die Kohte kamen, waren wir noch ebenso vergnügt. Pär zog sich die Kapte und das Hemd aus. Als er mit entblößtem Oberkörper mir gegenüber saß und ihn das Feuer beleuchtete, gefiel er mir besonders gut.

"Du hast einen Riesenkörper. Muskulös wie ein Boxer. Du siehst wirklich gut aus. Ein starker Körper ist die Grundlage von allem", sagte ich.

"So! Meinst du?" Er spannte stolz den Oberarm und wärmte sein frisches Hemd am Feuer.

"Zieh dein Hemd an", brummte die Mutter, "sitze nicht nackt in der Kohte herum!" "Da braucht man sich nicht zu schämen! Ich bin doch keine Frau. Seinen Körper braucht man nicht zu verbergen, oder was meinst du, Tusk?"

"Ich bin ganz deiner Meinung." Pär zog nur sehr langsam sein

Hemd an und ließ sich von der schlechten Laune seiner Mutter nicht anfechten.

Ein Freund Pärs hatte die Berichte eines großes Boxkampfes am Radio gehört. Jetzt wollte er mehr wissen von Boxkämpfen. Ich erzählte ihm, was ich wußte, und wir sprachen so, bis die Schlafzeit kam.

Als ich am nächsten Morgen die Schuhe anzog, erzählte ich Inka: "Ich habe heute Nacht dummes Zeug geträumt: ich hätte mit Pär einen Boxkampf gemacht." Die Frau schwieg. Sie dachte: Träume haben ihre Bedeutung. Dann fragte sie mich: "Wer hat gewonnen?" "Ich habe im Traum gewonnen, obwohl er mich in Wirklichkeit sicher geschlagen hätte", sagte ich, ohne etwas Tiefes zu denken. Ich weiß nicht, wie sie diesen Traum deutete.

Es wurde ungemütlich in der Piirakskohte. Daran war auch Ebba schuld. Sie stand zum Beispiel zur Mittagszeit draußen und hackte Holz. Da sagte Anta aus der Kohte zu ihr: "Hole Mittagsfische

aus dem Faß!" Sie fragte: "Wieviele?" Anta überlegte kurz: "Sechs!" Ebba wiederholte: "Sechs?" Anta: "Nein, fünf!" Ebba: "Fünf?" Anta nach einer kleinen Weile: "Hole vier Fische! Man muß sparen!" Ebba fragte weiter in spitzem Tonfall: "Raueto oder Tjuska?" (Rauteo ist eine Lachsart, Tjuska ein gewöhnlicher Fisch mit magerem weißen Fleisch.) Anta sagte: Ein Raueto und drei Tjuska."

Wir aßen, ohne ein Wort zu sprechen. Anta hatte sich den Raueto genommen.

Nachher war ich mit Ebba allein. Sie sagte zu mir: "Ich werde diese Kohte verlassen. Anta ist geizig. Ich werde nicht satt. Dabei hat er wohl fünfzehnhundert Rener. Ich wundere mich, daß du dir alles gefallen läßt. Du hast es hier schlecht getroffen. Wie hier alles schmutzig und unordentlich ist. Ich bekomme im Tal bei Bauern jederzeit eine bessere Stelle.

"Du solltest im Hochland bleiben! Du darfst nicht verschweden, Ebba", sagte ich. - "Ich bin neunzehn Jahre alt und Waise. Mein Vater war arm. Ich besitze nur etwa zwanzig Rentiere, die ich mir als Magd verdient habe. Sie genügen nicht, um eine eigene Kohte zu führen."

Das Mädchen hat seine blauen Augen auf mich geheftet und erzählt wie ein Springbrunnen.

"Ich stehe gerade auf der Grenze. Wir sind sieben Geschwister. Wir stehen auf der Grenze zwischen Nomad und Bauer. Wir sind alle sieben arm. Vier haben die Kapte, die Nomadentracht, unfreiwillig abgelegt: meine kleine Schwester Sigrid und meine Brüder Nils Anti, Lasse und Pietari. Nur Jovva will sie nicht mehr tragen. Er ist schon ganz Schwede geworden.

Meine Schwester Inka hat das beste Teil erwählt. Ein reicher Karesuandolappe hat sie geheiratet. Sie mußte die Tracht wechseln. Ich finde, sie sieht häßlich aus in den Kleidern der Karesuandos. Aber die Stiefkinder wollen ihre Mutter nicht in unserer bescheidenen grauen Jokkmokkskapte sehen. Meine Schwester ist beliebt. Wir Geschwister halten fest zusammen und schreiben einander Briefe. Inka ist immer vergnügt und gesprächig. So lebt sie zwischen ihren Karesuandokindern. Anfangs verstand sie ihre eigenen Kinder nicht, aber jetzt spricht sie deren Dialekt wie den unseren.

Hast du auf dem Hof Lusby die kleine, saubere Magd in Schwedenkleidern gesehen? Das ist unsere jüngste Schwester Sigrid."
"Ich habe sie gesehen und mit ihr gesprochen."
"Mein Bruder Lasse ist still und blond. Er ist noch gar nicht verkommen. Jetzt tut er Dienst bei den Karesuandos. Er trägt die billige Kleidung der Waldarbeiter. Wenn er zwischen den farbigen Lappen steht, fällt er auf wie ein räudiger Hund. Ich würde ihm gönnen, daß ihm jemand eine Kapte näht, was sonst die Mutter tut. Der bleiche, einäugige Bursche, der neulich eine Nacht hier schlief, ist auch mein Bruder. Er heißt Pietari. Die Leute schätzen ihn nicht, denn er ist ungefällig wie ein Stein. Ihm geht es

schlecht. Ich glaube, er hungert. Er tut nichts. Gleichgültig wandert er in den Bergen herum von einer Sita zur anderen und in den Tälern von einem Hof zum anderen. Überall rastet er ein, zwei Tage und bekommt zu essen. Er ist faul in dieser Zeit. Aber wenn er irgendwo in Dienst genommen wird, arbeitet er besser als wir alle. Er ist nicht faul von Natur.

Hast du, als du in Skalkatal warst, einen älteren Burschen gesehen,der eine alte Lederjacke trägt?"

"Ich habe ihn gesehen. Er hat mir einen Weg gezeigt!"

"Das ist der älteste der sieben Geschwister Piertsi. Er heißt Nils Anti. Ihm ist ein Unglück passiert vor zwei Jahren. Er hatte bei dem großen Ostwasser eine Knechtsstelle. Eine große Anzahl Rener war bei der Winterwanderung zurückgeblieben. Nils Anti bekam den Auftrag, sie zu sammeln und ins Tal zu führen. Er trieb sie an einen Hang. Sein Hund jagte sie zusammen. Da löste sich eine Lawine und riß Herde, Hund und Menschen mit sich. Nils Anti hatte den Fuß gebrochen. Viele Rener waren tot. Mein Bruder war ganz allein. Er kroch auf seinem gesunden Fuß und den Armen zu einer Hütte, die vier Kilometer entfernt war. Er brauchte drei Tage dazu. Nachts machte er sich Feuer, damit er nicht erfror. Das Essen ging ihm aus. Zwei Tage hungerte er. In der Hütte fand er auch nichts. Da entschloß er sich schweren Herzens, den Hund zu schlachten. Er hatte schon das Messer gezogen, als Leute kamen.

Nils Anti war völlig erschöpft und wäre im Krankenhaus von Gellivare fast gestorben. Dort hat er sich verändert. Vor dem Unglück war er tüchtig und jung. Jetzt trinkt er und ist zu keiner großen Arbeit fähig. Wenn er allein im Wald geht, spricht er vor sich hin. Den Hund hat er immer bei sich. Er vergißt, was man zu ihm sagt.

Die Schweden haben ein Lied auf ihn gedichtet und singen es abends in den Hütten. Vielleicht hörst du es dort einmal.

Es ist schade um ihn ...

Mein vierter Bruder Jovva verleugnet, daß er Lappe ist. Er spricht fast immer schwedisch, und man hört den lappischen Ton nicht mehr heraus. Er sieht aus wie ein feiner Herr und schämt sich fast, so ein armes Lappenmädchen zur Schwester zu haben. Am Hals trägt er einen weißen Kragen und in den Schuhen Strümpfe wie der Pfarrer. Er führt im Sommer Touristen in die Berge, erklärt ihnen das Nomadenleben und nimmt ihnen schweres Geld ab. Die Schwedenmädchen laufen ihm nach. Er kauft ihnen Karamellen in Jokkmokk. Ich glaube, er ist trotzdem jetzt nicht glücklicher als damals, als wir Kinder in unserer ärmlichen Hütte auf dem Boden saßen. Und die kleinen Salzfische aßen, die uns unsere liebe Mutter gab. Wir sind Geschwister und gehören doch zwei verschiedenen Völkern an. Wer weiß, ob ich nicht auch im Tal festwachse. Es geht abwärts mit den Jokkmokklappen. Bei Anta Piirak bleibe ich nicht länger. Er ist geizig."

Sie saß auf den Knien und sah mir immer noch ins Gesicht.

"Mein Gott! Ich muß arbeiten!"

Sie nahm den Kachkoteig, der in der Holzwanne lag, zwischen die Fäuste und knetete ihn. Sie gab Wasser aus dem Kupferkessel zu und sagte: "Jetzt weißt du meine Verhältnisse!"

Eine Nacht verging.

Ebba wurde — ich weiß nicht mehr, mit welchem Auftrag — nach Kvikkjokk geschickt. Sie machte sich schön und ging. Am Abend war sie schon wieder da, denn leichtsinnig lief sie auf dem ersten Eis der Seen. Auf ihm läßt sich schneller laufen als auf dem gewundenen Pfad.

Sie sprach wenig.

Noch eine Herbstnacht verfloß.

Wir saßen gerade beim Mittagessen und verzehrten unseren Tjuskafisch und einen halben Kachko. Alles schwieg unter schwülem Druck.

"Bald werde ich Brot zu Mittag essen", raunte mir Ebba zu und warf den Schwanz ihres Fisches ins Feuer. Die Hunde fuhren bellend hinaus. Anta hörte zu kauen auf und horchte. "Kommt ein Mensch?"

Über das Gesicht Ebbas flog ein roter Hauch. Sie lauschte auch. Von den bellenden Hunden begleitet, trat ein vornehmer junger Mann ein. Ich erkannte Ebbas Bruder.

"Jovva!", rief sie und streckte ihm beide Arme entgegen.

Er gab uns allen eine schlappe Hand zum Gruß und sah keinen richtig an. Dann setzte er sich neben Ebba, nahm seinen Rucksack zwischen die Knie und sah zum alten Ehepaar auf. "Grüße aus Njavve und dem westlichen Kablalager", sagte er in singendem Ton zu ihnen. "In vier Tagen ist Rarchko* dort."

Jovva hatte seinen Rucksack aufgeknöpft und zog jetzt ein weißes Hefebrot heraus, wie es sogar bei den Talbauern nur feiertags gesssen wird. Er schnitt sich ein Stück herunter und begann zu essen.

"Sitahkus ai?" (willst du auch?), fragte er Ebba beiläufig.

"Ich will!", sagte sie und schnitt sich selber ab. Die beiden Alten bekamen nichts. Das war eine Demonstration. Mir boten sie an, und ich konnte nicht widerstehen.

Von den erregten Gesprächen, die sich bis in die Nachtmitte zogen, verstand ich nur einige Sätze, die oft wiederkehrten. Die schärfsten Worte sagt der Lappe leise. Zum Beispiel Jovva: "Hungrig kann man nicht arbeiten."

Dann hob Inka beschwörend die Hand: "Kein Lappe und kein Schwede kann sagen, daß wir geizig seien. Was haben wir Gutes an dem Mädchen getan. Sie hatte es bei uns wie mein Kind."

Ebba flüsterte: "Eine Mutter, die ihren Kindern zweierlei Essen gibt." Anta sagte: "Alle Rentiere deines Lohnes sind junge Kühe, die deine Herde vermehren werden." Wieder verstrich eine Nacht.

Ebba packte ihre Sachen. Ihr Atem ging rasch. "Jetzt bin ich fertig! — Lebwohl, Anta, lebwohl, Inka, danke für alles — lebwohl, Tusk!" Pär war nicht da.

Ebba folgte ihrem Bruder mit großen Schritten. Der Weg ging abwärts.

Tote und lebendige Wege

Jetzt erwartete ich meine Entlassung. Inka und Anta schwiegen oder murrten. Jede Stimmung ergriff sie beide gleich. Nie sah man sie uneins. Als wenn sie einen Charakter gemeinsam besäßen! Obwohl ich darauf gefaßt war, ärgerte ich mich, als Anta in wohlgesetzten Worten sprach: "Ich habe es mir überlegt. Ich kann

---

*Rensonderung

nicht verantworten, dich mit auf die Winterwanderung zu nehmen. Geh lieber in eine Kohte, die einen bequemeren Winterweg hat als wir."

Ich antwortete, daß ich gerade mit seiner Kohte gerne gewandert wäre, aber es blieb bei seiner Absage. Mit einem faden Gefühl im Mund stand ich auf. Die Abenddämmerung kroch aus dem Wald. Ich lief einen kleinen Pfad hinunter, kletterte über einen umgestürzten Baum und eilte weiter.

Wo wohnt der nächste Mensch, der meine Not teilt? Zweitausend Kilometer von diesem verschwiegenen Sumpf, über den mich die Unrast gerade jagt. Nein! Auch dort wohnt keiner. Niemand weiß ja, was mit mir ist, wo ich bin und was ich leide. Ich bin allein. Der Atem des Frostes steigt aus dem Tal und haucht in mein Gesicht. Auf diesem Gesicht ist das Chaos zu lesen.

Ich greife immer nach anderen und stelle sie so, wie sie auf mein Schachbrett passen. Meine Umgebung ist mein eigenes Werk. Jedes Bild und jedes Gesicht ist mir zugewandt und wirft meinen eigenen Anblick zurück. Ist das nicht schrecklich? Der Ekel vor mir selbst jagt mich in andere Umgebungen, fremde Familien, Völker. Hier in Lappland möchte ich ein kleiner Anonymer sein. Es gelingt nicht. Auch in die Kohte sickert mein Wesen. Wo finde ich die Hand, die nach mir greift wie nach einer Schachfigur? Ekel vor dem Teig der Welt, der meine Spuren trägt, wenn ich ihn nur berührte!

Sehnsucht und Zweifel mischen sich. Ein jugendliches Gedankengemengsel kochte in mir, auf das ich heute liebevoll herabsehe wie ein Hundezüchter auf seine unvollkommenen Anfangsexemplare. Das war kein Männerherz: Mitleid mit mir selbst und viele andere komplizierte Arten Eitelkeit erschienen im Tagebuch. Ich lese es heute mit Erröten.

Was aber war mein leitender Wunsch in dieser Stunde? Einen überlegenen Herrn zu finden, der mich brauchte, über mich verfügte und meinen Gehorsam erzwang. Seit der frühesten Kindheit suchte ich den Dienst an einer edlen Sache. Die süßeste Hoffnung aber war, einen Menschen zu finden, in dem alles blühte, was in mir noch Knospe war, und der es übernahm, mir Befehle zu geben, damit ich selbst es nicht zu tun brauchte. Früher meinte ich, es sei nicht schwer, so einen vorbildlichen Menschen zu finden. Ich stürzte mich nacheinander auf viele und legte mich ihnen zu

Füßen. Aber entweder machten sie keinen Gebrauch von mir und ließen mich liegen. Oder ich sah hinter die Kulissen und sah dort dürre und welke Ländereien ihres Gartens. Sie langweilten mich schließlich.

Im entscheidenden Augenblick versagten alle meine Führer. War ich nicht ihr Schwert? Ich schliff mich selbst, ich sprang ihnen von selbst in die Faust, als es zu kämpfen galt (kann man mehr von einem Säbel verlangen?). Aber sie schlugen nicht zu.

Also wandte ich mich gegen sie.

Heute ist die Haut, auf der die Menschen die Enttäuschungen spüren, bei mir verdickt, verledert und verknorpelt wie die Kruste eines Elefanten.

Die Hoffnung, die mich auf dem schmalen Lappenweg weitergehen hieß, war — denn ich behaupte von mir, daß es immer Zukunftsliebe und Optimismus ist, was mich weitergehen heißt — Amma Finberg oder Pavva Lasse Torda. Einer von diesen beiden sollte mein Chef werden! Bei einem von ihnen mußte ich das unbekannte Ziel dieser Reise erreichen. Wirklich: ich war kein Mann. In mystischen Gefühlen wühlte ich wie ein Fisch im schlammigen Grund seines Aquariums.

Pär war zurückgekommen. Als ich frierend auf dem dunklen Weg den Wald verließ, hockte er am Bach, um sich die Hände zu waschen. Ich trat auf ihn zu. Er sah auf.

"Du wirst weggehen? Schade! — Aber, was kann ich machen, wenn es der Alte so will. Weißt du noch? Hier haben wir die Hände gewaschen an jenem Nachmittag, als du zu uns kamst."

Der nächste Tag war wunderbar.

Mit keinem Gedanken mehr dachte ich an den wirren Abend vorher, sondern sah zum silberglänzenden Kablamassiv hinüber. Die Kälte schätzte ich auf 20 Grad. Bald stand keine Kohte mehr in meiner Nähe.

Der Schnee knirschte. Der kleine Bach war ein Eisgebäude geworden. Die Bäume sahen unbeweglich auf mich nieder. Feiner Schnee rieselte von einem Zweig. Die kleine braunköpfige Lapplandmeise turnte dort und gab mit leisem Zetern dem Wald eine Stimme. Alle Aufmerksamkeit war nötig, um zur Kohte Pavva Lasse Tordas zu finden. Zwanzig Kilometer durch weglose Wildmark mochten es sein. Ein kleiner Fluß floß noch eisfrei. Ich wa-

tete durch. Das kalte Wasser drang zwar in die Schuhe, aber erwärmte sich im Heu sofort. Drüben ging's bergauf. Schneehühner rannten vor mir her und flogen kettenweise weg. Ihr weißer Balg war rosa übergossen. Ich kreuzte die Fährte von Ren, Hermelin und Vielfraß.

Die Landschaft brannte in Farben. Ich stapfte den Bergkoloß hinauf und sah oft hinter mich ins Tal. Schwebte nicht dort fern über dem Wald ein bläulicher Schimmer? War es Einbildung oder der Rauch von Piiraks Kohte? Erbärmlich klein stak sie dort irgendwo. Wirklich? Wie ein Fell sah das Waldtal aus. Wo schlafen die Bären? Kein Mensch weiß es. Niemand kennt ihre Gewohnheiten. Noch geheimnisvoller lebt der Vielfraß. Sehr selten sieht man ihn: ein großes, breites, schwarzbraunes Raubtier mit Schweif. Irgendwo im Geröll klettert er herum, dort oben zwischen den öden Gipfeln.

Die Wege der Menschen überfluten dieses Land nicht in breiter Front wie das unsere. Sie ziehen in Linien hin wie Schiffe über den Ozean. Viele Plätze betritt niemand. Das nordskandinavische Bergland im Glanz der späten Herbstsonne ist sehr schön. Seinen Anblick möchte ich meinen Kameraden wünschen. Als ich auf dem höchsten Punkt des Kamms stand, reckte ich mich und schrie vor Vergnügen. Kein Echo! Hierher paßte nichts Deutsches.

Ich improvisierte einen Joikning und versuchte mich an ihm. Ich setzte mich und holte Renfleisch aus dem Rucksack. Es war gefroren, mein Kachko auch. Es schmeckte wie eine mißratene Art Speiseeis.

Dieses steinige Hochplateau war großartig!

Aber bald mahnte mich der tiefe Stand der Sonne zur Eile. Leise Sorge um Zeit und Weg streifte die Freude beiseite. Nur wenige helle Stunden und geringe Kenntnis der Landschaft! Hier war "Brandmark", ein Boden aus großen Steinbrocken. Man muß auf ihm klettern, obwohl er eben ist! Und was wird der Abend bringen? Schlechte Unterkunft, Absagen, ein Gefühl, ein Fremder zu sein? Ich beeilte mich und sang nicht mehr. Mein Mund war kalt von dem gefrorenen Frühstück.

Mit den Stunden traten die Gipfel, die neben mir ragten, zurück. Kilometerweit sah ich meine Spur hinter mir, und doch merkte ich kaum, wie ich weiter kam. Schließlich ging es bergab, und das Kablahochtal lag vor mir. Das zackige Njanjes-Massiv schloß es ab. Im Dämmerschein traf ich auf einen Pfad und hatte nun die Sicherheit, die beiden Kohten zu finden. Es kam, wie ich gehofft hatte:

An jenem Abend begann der schönste Teil meiner Kohtenzeit.

Pavvas Augen lachen immer. Er trägt einen abwärts gebogenen Schnurrbart. Er spricht langsam und deutlich. In seiner Kohte ist es sauber. "Freilich darfst du bei uns die Nacht verbringen."

Ebba heißt seine Frau. Man konnte meinen, sie sei Ebb'Ristis ältere Schwester und nicht die Mutter. Nie sah ich sie müde.

Die beiden Kinder hatten runde Gesicher. Sie saßen vom Eindruck des Fremden benommen da und schauten. Der Kopf des Mädchens glich einem Mond oder einem Lampion. Brauen, Haare, Haut, Lippen und Augen waren fahl, fast durchsichtig. Das Feuer und der Rauch verwischten alles zu einer hellen Scheibe. Zehn Jahre war Ebb'Risti erst alt, aber sie galt als vollwertige Person. Sie wirkte wie eine winzige Frau. Alle Lappen sprechen ja einfach und treuherzig wie Kinder. Ganz früh schon verwandelt sich ihr Spiel in Arbeit. Und wenn sich Erwachsene erzählen, kehren sie zum Spiel zurück, schnitzen Hunde, Rentiere und kleine Boote zum Zeitvertreib. Petter-Nils, der kleine Bub, fürchtete sich anfangs vor mir.

Pavvas Bruder hieß Nils-Amma. Er war ein schweigsamer Eigen-brötler, der mit der Familie in der Kohte wohnte. Ich glaubte hin-ter der umwölkten Stirn einen finsteren und bösen Geist. Aber wenn ich seine quietschend hohe Weiberstimme sprechen hörte, war es nur Gütiges. Er tat mir schrecklich leid, und ich wußte nicht, warum.

In der Tordakohte verstand nur Ebb'Risti schwedisch. Ich war ge-zwungen, die unbequemere Sprache zu sprechen. Aber sie betonten langsam und klar alle Silben. So lernte ich rasch mehr.

Schon eine Stunde nach meiner Ankunft verschwand die Befan-genheit. Jeden Augenblick entdeckte ich etwas Neues. Der kleine Petter-Nils fragte mich: "Wo kommst du her, mein Kamerad?" Ich antwortete, so gut ich konnte. Er redete mich hinfort immer mit "Radnam", mein Kamerad oder mein Gefährte an. Zu Ebb'Risti sagte er "Schwester" und sie zu ihm "Bruder" oder "mein Bruder".

Der schweigsame Nils-Amma führte seinen Hausstand für sich. Er hockte neben seinen Pfannen und Kacheln, kochte und strich sich Margarine auf seinen Kachko. Sein Hund trug ein farbig gewobe-nes Halsband. Sein Herr steckte ihm fortwährend etwas Gutes in die Schnauze.

Nils-Amma schnitt sich mit hastigen Bewegungen Fleisch in die Pfanne und briet es. Ich erzählte Pavva von meinen Erlebnissen. Nils-Amma sah auf und mich an. Dann wandte er sich rasch ab und stocherte wieder in seiner Pfanne herum. Man hörte nichts von ihm. Jetzt schickte er sich an zu essen. Nach den ersten Bissen streckte er das Messer mit aufgespießtem Fleisch zum kleinen Jungen und brummte: "Mm!" Der nahm es und aß schmatzend.

Mir war immer unangenehm, daß es im Lappischen kein Wort für "bitte" gibt. Man befiehlt einfach: "Gib mir Kaffee, Wasser her, Türe zu!" Dort sind andere Dinge unhöflich, z.B. beim Essen die Mütze auf dem Kopf zu lassen, zu essen, bevor man dazu aufge-fordert ist, sich nach dem Essen nicht zu bedanken.

Spät abends setzte sich eine alte Frau aus der anderen Kohte an unser Feuer. Ihre Haare glänzten wie weiße Seide. Sie waren genau zu den gleichen Zöpfen geflochten und von der gleichen Art blauer Haube bedeckt wie die Ebb'Ristis. Aber die Ahne war siebzig Jahre älter. Fast täglich trat sie hinfort abends zur Tür herein und kauerte — ein hagerer Körper — auf einem Fell nieder.

Ihr bleicher Blick lag dann oft auf mir. Furchen durchzogen ihr Gesicht. Sie hockte da wie ein Gespenst. Alle Leute verehrten sie. Wenige Sätze nur hörten wir bei ihren Besuchen von ihr. Immer andere. Die welke Hand stand wie ein Bussard im Raum. Ihre Stimme erinnerte an den Gesang der Weindrossel.

"Wie hast du unsere Sita gefunden?", fragte sie.

"Ich wanderte der Richtung nach, bis ich auf einen Pfad kam. Dem folgte ich dann."

"Das habe ich mir gedacht. Eine Sita ist ein kleiner Fleck auf dem Land. Man muß gut zielen, um zu treffen. Aber ein Pfad ist wie ein Bach. Geht man aufwärts, so kommt man zum Quellsumpf, abwärts, so kommt man eines Tages zum Meer. Alle lebendigen Wege führen zu den Menschen. Man muß aber sehen können, ob ein Weg tot oder lebendig ist."

Am nächsten Morgen konnte ich meine Erregung kaum verbergen. "Pavva Lasse!", sagte ich auf Lappisch, "darf ich in deiner Kohte bleiben? Ich möchte mit dir wandern, ich kann arbeiten: Holz schlagen, Skilaufen, Härke führen, ein bißchen Lasso werfen. Ich werde dir helfen können."

Der Mann dachte nicht lange nach.

"Du darfst, du bist willkommen. Nur du!"

Welches Glück!

"Zuerst werde ich einige Tage herumwandern. Ich lasse einen Teil meiner Sachen hier. Bald komme ich wieder."

Das erste Ziel meiner winterlichen Pilgertage war die westliche Kablasita. Wie einfach schienen die zehn Kilometer, wenn man einem Lotsen folgte, und wie schwierig waren sie jetzt. War es mehr links, ging es dorthin? Schließlich stand ich still im Abend und traute der Richtung nicht mehr. Wie leicht verliert man den Mut, wenn man allein als Schwabe winters durch den lappischen Bergschnee stapft! Soll ich zurück? Bin ich schon zu weit? Da! Vor mir! Hundegebell. Ich sah nach zehn Minuten das vertraute schwarze Dreieck, aus dem einzelne Funken stiegen. In die Kohte Amma Finbergs trat ich ein. Inka saß da und grüßte mich sehr herzlich. "Der Herr ist noch in den Bergen."

Nach einer Weile sprang ein schwarzer Junghund herein und legte sich müde nieder. Zehn Minuten später streifte die gelbe Nase von Ammas großem Hund das Türtuch zurück, und kurz darauf kam er selbst. "Ach, ein Wanderer! Puörist und willkommen!"

Die sechs Kohten lagen im Halbkreis. Wolken verdeckten den hellen Wintermond und machten die Nacht stockfinster. In den nächsten Zelten hörten wir sprechen. Hunde bellten oft. Kohtentüren klappten zu. Schritte, unter denen der Schnee schrie, kamen und gingen wieder. Verschiedene Feuer prasselten. Ein Säugling weinte, junges Volk lachte.

Ich ging draußen herum. Kleine Gestalten huschten von Zelt zu Zelt. Wenn sich eine Tür öffnete, flog einen Augenblick rotes Licht auf die Fichten. Über jedem Feuer hing ein brodelnder Kessel. Die Hunde hatten geduldig die Schnauze auf den Pfoten liegen. Wenn die Magd in der Suppe rührte, fuhren sie empor und sperrten ihre Augen gierig auf.

"Gib ihnen ein Stück Fleisch einstweilen", sagte Amma zu Inka, "sie können das Essen nicht erwarten."

"Sie haben Augen wie Vögel", sprach das dicke Mädchen und streichelte die Pelze. "Oi, müde sind meine braven Hunde, viel durch den Schnee gerannt, weit mit dem Herrn übers Hochland gerannt, haben Essen und Ruhe redlich verdient, meine braven Hunde."

Langsam verstummten die Lagergeräusche. Amma ließ Tee kochen. Wir saßen erzählend wie alte Freunde im flackernden Licht. Wir legten uns nieder. "Morgen schläfst du im Haus", war das letzte, was Amma sagte. "Da gibt es Butterbrot und Kartoffeln."

Talgeschichten

Die Stube roch dumpf nach Bauernkram. Feuer brannte im offenen Kamin. Das alte Paar saß auf der Bank. Die Frau mit immer tätigen Händen nähend, der Mann angestrengt nachden-

kend. Ich hörte seine Berichte. Ein kleines angenommenes Mädchen schlief auf einer anderen Bank.

Am Nachmittag schon war ich neben dem Bauern gestanden, als er eine Tonne baute. Dann habe ich sein Boot gerudert, als er die Netze auf dem Saggat durchsah. Elf weiße Fische waren die Beute. Er hatte vieles erzählt.

Wie gern erzählt man von seinen jungen Jahren! Selten genug, daß jemand zuhört. Ich aber konnte nicht genug erfahren. Der alte Mann war als Waisenkind ins Bauernhaus gekommen. Von Geburt ist er Lappe. Er hat ein starkes Gefühl für die Urwüchsigkeit der alten Zeit. " ... als es noch Noaiden* gab, die ihre Trommel befragten. ... als die Lappen noch keine Tuchkleider kannten. ... als sie sich zum Gruße noch küßten."

Jetzt beschien das Kaminfeuer sein zitterndes Haupt. Er stützte die schwieligen Hände auf seine Knie. Er kniff die Augen zu. Sein gelbes Gesicht hing wie eine alte Maske im Raum.

"Als ich jung war, lebten noch Heiden in diesem Gebiet. Die Obrigkeit gab viel Geld aus, um sie zu bekehren. Aber immer wieder fand man frische Fleischopfer unter den alten Steingöttern. Nördlich von hier ist ein Fluß. An einer Stelle ist eine große Stromschnelle. Über dieser Stromschnelle stand ein Stein, der wie ein Menschengesicht aussah. Dieser Stein war heilig, in ihm stak ein Gott, unter ihm fanden sie immer geschlachtete Rentiere, die dort geopfert wurden. Ein sehr tatkräftiger Pfarrer wollte dem Spuk ein Ende machen. Er ging mit Knechten an die Gottstelle und stürzte den großen Stein in den Fluß, um zu zeigen, daß es doch kein Gott ist. Die Lappen hörten mit Grauen davon. Aber sonderbar! Der Pfarrer ist verrückt geworden am gleichen Tag. Sein Geist blieb zeitlebens gestört."

Die fleißige Frau hatte aufgehört zu nähen und hörte zu.

"Das kann ich nicht glauben", sagte sie. "Entweder ist es nur eine Dichtung, oder er war schon vorher verrückt. Aber mit dem Stein hängt das sicher nicht zusammen."

Der alte Mann sprach leise: "Oh, ich glaube es schon. Was braucht der den Stein hinunterzuwerfen? Was geht den der Stein an? Der kann doch dort stehen, der tut niemand etwas zuleide. Warum soll kein Gott in ihm gewohnt haben? Wer weiß denn, wo Gott wohnt?"

Aber die alte Frau nahm Stellung gegen das Heidentum und den Teufel. Sonderbar, daß Frauen sich für Glaubensdinge immer mehr zu ereifern wissen als Männer! ---

Und so schob ich meine Skier durch den tiefen Neuschnee, dem unbekannten Ziel entgegen. Die Tornisterriemen rissen an den Schultern. Das bißchen Licht verschwand schon wieder. Die beengende arktische Nacht streckte sich über mir aus. Im Herzen

---

*Zauberer

glomm ein tiefer Widerwillen gegen sie. Zu allen Gelüsten kam der Sonnenhunger.

"Tack-tack", stieß ich meine Stöcke auf die Ufersteine. Wo bin ich? Wie weit wird es noch sein? Werde ich den Hof finden?

Der Wald stand neben mir wie eine Mauer. Wenn sie einstürzt? Mein Schicksal liegt fertig in einem göttlichen Archiv. Weiß ich, ob nicht Tod durch Erfrieren am Ufer des Saggat, November 1927, vorgesehen ist?

Was ist denn das Ziel dieser Reise? Was ist der Punkt hinter diesem Satz? Welche ist die mystische Erlösung, von der ich dunkel träume?

Am späten Abend saß ich in einer Stube mit ähnlichem Geruch. Draußen raste Nordlicht herum. Zum erstenmal, daß ich es auch hörte. Es zischt und raschelt wie Pergamentpapier, das man schüttelt.

Auf einem Schemel saß ich, auf einem Schemel neben einem 86-jährigen Schweden. Er war lang und dünn. Er hörte schlecht. Sein Sohn, der Hausbauer, sagte "Sie" zu ihm.

Der alte Mann erzählte im Ton einer Predigt. Die saloppe Umgangssprache des modernen Schwedisch war ihm fremd. Seit 1900 hatte er die Gegend nicht mehr verlassen. Noch nie hatte er ein Automobil, ein Dampfschiff, eine Eisenbahn gesehen. Solche Menschen sind ganz anders als wir. Man könnte meinen, sie sterben nie, sondern verändern sich langsam zu Denkmälern.

Der alte Mann bewegte sich wie eine Leiche, an der das Wasser zerrt. Er hob die Hand und fragte seine Schwiegertochter: "Was zeigt das Glas?'

Sie schrie ihm ins Ohr: "28 Grad Kälte!" Der alte Mann nickte mit dem welken Haupt: "Ja, es wird noch kälter."

"Großvater, hören Sie!", schrie ihm die Frau ins Ohr. "Erzählen Sie diesem jungen Mann aus der Vorzeit."

Der zahnlose Mund begann zu sprechen.

"Ich kann mich erinnern, daß mehrere Menschen der Kälte zum Opfer fielen. Fünfzig Jahre lang war ich Postskiläufer zwischen Jokkmokk und Kvikkjokk. Jetzt hat mich mein Sohn abgelöst. Auf diesen Fahrten kam ich manchmal knapp mit dem Leben davon. Gelobt sei Jesus Christus und sein himmlischer Vater! Einige Male fuhr ich bei 50 Grad Kälte. Herre Gott, daß Du mich leben ließest! Ich rannte, was ich konnte. Trotz Pelz und Last und Eile wurde mein Blut dick und träge. Keinen Augenblick blieb ich stehen! Mein Gesicht wurde gefühllos. Die Gedanken ließen nach. Ich erreichte die nächste Hütte, riß die Tür auf und stürzte hinein, als wenn der böse Geist hinter mir her wäre. Wenn man sich dann ans Feuer stellt, tut das furchtbar weh. Großer Gott, dieses Land ist reich an Schmerzen!

Um die sechziger Jahre geschah ein Unglück mit dem damaligen Pfarrer von Kvikkjokk — Gott hab' ihn selig! — Du mußt verstehen, daß in diesen Tälern die Kälte ganz plötzlich kommen kann und plötzlich wieder verschwindet. Der Pfarrer begab sich auf den Weg zu einem Lappenlager. Zuerst kam Nebel, und er verirrte sich, dann kam Nacht und dann große Kälte. Der geistliche Herr wurde müde, die Kälte ermüdet ja noch viel mehr als mildes Wetter. Er entschloß sich, den Tag zu erwarten, und schickte sich an, ein Feuer zu machen. Aber die Kälte hatte ihm schon den Fuß gestellt. Die Streichhölzer fielen ihm aus der Hand. Er griff nach ihnen. Aber die Kälte hatte ihm auch das Gleichgewicht gestört. Er fiel vornüber. So fanden ihn zufällig bald darauf die Lappen: Hände und Gesicht im Schnee neben den Streichhölzern. In einer Kohte wachte er auf. Als er wieder denken konnte, untersuchte er seinen Körper nach erfrorenen Stellen. Alle zehn Zehen waren schon abgestorben. Der Geistliche war ein sehr energischer Mann, der auch von Arztkunde viel verstand. Er bat die Lappen, ihm die Zehen abzuschneiden. Kein Lappe erklärte sich bereit, dem Herrn Pfarrer die Zehen abzuschneiden. Da nahm er ein scharfes Messer und tat es selbst. Nachher machte er sogar einen Witz und sagte: "Seht meine hübschen, praktischen Füßchen!" Er erholte sich und blieb noch lange im Amt.

Einige Jahre später ereignete sich ein noch schlimmeres Unglück. Der Vater des jetzigen Wirts in Kvikkjokk lief mit Schneeschuhen über den Randijaur nach Tschmotis.

Von der Stube kann man über den ganzen See sehen. Mehrere Leute saßen dort beisammen. Da sehen sie weit draußen jemand übers Eis kommen. Sie wunderten sich, daß er so sonderbare langsame Bewegungen machte. Er bewegte Arme und Beine, als wenn er Eisenstücke drangebunden hätte. Plötzlich fiel er um. Zuerst dachten die Leute in der Stube, er sei zufällig gestürzt, aber als er liegen blieb, ging allen ein Licht auf. Einige Burschen zogen sich Skier an und rannten, so schnell sie konnten, aufs Eis hinaus. In einer Viertelstunde waren sie bei ihm. Aber der Mann war schon steif. Als sie ihn aufheben wollten, brach er auseinander wie Glas."

Er drehte sich wieder um und fragte: "Wie kalt ist es jetzt?"

Die Frau las ab: "29 Grad!"

"Es wird noch kälter", sagte das Denkmal.

Die Bekanntschaft mit der größten Kälte

Zwei Tage später erreichte ich das Lager der Karesuandolappen. Ich fuhr auf einem Skiweg. Meinen Pelz hatte ich zurückgelassen, weil er mir beim Fahren lästig schien. Ich folgte der Spur über einen gefrorenen Fluß.

Dann ging es bergauf, über eine kleine Erhebung. Hinter ihr sollten die beiden Kohten stehen.

Mir entgegen stand ein steifer Wind. Es wurde plötzlich kälter. Ich holte mit den Stöcken weit aus, legte mich nach vorn und lief, so schnell ich konnte. Der Sturm trieb Schnee vor sich her. Der Himmel war vergißmeinnichtblau. Die Sonne hatte die Berge noch nicht überklettert.

Ich fror am ganzen Körper. Soll ich umkehren? Aber ich werde den halben Weg wohl schon hinter mir haben. Da ist es besser, ich halte durch.

Der Wind tat furchtbar weh. Wie ein Strom des Schmerzes preßte er sich mir entgegen. Ich wollte ausruhen und kauerte mich nieder. Aber es wurde nur noch schlimmer. Ich rieb mir verzweifelt das Gesicht. Meine Nase war schon ganz gefühllos. Ich rieb mir mit der Faust hastig auf Brust und Schenkel. Mir war ganz weinerlich zumute.

Das wäre doch scheußlich, wenn mir hier etwas passierte. Ich will mich nicht mehr aufhalten. In den Kohten ist sicher Feuer. Aber ich konnte mich nicht mehr rasch und energisch bewegen. Es bremste mich etwas, als liefe ich im Wasser. Das Hochgebirge glühte in der Morgensonne, über der Landschaft lagen Frostrauchschwaden wie gefährliche Gase. Der Schnee quietschte.

Diese Kälte gab keinen Schauder, sondern nur offene Schmerzen. Es war mir, als hätte ich klaffende Wunden an Stirn, Brust, Leib, Beinen und als gieße ein Arzt ganze Flaschen Jod darüber.

Ich kam mit meinen Taucherbewegungen über den Hügelkamm. Pelzverpackte Karesuandokinder spielten im Schnee. Drunten rauchten die Kohten. Minuten später kniete ich am Feuer in Inka Huttis Kohte, der Schwester von Ebba Piertsi.

Sie hatte das tiefste Mitgefühl und schürte. Sie forschte mit besorgtem Blick in meinem Gesicht.

"Glaubst du, daß du etwas erfroren hast? Deine Stirn ist weiß!"

Mir liefen vor Schmerz die Tränen übers Gesicht. Hinter der Stirn schien eine Quecksilberkugel zu sein. Wenn ich den Kopf bewegte, stieß sie an die empfindlichsten Nerven. Inka lächelte. "Schlimmer ist es, wenn es nicht mehr weh tut." Langsam erholte ich mich. Ich war noch einmal heil geblieben.

"Wie das schnell kommen kann!"

Inka Hutti ist ein herrlicher Mensch. Sie lachte. "Das kann allerdings schnell kommen. Jetzt wird's gefährlich in Lappland. Wir haben einen schlechten Lagerplatz. Er ist besonders kalt, weil ein Wasserfall hier ist, der alle Wärme aus der Luft zieht."

Die beiden Tage in diesem Lager sind mir unvergeßlich. Sie waren so bunt und vergnügt wie die Tracht der Karesuandolappen. Es ist nicht der gepflegte Ton der Jokkmokkskohte. In diesen Menschen steckt eine flammende Kraft.

Um Inkas Kohte spielten wie kleine Bären die drei Mädchen. Es waren winzige Persönchen, die sich bald durch brusthohen Schnee kämpften, bald auf Skiern einen Hang hinuntersausten und dazu joikten. In gleichen Zeitabständen fuhr sich jede mit dem Pelzärmel übers Gesicht, als wollten sie Mücken verscheuchen.

Dann lag eine kolossale Großmutter am Feuer, über die sich Inka auf schwedisch lustig machte. Inka nähte eine prachtvolle Burschenmütze. Sie klagte, sie hätte zu wenig Holz.

Ich rief eines der Mädchen. Wir fällten zusammen ein paar Birken. Ich mußte sie immer wieder anschauen. Sie hielt das Beil ganz oben und hackte mit raschen Schlägen wie ein Specht. Ihre Schlitzaugen starrten auf die Arbeit, ihr Rücken war rund. Ich vergaß, daß ihr Pelz sie bekleidete. Er sah aus, als sei er ihr eigenes Fell. Wenn ich etwas sagte, sah sie mich von unten mit ihrem braunen Asiatengesicht an. Sie verstand alles, und wir schafften viel.

Der Kohtenvater war schon drei Tage mit dem dreizehnjährigen Sohn auf Rentiersuche. Jede Nacht haben sie zeltlos irgendwo im Wald geschlafen.

Auch die andere Familie hatte etliche Kinder. Darunter ein Kleines. Ich sah, wie die Mutter es einmal unter dicke Pelze legte, dann wieder in die Nähe des Feuers. Ein solches Kind kann im Schlaf erfrieren, ohne daß man es merkt. Auf dem Zug wird es unter größter Gefahr für die Mutter gestillt.

Aber das Gelächter und das Joiken verstummten nicht. Mir war, als hätten die Leute mich erwartet. Auf meine Fragen antworteten sie genau.

Ein kleiner Junge brüllte durch die hohlen Hände: "Zum Essen kommen!" Seine Geschwister kamen durch den Schnee getobt. Er klopfte sie mit Birkenzweigen aus. Ihre gelb-roten Ornamente standen in ihren Kleidern wie Blüten im Garten.

Immer wieder spähten die Lappen nach Westen. Immer wieder hieß es: "Sie kommen noch nicht." Am zweiten Nachmittag brüllten die Kinder draußen:
"Die Sita kommt! Sie kommen!"

Alle traten hinaus. Wir sahen, wie sich eine Herde und drei Schlittenzüge durch den tiefen Schnee kämpften, Lappen auf dem Zug. Ungeheure Erregung ergriff unsere Sita. Berge von Kachko, Kessel von Kaffee, Reihen von Salzfischen wurden bereitgestellt. Sehr langsam näherten sich die Wanderer.

142

Ich ging ihnen entgegen. Sie trugen alle neue Pelze. Die Wande-
rung war die höchste Tat des Lappen, sie ist die große Zeit. Jetzt
hielten sie an. Die Frauen stiegen aus den Schlitten, wühlten
unter Bergen von Fellen nach Lederwiegen und hängten sie um
wie Gewehre. Größere Kinder wurden losgebunden und reckten
die steifen Glieder.

Die Leute stapften zu den Kohten. Bald saßen sie eng gedrängt
ums Feuer und aßen. Ich sah, daß Inka sehr erregt war. Ihr Atem
flog. Ihre glänzenden jungen Augen glitten glücklich über ihre
vielen Gäste. Die alten Leute sprachen in hymnischen Sätzen.

Wenn eine Pause entstand, strömte Inkas Freude über: "Ja, und
du, Anut — Liebling! Dir macht die Kälte nichts?" Sie hatte auf
einem pelzumrahmten Bubengesicht Stolz entzündet. "Sie macht
nichts, Inka-Tante."

"Sage, Tusk, gibt es etwas Schöneres, als Nomad zu sein?"

Neue Unruhe

Als die Wanderer zu ihren müden Rentieren zurückgingen und
sich der Zug nach einer Weile weiterbewegte, empfand ich große
Unruhe. Ich hielt es für möglich, daß Pavva Lasse Torda gezwun-
gen war, ohne mich talwärts zu ziehen. Ich fürchtete, ich könne
die große Zeit verpassen.

Das wäre sehr ärgerlich!

Die Sita verschwand langsam hinter dem Hügelkamm. Ich nahm
meine Skier und rannte auf einem anderen Weg das Tal hinunter.
In einem einsamen Kolonistenhaus schlief ich und stand am
nächsten Morgen früh auf. Es war klar und sehr kalt. Mittags kam
ich nach Kvikkjokk und kehrte in der Gaststube ein, um etwas zu
essen. Den Weg von Kvikkjokk zur Tordakohte kannte ich nicht.
Der Wirt schätzte ihn auf 20 Kilometer und beschrieb ihn mir, so
gut er konnte. Ich hätte ihn aber doch nicht finden können, wenn
nicht ein Schwede vorausgefahren wäre, dessen Spur ich folgen
konnte.

Um zwei Uhr fuhr ich ab. Die Spur führte aufs Hochfjäll. Es wurde wärmer und dunstig. Im Norden, wo der Mond kommen sollte, krochen dicke Wolken über die Berge. Nach drei oder vier Stunden, als es schon ganz dunkel und neblig war, kam ich an die Baumgrenze. Ich sah noch einige schwarze Gegenstände: Steine. Ob fern oder nah, ließ sich nicht mehr bestimmen. Sonst war alles gleich grau, oben, unten, nach allen Seiten. Ich sah auch etwas Schwarzes, das sich rasch talwärts bewegte. Ein Skifahrer? Ich rief. Umsonst. Er verschwand.

Dann war alles grau, ich sah keine Steine mehr. Um die Spur zu sehen, mußte ich gebückt fahren. Wind hatte sie zugeweht, und ich erkannte nur noch die Löcher, die Magnus (so hieß der Schwede) mit seinen Stöcken hinterlassen hatte.

Ich bin recht müde und niedergeschlagen. Wie soll das weitergehen? Auf der anderen Seite des Plateaus sind huntert Meter hohe Wände.

Weiter oben hatte der Wind auch die Stocklöcher zugeweht. Ich konnte die Spur aber noch in den Skiern fühlen. Auf ihr glitten sie leichter, als im tiefen weichen Pulverschnee daneben. So lief ich eine, zwei Stunden über die Hochfläche. Für Augenblicke konnte ich die Leitspur auch erkennen. Die gespannte Aufmerksamkeit im Dunkeln betäubte mich ganz. Zudem war ich hungrig.

Am jenseitigen hang bremste ich mit den Stöcken, um nicht in Schuß zu kommen. Ich wußte ja, daß Magnus zwischen den Abründen einen Weg ins Tal kannte. Es klarte ein bißchen auf. Ich konnte die Spur hier wieder sehen. Der Hang war steil. Trotzdem mußte ich langsam fahren. Das war ein Kunststück. Mehrmals stürzte ich. Mein schweres Gepäck riß mich tief in den Schnee. Wie ein alter Mann stützte ich mich am Stock wieder hoch.

Dann stand ich unten in einem Tal und sah schwarze Massive neben mir. Das wäre also überstanden! Jetzt werde ich wohl bald dort sein.

Der Mond dringt durch die Wolken.

Ich laufe weiter. Wozu aufrecht? Es sieht mich ja kein Mensch. Ich bin ja so müde und hoffnungslos. Wieviele Stunden bin ich schon unterwegs? Wohin will ich denn, was ist denn diese langweilige, ungemütliche Nachtfahrt wert? Wie werde ich empfangen? Kein Mensch erwartet mich ja.

Die Landschaft ähnelt der Gegend des Kohtenplatzes. Aber da

biegt die Spur in ein Tal, und das sieht ganz anders aus. Sicher ist es noch weit. Mechanisch schiebe ich die Skier vor. Es ist mir viel zu warm im Pelz. Weitere Stunden verstreichen im Takt meiner müden Schritte.

Dann führt die Spur auf einen See. Als schmales schwarzes Band sehe ich den Wald der anderen Seite. In der Mitte ungefähr ist "Seauele". Das ist Wasser, das durch Frostspalten aufs Eis gekommen ist und unter dem nichts gefriert. Es verklebt sofort die Gleitfläche, eine viele Kilo schwere Eiskruste hängt jetzt an ihnen. Die Skier rutschen nicht mehr. Jeden Schritt muß ich sie hochheben. Sie reißen mir die Pelzschuhe fast von den Füßen.

Endlich erreiche ich das Ufer, klettere hinauf, setze mich auf einen Baumstamm und beginne, meine Skier mit dem Messer blank zu schaben. Lebensmüde sitze ich da und schabe, verschnaufe und schabe weiter. Die trägen Gedanken wälzen sich nach Süddeutschland. Aber an die Heimkehr wage ich nicht zu denken. Mir ist, als stünde in irgendeiner Liste: "Eberhard Köbel, auf unbestimmte Zeit nach Lappland verbannt". Dabei bin ich doch mein eigener Herr. Fühle ich eine Not, die mich hergedrängt hat? Nein! Alles Passion, Spleen!

Immer langsamer gehen die Gedanken. Immer schräger wachsen die Gebäude. Immer weiter werden die flimmernden roten Ringe.

Da stehe ich plötzlich mit klopfendem Herzen im Wald. Die Fichtenzweige biegen sich unter der Schneelast. Habe ich geschlafen? Wie leichtsinnig.

Ist das hier eine kleine Rast, oder ist es der Beginn einer kleinen Tragödie?

Schlinge ich mir eben die Riemen wieder um die weichen Schuhe und schleppe mich eben weiter bergan!

Ich habe jede Geschmeidigkeit verloren und stapfe dahin wie ein unbelehrbarer Idiot. Zweige, an die ich stoße, schütten mir Schnee in den Halskragen. Es ist ja alles einerlei. Lieber zweimal stürzen als einmal aufpassen! Wieder eine Ewigkeit!

Die Spur hört ja nie auf! Ich stehe ratlos eine Weile und lege mich dann hin. Ich will nicht schlafen. Ich will ja etwas ganz anderes tun: ruhend die Augen schließen. Nur ein bißchen. Das ist etwas ganz anderes als schlafen. Schon lösen sich die Ideen von der Erdengräue und tanzen in Farben empor. Es ist ja etwas anderes

... ich schrecke auf. Die Hand der kalten Nacht hatte mir übers Gesicht gestreift.

Weiter!

Noch eine Stunde!

Unversehens stand ich vor einer schwarzen Pyramide. Es war kein Traum. Es war die Tordakohte.

Während des Rests der Nacht erwachte ich mehrmals schreckhaft. Als ich den Pelzschlafsack um mich fühlte, verlor sich das Herzklopfen wieder. "So etwas soll mir nie wieder passieren", dachte ich und schlief wieder ein.

Der Fluch des Mannes, der seinen Schweiß umsonst vergoß

Tags darauf war "Rarchko". Einige fuhren schon früh ab. Ich schloß mich später einem Trupp an. Auf den Bergen lag Sonnenschein. Nach einer Stunde Wegs erreichten wir ein großes Gatter, das in verschiedene Unterabteilungen gegliedert war. Einige Männer verstärkten gerade noch mangelhafte Stellen, indem sie buschige Birken fällten und hineinflochten. Andere entfachten ein großes Feuer.

Dann trafen die Frauen und Mädchen mit ihren blauen Helmmützen ein. Sie trugen Kaffeekannen und Proviant bei sich. Von der westlichen Sita kamen auch nach und nach fast alle Leute.

Man lachte und redete viel.

Die kleinen Jungen machten sich an die Burschen heran, deren Kamerad sie sein wollten. Nils Amma Torda verbesserte das Gatter. Er fürchtete, angesprochen zu werden. Die kleinen Mädchen halfen den Frauen Kaffee bereiten und machten sich nützlich. Die erwachsenen Mädchen lachten und erzählten.

Abseits steht ein junger Karesuandolappe auf seine Stöcke gestützt. Er heißt Ola Omma, ist 18 Jahre, Herr einer eigenen Kohte, weit südlich von hier im Bezirk Arjeplog.

Ola spricht wenig. Ich komme mit den Augen nicht los von ihm. Klein und breit, in einem prachtvollen Pelz, die farbige Schildmütze mit der riesigen roten Quaste über die Ohren gezogen, steht er da, ein Schmuck dieses Landes. Die Mädchen möchten Bekanntschaft mit ihm anknüpfen. Aber er ist zu schüchtern. Er lächelt nur. Mit seiner ungeübten·Stimme krächzt er etwas vor sich hin. "Die Herde kommt!" Wir folgen seinem Blick. Hoch droben auf dem Berg ist ein kleiner beweglicher Fleck. Er breitet sich aus, schrumpft wieder zusammen und sinkt langsam tiefer. Jetzt sehen wir schon die Wächter als kleine Punkte hinterherfahren. Nach einer halben Stunde hören wir ihre Rufe, und dann kommen sie durchs Birkengezweig gebrochen. Ein Lappe führt den Leithärk ins Gehege. Tausend Tiere folgen. Hinter ihnen wird mit bereitliegenden Birken geschlossen.

Es ist sehr kalt. Die Wimpern, Brauen und Bärte tragen Rauhreif. Das sieht ganz lächerlich aus. Besonders die weißen Wimpernkränze bei den Mädchen sind wie eine tolle Mode. Über der Herde steht eine undurchsichtige Dampffahne. Durch diesen Dampf fliegen schreiend zwei Falken.

Die Arbeit beginnt: Rentiersonderung. Wurfleinen fliegen, Männer schleppen ihre Tiere aus der großen Herde in ein Sondergatter. In den Türen zwischen den Gehegen stehen Kinder mit Stöcken und achten, daß keines mehr zurückläuft.

Ein Mann zieht nach einer Weile Arbeit seinen Pelz aus und hängt ihn an einen Baum. Er sagt zu mir: "Es ist eigentümlich, daß es immer warm wird, wenn Rarchko ist." Ich helfe Pavva Kälber tragen, Renkühe am Hinterlauf hinüberzerren und störrische Bullen von hinten antreiben. Mir läuft bald der Schweiß herunter.

Der Rentiernebel hält die Sonnenstrahlen ab. Unermüdlich und verbissen wird gearbeitet. Den ganzen Tag.

Ola Omma ist ohne Pelz so dünn und klein wie ein Knabe. Dabei sind die Karesuandorener die Größten. Immer wieder wird er von Bullen auf dem Boden herumgeschleift. Er arbeitet wie ein Ringkämpfer. Seine Haut glänzt. Nasse Haare hängen ihm in die Stirn.

Niemand gönnt sich eine Pause. Die Hauptherde ist nur noch klein. Die einzelnen Gatter sind fast voll. Olas Gehege ist angefüllt mit hellem silbergrauen Pelz. Unter unseren Jokkmokksrenern findet man kaum zwei ganz gleich gefärbte. Sie haben weiße Nasen und schwarze Flecken. Das eine ist weiß, das andere braun.

Es dunkelt. Die Arbeit ist getan. Alle sind zufrieden. Die Frauen und Mädchen fahren schon ab, um in der Kohte Feuer zu machen. Pavva sagte zu mir: "So, das wäre geschafft!" Er schneuzt sich und zieht seine Kapte an, die er an einen Baum gehängt hat. "Zuerst geht Ammas Herde dort drüben. Nach einem Weilchen kommen wir an die Reihe!"

Wir stellten uns in unser Gatter, und zwar zwischen unsere Herde und die Abrückenden. Als Amma seine Tiere rief und sie ins Freie strömten, hoben unsere die Köpfe. Kaum begriff ich, was geschah. Die vielen Rücken kamen in Bewegung. Die hinteren drängten und wollten sich der abmarschierenden Herde anschließen. Diese lief jetzt schon in 100 Meter Entfernung.

Alle Leute schauten her. Pavva sprang schreiend mit fuchtelnden Armen in die Höhe. Ich machte es wie er. Umsonst. Eine graue Welle von Körpern preßte sich gegen mich. Ich taumelte zurück und wurde von einem massiven Leib auf einen Birkenstamm gedrückt. Rechts und links krachte der Zaun, und die Rener strömten hinaus. Kolosse lagen auf mir. Geweihspitzen bohrten sich in mich. Ich hatte das Gefühl, im nächsten Augenblick erdrückt zu werden. Es wurde farbig und dann schwarz vor meinen Augen.

Als mir wieder klar wurde, sah ich, wie sich unsere mühsam gesonderte Herde mit der der anderen vermischte. Und ich hörte einen Fluch aus Pavvas Mund, den Fluch des Mannes, der seinen Schweiß umsonst vergossen hat.

Man beachtete mich nicht. Ich wollte nichts anderes. Denn ich schämte mich. Warum? War ich nicht im Gegenteil ein Held?

Mit schlotternden Knien schlich ich mich abseits.

Am nächsten Tag war wieder "Rarchko".

Es blieb kalt. Ich wußte nicht genau, wie kalt. Pavva hatte kein Thermometer. Er schätzte 35 Grad. Man war in ständiger Abwehr. Morgens fühlte man sich geborgen und gelockert. Man konnte sich ja warm kleiden, aber man hatte nur eine Luft zum Atmen. Gegen diese kalte Luft in der Lunge wehrte sich der ganze Körper. Auch in der Kohte fror ich. Das Feuer bestrahlte das Gesicht ein bißchen, aber über den Rücken liefen Schauder wie Ameisenscharen. Die Abende waren sehr lang. Ich ging hinaus und sah das Nordlicht. Dann besuchte ich die Greisin in der anderen Kohte. Es war überall das gleiche.

Die Kinder wurden immer nervöser. Oft fing Petter-Nillassa grundlos zu weinen an. Die Mutter fragte ihn: "Kuallahkus paruam?" - frierst du, mein Sohn? - Und er sagte immer: "Iv'" oder "Ihiv!" oder "ähäv!", was alles "nein" heißt. Er tat mir leid. Ich sah ihn auf dem Kohtenplatz stehen, als sei er in Gedanken versunken. Plötzlich rieb er sich wütend mit den Fäustlingen das Gesicht. Dann zuckte ihm das Kinn, mit tränenden Augen blickte er zu mir auf.

Und doch waren die Wirkungen der Kälte oft so komisch. Wenn Pavva ein Ren zerwirkte, dann rauchte es aus der Bauchöffnung wie ein Feuer. Das Blut wurde nicht mehr in Mägen gefüllt, sondern in eine Schüssel. Dort gefror es in zylindrischer Form. Diese Blutstücke warf man auf die Birken, damit die Hunde sie nicht erreichten. Zur Hundesuppe wurde mit dem Beil ein Stück Blut vom Brocken heruntergeschlagen. Die Milch warf man wie ein Stückchen Zucker in den Kaffee. Ohne Feuer konnte man gar nicht mehr essen. Fisch und Kachko gefroren in der Hand. Alles war steinhart und kalt. Die Fische aus dem Faß mußten mit dem Beil losgeschlagen werden. Die Wurfleinen wurden sorgfältig aufgetaut und getrocknet.

Einige Nächte schlief Ola Omma in unserer Kohte. Der Kälte wegen lag ich mit ihm im gleichen Pelzschlafsack. Olas Hund schmiegte sich zwischen unsere Köpfe. Dieser Schlafsack war die einzige Höhle, in die ich mich zurückziehen konnte, um einige Stunden vom Frieren auszuruhen. Das Feuer erlosch, Nordlicht signalisierte am Himmel herum. Bäume bellten im Schmerz auf, wenn sie vor Frostspannungen barsten. Olas roter Mützenbausch lag auf dem Kissen. Ich begrub das Gesicht in den Schafshaaren meines Pelzes.

Die bäuerlichen Tiere

Weitere Wochen verflossen. Ich erlebte noch eine Rarchko beim westlichen Kabladorf. Nie habe ich so viele Rener beisammen gesehen. Ein Meer von fast 3000 Tieren flutete durch den Wald.

Einige Male fragte ich Pavva: "Wann werden wir ziehen?" Aber er antwortete: "Wer weiß! Das kann man nicht sagen."

Von Dunkelheit zu Dunkelheit rannte Pavva Lasse Torda in den Bergen herum, um so viele seiner Rener wie möglich zu sammeln. Eines abends sang Piehtar-Nillasa ein kleines Lied, das sich immer wiederholte: "Morgen reisen wir nach Östra-Randijaur, morgen reisen wir nach Östra-Randijaur!" Als er mich sah, wie ich auf dem knirschenden Pfad zur anderen Kohte ging, ergriff er meine Hand und rief: "Itiet jochtop!" (morgen ziehen wir).

"Wer hat's gesagt?", fragte ich.

"Vater!"

Seinem kleinen Sohn hat es Pavva zuerst erzählt. Draußen lagen die gepackten Schlitten wie Walrosse. Aus beiden Kohten leuchtete ein hohes Feuer bis tief in die Nacht. Es wurde viel gesprochen. Frau Ebba legte für die ganze Familie Pelze zurecht, die noch nie getragen waren. Sie sagte zum Kleinen: "Vuöi, vuöi, bist du vergnügt, mein Junge? Wirst Pferde und Kühe sehen!"

Ebb'Ristis Gedanken befaßten sich mit der Schule. Sie wird über die Wintermonate die schwedische Nomadenschule besuchen. Ebb'Risti wühlte in einer großen Schachtel, die hinten stand, wo man tagsüber die Schlafpelze hinpackt. Sie zog ein Buch hervor.

"Sieh, Tusk, dieses Buch pflegen wir zu benutzen, um die schwedische Sprache zu erlernen", sagte sie auf schwedisch. Dann sang sie den "Skandinavien-Schlager", der damals in den Tälern als Tanzmusik modern war.

Mit strahlenden Augen hielt Pavva eine weiße Pelzmütze in der Hand, untersuchte sie, als ob er schadhafte Stellen vermutete, und setzte sie schließlich mit sorgfältiger Bewegung auf. Seine Alltagsmütze verpackte er.

Ebb'Risti hatte ein zweites Lied angestimmt. Sie sang mit dünner, atemschwacher Stimme.

"Was wird in diesem Lied gesagt?", fragte Pavva, als die Tochter fertig war.

"Von einem kleinen Ladde-Mädchen, das ohne Pelz in der Kälte sitzt, handelt das Lied. Es friert, seine Mutter ist gestorben. Andere Ladde kommen vorbei, die nicht frieren. Das Mädchen fragt sie nach Kleidern, aber sie geben ihr nichts. Wir haben das Lied in der Schule gelernt."

"Jaha", sagte der Vater. Nils Amma packte ein Rasiermesser aus und seifte sich ein. Ebba machte die letzten Stiche an einem farbenprächtigen Gürtel.

"Willst du uns nicht ein deutsches Lied singen, Tusk, wenn wir eben ein schwedisches gehört haben?", wandte sich Pavva an mich.

Ich sang ein wehmütiges Lied. Nils Amma hielt den Rasierpinsel in der Hand. Ebba hatte die Arbeit sinken lassen. Die Kinder sperrten die Augen auf.

"Was bedeutet das Lied?"

Ich übersetzte, so gut ich konnte: "Wir wollen auf die Wanderung, über das flache Land, ins Gebirge, wollen nachsehen, wer hinter den Bergen wohnt, wo der Wind herkommt und wie groß die Welt ist."

Eigentlich heißt der Vers:

Wir wollen zu Land ausfahren
über die Fluren breit,
aufwärts zu den klaren
Gipfeln der Einsamkeit.
Lauschen, woher der Bergwind braust,
Schauen, was hinter den Bergen haust,
und wie die Welt so weit.

"Wir kommen an einen fremden Fluß. Wir gehen an ihm singend entlang ins Tal. Am Feuer ist uns wohl. Wir essen, und es beleuchtet uns."

Eigentlich heißt der Vers:

Fremde Wasser dort springen;
sie soll'n uns Weiser sein,
wenn wir wandern und singen
nieder ins Land hinein;
und glüht unser Feuer an gastlicher Statt,
so sind wir zu Hause und schmausen uns satt,
und die Flammen leuchten darein.

Der letzte Vers heißt deutsch:

Es blüht im Wald tief innen
die blaue Blume fein;
die Blume zu gewinnen
ziehn wir ins Land hinein.
Es rauschen die Bäume, es murmelt der Fluß:
wer die blaue Blume will finden, der muß
ein Wandervogel sein.

Ich übersetzte ihn so:
"Tief im Wald blüht eine blaue Blume. Wir suchen sie. Die Bäume und die Flüsse sagen, daß nur die Mitglieder unseres Jugendbundes die blaue Blume finden können."

Mir war nicht ganz wohl bei der Übersetzung, aber die Lappen fanden das Lied sehr schön.

Spät, das letzte Mal auf diesem Platz, legten wir uns wie am Vorabend eines großen Festes schlafen. Nach wenigen Stunden erwachte ich schon wieder. Das Feuer brannte. Ich blinzelte aus meinem Schlafsack und sah das Paar und Nils Amma auf der anderen Seite des Feuers sitzen. Ebba kochte Kaffee. Pavva zog mit fröhlichem Lächeln den neuen Pelz an. Er sah durchs Rauchloch zum Himmel hinauf und sagte leise:

"Schönes Wetter wird es!"

Dann hörte ich ihn Kaffee trinken und schließlich sagen:
"Jetzt werden wir fahren!"

Die Kohtentür klappte. Noch einige Geräusche, und zwei Skifahrer entfernten sich. Als es dämmerte, machten wir uns aufgeregt fertig. Jeden Augenblick konnten die Männer mit der Herde kommen. Dann sollte nur noch die Kohte abgebrochen werden. Die feine Frau Ebba war ganz aufgeregt.

Es heißt, Lappen seien immer gütig zu ihren Kindern. Neben mir wollte Ebb'Risti heißes Wasser vom Feuer heben, um sich gründlich zu waschen. Sie verschüttete ein bißchen über mich. Es war gar nicht schlimm, aber die Mutter sah es entsetzt. Sie kam wütend herüber und zog ihre Tochter im Jähzorn an den Haaren. Klein Ebb'Ristis weißes Gesicht floß in Tränen. Ich hielt die erregte Mutter ab und sagte immer wieder: "Das macht doch nichts!" Von ihren vielen Flüchen und Schmähungen verstand ich nur eins: "Das beste wird sein, ich hole die große Axt und schlag dich tot!" Ebb'Risti hatte schluchzend den Arm um die Augen geschlungen. Da ging die Mutter hinaus. Blitzschnell sah das Mädchen um sich, dann starrte sie mich entsetzt an und wisperte:

"Tusk, sie holt die große Axt. Ich fürchte mich so!"

Nie hätte ich eine solche Szene in der Kohte für möglich gehalten. Ich nahm das Mädchen auf meine andere Seite und sagte, es geschähe ihr nichts. Als die Mutter hereinkam, spähte ihre Tochter ängstlich hinter mir vor. Aber die Frau trug keine Axt in der Hand, sie hatte etwas anderes geholt.

Nach kurzer Zeit reichte Ebba ihrem Töchterchen ein Taschentuch, sah auf die Erde und sagte: "Weine nicht, mein Mädchen, meine kleine tüchtige Magd! Bald wird der weiße Härk bei dir sein. Höre mit Weinen auf!"

Die obere Kohte stand nicht mehr. Ich erkannte den Platz kaum. Ein Feuer brannte. Leute saßen darum. Ich trat zu ihnen hin.

Wer ist denn diese Frau in mittleren Jahren? Sie kommt mir bekannt vor, und doch weiß ich nicht, ob ich sie kenne. Mit hagerer Hand legt sie Holz nach und blinzelt mir vergnügt zu. Ihre Wangen sind straff und gerötet vom Frost. Sie erhebt sich und steht gerade und schlank da. Jetzt sehe ich ihre Haare. Sie sind silberweiß. Ich erkenne unsere Greisin. Das Wanderfieber hat sie verjüngt.

Die Männer kommen mit der Herde. Der kalte Morgen starrt in gläserner Klarheit. Wir schlagen rasch die Kohte ab. Pavva trinkt erschöpft Kaffee. Sein Bart ist vereist. Dann rafft er sich mit einem Ruck auf und fängt mit nie fehlendem Wurf die Zugtiere.

Der Besitz Nils Ammas ist in fünf offenen Schlitten (Kieris) und einem abgeschlossenen Lochkek mit Schiebetüre verpackt. Das ist eine "Raite". An die Spitze kommt der zahmste Härk. Die Karesuandolappen haben geschwungene, holzgeschnitzte Geschirre. Unser Stamm legt den Härken breite Fellbänder übers Genick, die unten an der Brust mit dem Zugriemen verknotet werden. Dieser Zugriemen geht zwischen den Beinen durch. Am Ende des Kieris oder Lochkek hängt ein Riemen, an den der Kopf des zweiten Rens gebunden wird. So ist nur ein Mensch nötig, um die ganze Raite zu führen.

Die übrige Familie hat zwei Raiten zu je sechs Schlitten. Alle drei Raiten folgen in langer Linie der Herde. Sie lassen eine tiefe Spur zurück. Der allerletzte Schlitten ist nur ein Gestell, der Nahppo. An ihm werden die Kohtenstangen und Stützbogen angebunden und so über den Schnee geschleift.

Mir wurde am ersten Wandertag keine wichtige Arbeit gegeben. Ich fuhr als letzter und paßte auf, daß nichts verloren ging. Die Sonne schien. Das schöne Kablahochtal wird jetzt geräumt. Einige Fuchsjäger mögen es noch durchstreifen, dann besitzt es die Winternacht allein.

Über einen Hügel ging es. Ich blieb stehen und besah das sonderbare Bild: weit vorn ein Skiläufer. An zehn Meter langem Halfter führt er einen Härk, dessen Glocke läutet. Hinter diesem Härk gehen andere alte Tiere. Dann folgt die Herde eng gedrängt: Muttertiere, Kälber, junge Böcke mit Gehörn wie Rehe, schwere Sarve mit blankem Geweih und solche, die ihre Stangen schon abgeworfen haben und jetzt aussehen wie unvollständige Geschöpfe. Hinter der Herde geht ein Mann mit seinem Hund, um ausbrechende Rener zurückzujagen. Dann kommt Nils Amma, der seine Raite führt. Ihm folgt von selbst der weiße Härk der zweiten Raite. Klein Ebb'Risti sitzt auf dem ersten Schlitten.

Dann kommt Ebbas Raite. Im ersten Kieris sitzt wohlverpackt und festgebunden der kleine Petter-Nils. Er singt nicht mehr. Ihm stehen die Tränen in den Augen. Das Schlittenschiff stampft über Steine und legt sich auf die Seite. Das große Rentier zieht mit

einem Ruck wieder hoch. Ich wäre seekrank geworden in einem
solchen Kieris. Der kleine Junge brüllt. Ich hätte auch gebrüllt.

Wir kamen in den Wald. Es ging einen steilen Zugweg hinunter.
Die Skiläufer fuhren voraus, ohne zu bremsen. Die Rener rasten
wie ein Rudel Hunde hinterher. Die Härke der Raiten mußten
genau so schnell laufen wie die Schlitten.

Ich sah, wie sicher die Lappen auf ihren schmalen Skiern standen.
Ebb'Risti raste neben ihrem weißen Renochsen gebückt zu Tal.
Das sah großartig aus. Die Geschwindigkeit wurde immer toller.
Wie sollte sie auch vermindert werden? Ich dachte: wenn es jetzt
eine Stockung gibt, geschieht das größte Unglück.

Und richtig! Plötzlich schleuderte der Nahppo krachend gegen
einen Baum und blieb hängen. Den hinteren Rentieren wurde fast
der Kopf abgerissen, dann platzte ein Zugriemen. Zwei Schlitten
und ein Ren blieben zurück. In der übrigen Raite stürzte ein Härk,
und schon verwickelte sich alles. Schnee stob auf, krachend
rammten sich die Schlitten, Rener überschlugen sich.

Dann lag ein Knäuel von Schlitten und zappelnden Rentieren am
Boden. Der erste Kieris war umgestürzt und Petter-Nils schrie da-
runter hervor. Mir schien es wunderbar, daß er das Genick nicht
gebrochen hatte.

Diese Wanderung in die schützenden Tieflandwälder war nicht vollwertig. Wir stellten abends nicht die Kohte irgendwo auf, wie die Lappen sonst tun, sondern legten unsere müden Glieder auf den Fußboden einer Kolonistenstube. Das war bequemer, aber stillos.

Pavva führte die Herde in den Wald und holte sie am nächsten Morgen. Dabei fuhr er auf Schneeschuhen ganz um sie herum, um auch die äußersten Tiere aufzustöbern. Im steinigen Wald ist das mühselig. Manchmal kam er unverrichteter Dinge zurück: sie hatten sich zu weit zerstreut. Wir mußten noch eine Nacht bleiben.

Hier unten im Tal vergingen die Tage noch rascher. Wenn die Herde dann endlich vor dem Haus stand, verglomm gerade die letzte Helligkeit, und wir mußten im Dunkel unseren Weg über die Seen wissen.

Wir reihten eine Meile an die andere. Alles bewegte sich vorwärts übers weite Eis: Mensch und Rener und wieder Mensch und wieder Rener. Schon am zweiten Tag zog mich Pavva zur Arbeit heran. Er lächelte über meinen Eifer.

Lange hatten die Talmenschen gewartet, daß die Lappen kämen und frisches Fleisch brächten. Wohin wir kamen, traten sie aus ihren Häusern und sagten "Willkommen!" Wo wir Härke ausschirrten, brannten bald Feuer, an denen die Schwedenburschen schlachteten. Wo wir erschienen, weckten wir Frohsinn und Aufregung. Wir waren die größte Sensation des Jahres, die einzige für die einsamen Häusler am Ufer des Saggat. Das Leben in den Hütten ist doch jämmerlicher als das in der Kohte!

Wir traten in die warme Stube. Die Bauernkinder saßen still in der Ecke und glotzten. Fremde Menschen kommen aus dem Dunkel! Wir setzten uns auf Stühle und bald auf den Fußboden, denn wir waren die Stühle nicht gewohnt und wurden müde auf ihnen.

Ebba beobachtete die Hausfrau bei ihren Arbeiten. sie stellte Fragen, wozu dies sei und wozu das. Dann half sie Suppe kochen, drehte die heulende Milchzentrifuge mit vorsichtiger Hand und versuchte sich im Kartoffelschälen. Die große, blonde Bäuerin sprach mit der kleinen, pelzverpackten Frau wie mit einer alten Freundin über Haushalt und "Kohtenhalt" (oder wie soll man da sagen?).

Aber Ebb'Risti und Piehtar-Nillasa warteten mit Ungeduld auf den nächsten Tag. sie hatten glühendes Interesse für die Tiere der Ladde. sie schleppten mich in den Stall.

Mit Angst und Ehrfurcht sahen sie am Roß empor. Stand draußen eines vor einem Schlitten, so ließen sie es nicht aus den Augen und machten einen großen Bogen darum.

Der kleine Piehtar-Nillasa beherrschte alle Tiere. Er rannte auf den Hund Tschedju zu und rief: "Lauf, Tschedju!", und der Hund wich. Petter-Nils machte es ebenso mit einem Härk, wenn ihn dieser störte. "Kuas hierki!", rief er und fuchtelte mit den Armen. Jeder Härk trollte davon.

Einmal sah ich den Jungen aus der Haustür rennen und gerade auf das Pferd los, das da draußen stand. "Lauf, Pferd", schrie er. Das Roß drehte nur den Kopf. Petter-Nils hielt an, kehrte um und

weinte. Das Pferd ist noch mächtiger als der Mensch. Der Wille des Rosses setzte sich durch. Er weinte und schluchzte und schlich ins Haus zurück.

Ich fand Ebb'Risti nie so entzückend wie im Stall. Ihr bleiches Gesicht war rot vor Begeisterung über die bäuerlichen Tiere. Sie nannte die Hühner "Vögel", verglich die Füße des Pferdes mit Sommerschuhen, das Schwein fand sie ungeheuer. "Sage, Tusk, würdest du es wagen, zu diesem Schwein hineinzusteigen? Wäre das nicht sehr gefährlich?"

Wieder lagen wir in einer Stube. Das Feuer prasselte. Ein verdienter Abend wurde gefeiert. Da kam mit Bärenschritten ein junger Mann herein. Er griff auf ein Regal und nahm eine Geige herunter. Dann spielte er alte Bauerntänze. So etwas habe ich lange vermißt! Das ist ein Stern vom Himmel der seßhaften Kultur! Auf unsere müden Herzen troff die Musik wie Wasser auf einen trockenen Schwamm. Irgendwo im großen Haus ging eine Tür, Schritte schleppten sich über einen Gang. Ein bärtiger Greis trat ein, eine zweite Fiedel unter dem Arm. Vater und Sohn spielten zweistimmig mit großartiger Fertigkeit Melodien aus Österbotten und Skoone, Dalekarlien und Jämtland. Sie flimmerten hoch über die Wipfel und stampften mit Knechtschuhen die herbe Heimaterde; sie erzählten von farbig-gewobenen Röcken, die sich im Reigen schwangen, und hellen Nächten am See. Doch hier in Lappland ist alles sorgenvoll. Kein Tanz, kein Bänderbaum, nur zwei Violinen und zwei Künstler, Vater und Sohn. Eine Stunde lang führten die knorrigen Hände den Bogen. Dieses Spiel ergriff mich. Dann ging der Vater wieder. Seine Schritte entfernten sich. Eine Tür wurde geschlossen.

Kann sein, daß daraufhin meine Erzählungen aus der Heimat zu überschwenglich wurden.

Pavva sagte, ich solle ihn nach Deutschland führen. Schweden sei zu eng und arm an "Rentierbrot", an Flechte. Bestimmt sei meine Heimat besser. Ich wisse ja den Weg, ich solle führen, er folge mit Herde und Raiten. Der Lappe könne sich allen Verhältnissen anpassen.

"Aber das ist unmöglich", sagte ich. "Dort ist doch Dorf an Dorf, Stadt an Stadt, Mensch neben Mensch. Von einem Zaun ist der andere zu sehen. Der ganze Boden ist aufgeteilt. Kein Stück gehört allen, alles gehört einzelnen. Jeder Fisch, jeder Hase, jedes Grasbüschel hat seinen Besitzer. Du würdest als Dieb und Zerstörer aufgegriffen, wenn die Rener über eine einzige Wiese zögen. Eisenbahnen und Autos würden sie töten. Pavva, das ist unmöglich! Es gibt kein Fjäll, nichts, was du brauchst!"

Pavva Lasse Torda gab den Plan ungern auf.

Der Kaufmann

Ein Kaufmann kreuzte mit seinem Pferdeschlitten unseren Weg. Wie groß war seine Freude, als er uns in der Stube liegen sah! Er schüttelte mit überfließender Herzlichkeit dem Bauernpaar die Hände und dankte der Sitte gemäß ernst und rechtschaffen für das letzte Mal. Dann trippelte er nochmal hinaus zu seinem Schlitten, kam wieder herein und stellte eine Flasche Likör auf den Tisch. Mich streifte er mit unsicherem Blick.

"Und was ist der kleine Junge gewachsen! Paß mal auf, ich habe dir etwas mitgebracht!" Er ging geschäftig zur Tür und stöberte in der Tasche seines Pelzmantels. "Da hast du Karamellen!" Petter-Nils griff nach ihnen, ohne aufzusehen.

"Wie nett, daß wir uns treffen. Wie ich mich freue! Ich dachte heute morgen noch, wo jetzt wohl Pavva Lasse Torda mit seiner lieben, kleinen Frau durch die winterliche Landschaft zieht. Nun hat Gott mich hierher geführt, wo auch du bist, alter Freund." Der Kaufmann kniete nieder und klopfte Pavva leutselig auf die Schulter.

"Aber jetzt müßt ihr guten Leute einen Schluck tun. Habt's verdient bei dieser verdammten Kälte! Wie ich euch bewundere! Ist's nicht so, Erik Andersson?" (er sah auf den Bauern). "Ich empfinde diese Menschen als Helden in ihrem Kampf gegen die gewaltige Natur. Herrgott!"

Der Kaufmann gab Ebba und Pavva Gläser in die Hand und schenkte ein. Die Flasche gluckste, des Kaufmanns dicke Hand zitterte. Ebba ließ sich nur viertelvoll gießen, Pavva dankte mit dem halben Glas.

"Aber verschmäht ihr denn meinen Likör? Trinkt! Ihr habt's nötig. So ein bißchen macht doch nichts!"

Ebba nippte und sagte dann: "Schlecht!" auf Lappisch.

"Ach, daß ich nicht Lappisch kann, ist ein Jammer! Wie oft habe ich es bedauert, eure Sprache nicht zu verstehen. Aber sie ist zu schwer, sie ist zu schwer!"

Pavva trank einen Schluck und stellte dann das Glas weg. In mir jubelte es.

Der Kaufmann erzählte jetzt eine endlose Geschichte von armen Leuten, die er kenne. Neben seinem kaufmännischen Geschäft habe er es sich zur Aufgabe gemacht, diesen armen Familien im Osten das harte Leben zu erleichtern. Er wisse zwar, daß Wohltätigkeit nicht mehr modern sei, weiß Gott, die Geldgier habe sie verdrängt. Aber selbst, wenn er verlacht würde und Unannehmlichkeiten habe, er wolle seine armen Schlucker im Osten nicht im Stich lassen. Schon als er zur Tür hereingekommen sei und die Familie Torda erblickt hätte, sei ihm ein Gedanke gekommen. Er müsse mit der Sprache offen heraus. Pavva Torda sei ja in der ganzen Gegend als wohlhabender, rechtschaffener Lappe bekannt. Da habe er sich gedacht, ob ihm Pavva bei der Rettungsaktion im Osten nicht helfen wolle. "Wer weiß, ob es uns nicht auch mal schlecht geht und wir dann auch froh sind, wenn uns jemand hilft." Es handle sich um fünf, sechs Rentiere, und die östliche Not sei gebannt. Aber man müsse sie fast geschenkt geben. Er machte einen Vorschlag: Pavva verkaufe sie ihm um 40 Kronen das Stück, und er gebe sie für 20 an die Armen. Dann sei der Schaden geteilt, und vor Gott und den Menschen sei ein gutes Werk getan.

Pavva antwortete, er müsse die Sache beschlafen. Die Bauern hatten mit gefalteten Händen zugehört. Am späten Abend, nach langem, vergeblichen Warten, brach der Kaufmann auf und versprach, morgen wieder zu kommen.

Als sein Schlitten klingend abfuhr, hielt ich eine Rede gegen alle Kaufleute, gegen die schwedische Obrigkeit, gegen den Alkohol und die scheinheilige Frömmigkeit. Man sollte sie alle zum Teufel jagen, diese verlogenen Schurken! Man sollte sie hängen für ihren Betrug. "Pavva, verlange den höchsten Preis für deine Rener! Laß dich nicht berauschen mit seinem Likör und seiner Wohltätigkeit! Er verkauft die Rener nicht für 20 Kronen an Arme, sondern für 100 Kronen nach Südschweden. Da verliert er an fünf Renern nicht 100 Kronen, sondern er gewinnt 300!"

Pavva gab mir recht. So könne es sein. Wortkarg lag er da und dachte nach. Schämte er sich, ein Mensch zu sein, Haare auf dem Kopf, zehn Finger, zwei Beine, eine Nase zu haben wie dieser Kaufmann? Er, Pavva Lasse Torda, der fünf Kronen zurückzahlt, wenn ein verkauftes Ren sich beim Schlachten magerer erwies, als er vermutet hatte. Er, der nicht lügt und einem nicht lügenden Volk angehört!

Der "Arbeitsmensch"

Ich hatte die Herde zu führen.

Mit vorgebeugtem Oberkörper, leicht gekleidet und doch schwitzend, rannte ich Stunde um Stunde der Richtung des Seeufers nach. Immer wieder mußte ich ohne Halt zurücksehen, ob die Herde folgte. Sie folgte in unermüdlichem Trott mit gesenkten Köpfen. Blieb sie doch einmal zurück, so mußte ich sie locken, indem ich wie eine Eule übers nächtliche Eis rief: "Kuuf-kuuf-kuuf."

Jetzt war ich unersetzlich. Um die Schulter hatte ich das Lasso gebunden, an dem zehn Schritte hinter mir erhobenen Hauptes der Leithärk trabte. Im Dunkel kam er mir vor wie ein Elch. Wenn das Lasso locker wurde, beeilte ich mich unwillkürlich, weil ich dachte, einmal könne doch die Wut sein Ochsentum übertreffen, einmal hole er doch auf und bohre mir von hinten sein dreißigendiges Geweihmonstrum in den Rücken. Das waren die Gefühle eines Gejagten.

Im Langlauftempo mit weitausholenden Stöcken rannte ich vor meinen Tieren her durch die Nacht. Zwanzig, fünfundzwanzig Kilometer ohne jede Rast! Diese Wandernächte über die Seen, durch kleine Waldstücke und wieder über Seen wurden zu einer Gewohnheit, so oft wiederholten sie sich.

Einmal erschrak ich furchtbar. Mein Lasso wurde wieder schlaff, und ich beeilte mich. Aber ich konnte laufen im Wettrennen, das Lasso wollte nicht straff werden. Ich sah mich rasch um. Da rannte die Herde als breite Front hinter mir.

Träumte ich einen Angsttraum? Ich lief wie ein Rasender. Umsonst. Dicht hinter mir schnauften die rachegierigen Rener und stampften den Schnee mit ihren breiten Klauen. Jetzt geht's mir schlecht! Die wütende Volksmenge wird über mich wegwalzen.

Ich hatte mich getäuscht. Es kam fast noch Schlimmeres: die Rener achteten nicht auf mich. Sie überholten rechts und links. Ich rannte schon auf einer Linie mit ihnen. Mein Härk lief schon neben mir. Ich war eingekeilt zwischen flüchtenden Tieren. Ich konnte die Stöcke nicht mehr gebrauchen. Ich glitt mit und hielt die Wurfleine fest in der Hand. Der große Härk zog mich. Eine

Weile ging es so in fliegender Eile. Ich fühlte mich wie ein Rentier zwischen anderen. Plötzlich blieben alle stehen und drehten lauschend die Köpfe. Der Spuk war aus. Ich bahnte mir einen Weg nach vorn, trat aufs freie Eis und rief. Fünf, zehn, fünfzig Tiere setzten sich in den Wandertrott. Alle siebenhundert folgten. Es ging normal weiter.

Einige Male kamen wir in Seauele. Man sah die Stellen ja unter der Schneedecke nicht und stak plötzlich drin. Skier und Schlitten liefen nicht mehr. Eine Stunde hatte man zu tun, um mit Beil und Messer die Eiskrusten abzuschlagen. Und es passierte uns, daß wir eben mit großer Anstrengung in nächtlicher Arbeit auf dem Eis unseren Zug in Ordnung gebracht hatten und nach hundert Metern schon wieder in Seauele gerieten. Die eisbepackten Gleitflächen der Schlitten wirkten wie teufliche Bremsen. Kein Härk kann einen solchen Schlitten auf die Dauer ziehen. Wir mußten sie wieder umstürzen und wieder mit der Axt blank schlagen.

Eines Abends, als wir weiterziehen wollten, kam Pavva nur mit der halben Herde aus dem Wald. Die übrigen hatte er nicht finden können. Nils Amma war schon am Vortag zurückgeblieben, um ein Häuflein Entronnener zu suchen.

Weil wir nur noch einen Tag vom Winterlagerplatz Östra Randijaur entfernt waren, entschloß sich Pavva, Familie und Raiten zurückzulassen, und mit diesem ersten Teil der Herde vorauszuziehen. Ich sollte wieder führen, er wollte von hinten aufpassen, daß die Tiere beisammenblieben.

Ich habe allmählich die achtzehn Zugochsen nach ihrem Aussehen kennengelernt und bemühte mich, vor jedem Abmarsch so viele wie möglich festzunehmen. Meine Leistung war ungefähr so: in der gleichen Zeit, in der Pavva dreizehn fing, fing ich fünf. Ich verbesserte mich aber.

Auch an jenem Abend fingen wir die Zughärke heraus und banden sie an Bäume, damit sie zurückblieben. Dann nahm ich meinen Leithärk fest und glitt aufs Eis hinaus. Die Zughärke wollten mit und zerrten an ihren Halftern.

Diese kleine Herde ohne Schlittenzüge entwickelte eine sehr hohe Geschwindigkeit. Gerastet durfte nicht werden, weil die Gefahr bestand, daß die Tiere ihre Gefährten in der Ferne witterten und sich mit ihnen vereinigen wollten. So rannte ich sechs Stunden durch die Nacht im schärfsten Tempo. Das Licht des Hauses, zu dem wir wollten, wurde deutlicher. Ich hatte die größte Mühe, die Leine des Härkes straff zu halten.

Das Ufer wird sichtbar. Bald sind wir da! Hurra! Ein Stückchen Wald noch. Dann kreist die Herde auf einem freien Platz vor dem Häuschen. Pavva kommt zu mir vor. Wir lachten uns an. Ich atme Dampfwolken.

"Komm, wir führen die Herde nur hier auf die Seite. Da lassen wir sie laufen", sagte Pavva und fing sich ein "Tolk-Ren", einen jungen, feurigen Härk, von dem er sich noch in derselben Nacht zu den Raiten zurückziehen lassen wollte. Er band das Tolk-Ren an einen Pfahl.

Wir traten in die Bauernstube.

Die Leute konnten Lappisch. Ich überließ Pavva die Unterhaltung. Wir saßen nebeneinander auf der Bank und tranken Kaffee. Nahmen den Zucker in den Mund, schütteten den Kaffee in die Untertasse und schlürften so. Dann stellten wir Tasse und Teller auf den Tisch, sagten: "Danke, danke!" und setzten die Mützen wieder auf.

"Bist du Knecht bei Pavva Lasse Torda?", fragte mich die Bäuerin, weil sie mich nicht kannte, obwohl ich Jokkmokkslappenkleider trug.

Bevor ich antworten konnte, fing Pavva an, von mir zu erzählen.

Wie ich aus Deutschland gekommen sei, Sohn eines "Kopfes", einer Standesperson, daß ich einen fotografischen Apparat besäße, daß ich zum Sprachstudium hier sei und bei der Wanderung helfe.

Ich saß still da. Von einem farbigen Gürtel umschlungen. Ich hatte nichts zu sagen. Die Augen der Bauersleute sahen immer wieder auf mich.

Pavva malte mein Bild mit allen Farben. In einem Steinhaus wohne ich am Rand einer ungeheuer großen Stadt. Er habe die Fotografie meiner Mutter gesehen. Ich habe zwei Brüder, sie seien beide gelehrt. Schwestern habe ich keine. Im Skifahren sei ich nicht mehr ungeschickt, aber in meiner Heimat habe man längere Skier. Ich kenne alle Vögel ...

An diese große Erzählung schloß Pavva die Bitte an, daß ich hier übernachten dürfe, denn er selbst wolle noch heute zu seiner Familie zurücktolken.

"Freilich!", sagte die Frau, "wenn unsere Stube gut genüg ist für ihn."

"Was wird sie nicht gut genug sein!", erwiderte der Nomade, "Das ist doch ein Arbeitsmensch durch und durch!"

Pavva ging, ich begleitete ihn bis zum See. Sein Ren sprang in die Nacht, er glitt mit wehender Kapte hinterher.

Ganz langsam stapfte ich in meinen Pelzschuhen zum Blockhaus zurück. Die Irrlichter der letzten Wochen sind erloschen. Was hat Pavva gesagt?

"Ein Arbeitsmensch durch und durch."

Jetzt weiß ich, was ich in Lappland gesucht habe. Es ist ja gar kein mysterischer, unerklärlicher Drang der Seele gewesen. Ich brauche nicht mehr vor mir Angst zu haben. Es ist ja alles gesund und natürlich. Ich habe mich an einer fremden, schweren Arbeit erprobt. Ich bin selbst Nomad geworden. Pavva behauptet nur Dinge, von denen er überzeugt ist.

Dieses Urteil wollte ich erkämpfen.

Ich hab's geschafft.

Jetzt ist nichts mehr zu tun in Lappland. Jetzt freue ich mich plötzlich unbändig auf die Heimat. Das kindliche Anlehnungsbedürfnis der letzten Wochen hat aufgehört. Die Frage "Wozu?" ist beantwortet. Dieser Herbst hat seinen Sinn bekommen. Meine tiefe Stimme gefiel mir wieder, meine geraden Beine, meine große Nase, meine weiße Haut.

"Ein Arbeitsmensch." Es gibt ja keinen besseren Menschentyp als die Arbeitsmenschen.

Einige Tage später bat mich Pavva, als wir müde in der Stube saßen, das Lied zu singen vom Feuer und von der Wanderung am Fluß entlang. Aber er bat vergebens. Mich bewegten andere Dinge.

"Pavva, ich muß in meine Heimat zurück!"

"Oh! Bleib doch bis zum Frühling, bleib immer!"

"Nein! Ich muß zurück!"

Ebba sagte zu Petter-Nils: "Hast du gehört? Dein Kamerad will in sein Land zurück!"

"In welches Land?"

Nun verließ ich dieses Milieu mit einem Sprung.

Schon in den nächsten Tagen bedauerte ich, keine guten Kleider zu besitzen. So galt ich im Schnellzug, im Gasthof, überall als deutscher Landstreicher. Altes, graues Zeug trug ich, keinen Kragen, eine schwarze Pelzmütze und das Gesicht des Wildlandmenschen, der seine ungeschlachte Kraft mit sich führt wie einen Knüppel.

NOWAJA SEMLJA

Eine Expedition in die Polarregion wird vorbereitet

Wir wollen in den Hohen Norden fahren: nach Nowaja Semlja. Es ist dort sehr hell im Sommer. Tag und Nacht steht die Sonne am Himmel. Gute Photobedingungen! Hans, der Erdkunde studiert, will neue Berge und Flüsse entdecken, während ich Vögel beobachten und fotografieren will.

Es interessiert sicher, wie eine solche Fahrt vorbereitet wird. Das Wichtigste ist natürlich das Geld. So eine Expedition kostet mehr, als wenn hundert Mann vier Wochen nach Italien fahren. Man muß sparen und rechnen, und rechnen und sparen, bevor man den Entschluß faßt. Der Entschluß aber ist das allerwichtigste. Bevor man ihn nicht gefaßt hat, kann man wohl planen, aber nichts vorbereiten.

Nowaja Semlja ist sowjetisches Territorium. Mit heimlichem Grauen geht man also zur sowjetischen Botschaft, zu den bösen Bolschewisten, und bittet um Einreiseerlaubnis. Man ist erstaunt, denn dort sitzen ganz freundliche Leute. Nachdem sie sich überzeugt haben, daß man kein Weißgardist ist, der gegen die Sowjetregierung hetzen will, bemühen sie sich sehr. Bei uns fürchten sie nur, wir seien zu unerfahren, und sie müßten uns später mit Eisbrechern wieder abholen wie Nobile seinerzeit.

Nach der Finanzierung und der Einreiseerlaubnis sind Weg und Reiseplan festzulegen. Wahrscheinlich werden wir in Finnland oder Norwegen einen Walfänger mieten und mit diesem durch die Barentssee bis nach Nowaja Semlja gondeln.

Einen regelmäßigen Dampferverkehr gibt es dort nicht. Das ist natürlich das Teuerste, denn das Schiff muß versichert und gut ausgerüstet sein. Auf der Insel haben wir bis jetzt zum Ziel: die Pankratjeff-Halbinsel, weil dort riesige Brutkolonien von nördlichen Seevögeln sind. Diese wollen wir fotografieren. Die Pankratjeff-Halbinsel ist übrigens eine denkwürdige Stelle, denn vor zwanzig Jahren überwinterte dort eine unglückliche russische Nordpol-Expedition. Wir wollen das Land auch durchqueren. Es wurde bisher sechsmal an verschiedenen Stellen durchquert. Sicher gibt das eine sehr schöne Skifahrt im Juli.

Nowaja Semlja zerfällt in zwei Teile. Der Süden ist Tundra. In der Mitte ist eine kanalartige Durchfahrt vom Barentsmeer in die Karische See, im Norden Nowaja Semlja von einer Inlandeiskappe wie Grönland bedeckt. Diese ist mehrere hundert Meter dick. Man kann nicht sehen, wie das Land ausschaut, das darunterliegt. Es gibt dort überhaupt noch viel zu forschen.

Auf der Insel wohnen wenige Samojeden und Russen in vier Kolonien. Sie verdienen ihr Leben aus der Jagd auf Robben, Eisbären, Füchse und wilde Rentiere. Sie gehören zu den nördlichsten Siedlungen der Welt und leben oft in großer Not.

Das und noch vieles muß man wissen, dazu sich die vollständigsten Land- und Seekarten beschaffen, und das Schrifttum der Polarforschung muß nach Berichten über unser Ziel durchsucht werden.

Der beste Kenner der Arktis, Dr. Leonid Breitfuß, der schon sehr viel zwischen Franz-Josephs-Land, Spitzbergen, Nowaja Semlja und dem Weißen Meer fuhr, berät uns. Und es gibt kaum eine Frage, die er nicht beantworten kann. An der Wand hängen Karten vom Polargebiet. Aus ihren sachlichen wissenschaftlichen Informationen und Berechnungen kann man nicht ersehen, was die großen Polarforscher wie Franklin, Scott, Rasmussen, Amundsen, Nansen, Wegener und viele andere für Männer waren. Und mir scheint, als wenn ihr einsames männliches Vorbild kostbarer wäre als ihre Entdeckungen. Wir Jungen lesen ihre Tagebücher, und es war uns, als ob wir das Gebell ihrer Hundegespanne hörten. Ob es Dienst an der Wissenschaft war oder Ehrgeiz, was trieb? Einerlei! Solcher Ehrgeiz, der zum Tod in der Eiswüste bereit ist, ist selten.

Vielleicht gehen auch wir später einmal nach Alaska oder Kamtschatka oder leiten Hundeschlitten an der Baffinbai entlang. Der Norden hat uns in seinen Krallen. —

Jetzt gehen wir an die Ausrüstung! Da braucht man eine Menge: Pelzkutten, -mützen, -schuhe für jeden, Skier und Bergschuhe, zwei Kohten (eine als Depotkohte für das Gepäck, eine zum Wohnen), 10 Zeltbahnen, um Verstecke zu bauen, von denen aus man Tiere fotografieren kann. Einen Gepäckschlitten für die Inlandüberquerung. Viele kleine Fähnchen, um Vogelnester und Wege zu markieren, die man nicht wiederfinden würde. Sehr gute Fotoapparate mit Fernlinsen, ein Gewehr mit viel Munition, Zeichen- und Malsachen und ein paar Bücher zum Vorlesen, wenn es regnet. Eine Leuchtpistole mit Rauchspurmunition. Viele Zünd- hölzer, Heizöl, Proviant für lange Zeit. Ein Logbuch. Salz. Viele feine Messer und Halsketten als Geschenke für die Samojeden. Und anderes.

Wenn das alles getan ist, alles verpackt und geordnet, soll man noch einige ruhige Tage haben: Sich freuen, Pläne machen, Ab- schiede feiern und denken. Bis endlich die Stunde kommt, in der man auf der Back des Dampfers steht und vorausspäht, wo hinter dem Horizont Länder warten, immer wieder andere und neue.

Tagebuch der Fahrt nach Nowaja Semlja

Unsere Reise begann eigentlich mit der Autofahrt Ostsee-Eis- meer.

In Lulea, jener friedlichen, spießigen Nordskandinavienstadt, verließen Hans und ich den Dampfer. Diesmal wollte ich nicht Knecht spielen bei einem Lappen. Ich kaufte einen alten Sechszy- linder. Bis alles geregelt war (ich mußte erst die Fahrprüfung ma-

chen, weil ich meinen deutschen Führerschein zu Hause gelassen hatte), vergingen müßige Tage.

Mein Chef in Berlin, mit dessen Urteilen ich mich immer sorgfältig auseinandersetze, nannte alles anarchischen Freiheitsdrang, Emanzipationsstreben und Aktivismus. Flucht vor der Wirklichkeit warf er mir vor und chaotischen Vitalismus — es war schwer, mit solchen Verwürfen fertig zu werden.

18.6.1931

In Tornio die erste arktische Stimmung. Helle Mitternacht, graues Gewölk, leere Straßen. Leise rascheln die Birken der Allee. Auf einem Baum sitzt ein zarter, schwarzweißer Vogel, nach Norden gewandt, und singt: ein Trauerfliegenfänger.

Ich stelle den Wagen auf den Hof. Sehne mich nach Ruhe, denn in mir zittert alles vom langen Fahren. Meine Augen tränen, Gedanken perlen hintereinander her. Jetzt steht der Motor. Der kleine Vogel singt.

Die barfüßige Magd öffnet mir ein sauberes Gastzimmer. Wortkarg verschwindet sie wieder. Ich sinke bald in traumlosen Schlaf. Irgendwann erwache ich. Wann und wo? Was war gestern? Viel Straße, sehr viel Straße. Die Sonne scheint herein. Der Tag wird Veränderung bringen, morgen, übermorgen, die große Veränderung. Ich breite die Arme aus, um alle Blumen zu sammeln. Der Reichtum ist unübersehbar! Ich falle in den Schlaf zurück.

Trauerfliegenfänger, was singst du? Warum zitterst du? Dein eigenes Lied hat dich wohl ergriffen. Welche Macht hat das Leben über uns, kleiner Vogek! Es greift nach dir, es greift nach mir. Du schließt deine Augen und singst. Ich öffne die meinen und reise.

Sonne kreist flach um uns. Die Straße schlummert. Die Sonne war eine Stunde lang unter dem Horizont. Da ist sie wieder! Singe oft, oft dein Lied. Kleiner Vogel im großen Birkenbaum. Einzige Stimme im ganzen Garten.

Und wieder schlief ich ein. Dieser Schlaf war wie ein Faden, den ich mühsam spann ...

Immer rascher fingere ich an den Fesseln meiner Gedanken. Entfessle und entfessle. Es will kein Ende nehmen, die Fesseln werden nicht alle. Neue kommen, ewig kommen neue ...

19.6., 18 Uhr, Rovaniemi

Wir sind den ganzen Tag hiergeblieben. Besonders interessant ist dieses Dorf nicht. Aber ich war ganz "zerfahren". Die Ruhe tut wohl. Aber jetzt werden wir in einer halben Stunde starten. Der Himmel ist düster. Es regnet. Ich will bis Petsamo durchfahren. Ich freue mich riesig. Der Wagen läuft blendend. Wir haben richtiges Reisefieber. Vielleicht sehen wir heute noch Rener.

20.6., Petsamo, abends

Eben angekommen. Alles schreit in mir nach Ruhe. Ich bin vollständig zerschlagen vom vielen Fahren. Ich gehe gleich schlafen. Morgen mehr.

21.6., Sonntag

Herrlich ist's hier.

Das Wetter wechselt oft. Der Wasserspiegel liegt blank. Die Wolken haben große Lichtränder von der tiefen Sonne. Es ist hell und ruhig.

Gestern war ich erledigt. Nicht schläfrig und schlapp, sondern körperlich frisch und sehr aufgeregt. Brennende Augen, die sich nicht schließen wollen. Der weite Weg lag mir im Kopf wie eine aufgerollte Schlange, die kaum Platz hat.

Draußen weht ein lauer Wind, der den Petsamofjord kräuselt. Es hat sich nicht viel geändert seit 1926.

Ich will erzählen, wie es uns auf der Fahrt von Rovaniemi erging. Sie war ein großes Erlebnis, so groß, daß ich gar nicht daran denken mag. Denn ich fühle mich als Sünder, daß ich diese Landschaft durchrast habe, kaum auf sie schauend, kaum auf sie hörend.

Von Rovaniemi führte der Weg zuerst über eine Brücke des Kemijoki. Eine unübersehbare Prozession von Floßhölzern schob sich auf ihm meerwärts. Die Straße streifte noch einige neue Häuser, rot mit weißen Kanten, und tauchte dann endgültig in den Wald. Der ist sensationslos: Fichten, Kiefern, Birken in gleichen Teilen. Dazwischen Baumleichen aller Stufen.

Der schnurrende "Oakland 6" bohrte sich vorwärts. Wir haben in Lulea den rechten Griff getan. In Rovaniemi war eine Feder hin. Aber das ist verzeihlich nach der miserablen Straße Kemi-Rovaniemi. Man mußte doppelt kuppeln und beim Rückschalten Zwischengas geben.

Es regnete, und in den Kurven rutschten wir. Nach drei Stunden kamen wir nach Sodankylä, tankten und tranken Kaffee. Wenn man selbst fährt, ist man zufriedener, als wenn man sich kutschieren läßt. Man sieht auch mehr. Alle Löcher und Kurven zwischen Ostsee und Eismeer in den eigenen Armen zu spüren, ist auch etwas.

Eine begeisternde Eile war das! Der Wind pfiff, Regen prasselte auf die Scheibe, Sand und Schotter rauschte unter den breiten Reifen wie die Bugsee eines Schnelldampfers. Viele Stunden vergingen. Der Regen versiegte. Triefendes Nachtgrau blieb.

Fähre. - Mit einem Lastauto zusammen erwarten wir den Fährmann. Wir haben die Motoren abgestellt. Jetzt sind nur seine Ruderschläge zu hören und Vogelgesang. Schweigen wir!

Eine feuchte Mitternacht. In leisen Wirbeln wandert das Flußwasser. Die Ufer sind mit Wald bestanden. Der Durst des Landes ist gelöscht. Die Birken tropfen noch. Laut singt die Weindrossel vom anderen Ufer. Das klingt nach damals. Das ist wirklich ein erregendes Vogellied. Es wird von einem der vielen Wipfel herab über den schlafenden Wald proklamiert. Ich erinnere mich, wie ich als Junge tote Weindrosseln in der Hand hielt, die auf dem Frühjahrszug verhungerten. Damals hätte ich so gern ihren berühmten Gesang einmal gehört. Vor fünf Jahren in Südfinnland habe ich den fremden Sänger beschlichen und ihn im Feldstecher erkannt. Koskibrausen, Weindrosselsang, Bergfinkenquäken, Knistern der Renbeine. Das sind die Geräusche dieses Landes.

Ich fuhr gleichmäßig mit 45 km Geschwindigkeit. Mir war wohl. (Ob es mir mit 90 km nicht wohler wäre?) Wir sprachen lange nichts. Hans schlief ab und zu. Er litt an der Untätigkeit. Manchmal schaute ich zurück, ob vom Gepäck nichts über Bord ging. Ivalo liegt an km 295. Dort ist die nächste Tankstelle. Diese nördlichste Autostraße Europas besteht aus zwei Fahrbahnen, je eine für jedes Räderpaar. Die roten Holzbrücken sind so schmal, daß man gut zielen muß. Ich wollte einen Rekord aufstellen und überwand mit diesen Gedanken die Müdigkeit. Die Versuchung, zu halten und zu schlafen, war groß. In Vuotso, dem ersten Waldlappendorf, war alles still und schlief. Ich hielt nicht. Tankapirtti schlief, und dann wurde es gebirgig. Wir durchschnitten Nebelschwaden. Die Straße schlängelte sich empor zum Fjäll.

Kaltes, nasses Gestein um uns her. Die Landschaft ist fabelhaft. Ich muß auf den zweiten Gang schalten. Ganz oben rasten wir kurz. Dann senkt sich die Straße. Nach weiteren Stunden endlich fahren wir am Ivalojoki entlang, der klar und träge aus seinen geheimnisvollen Wäldern kommt.

In Ivalo tanken wir. Es ist zwei Uhr. Wir haben Mühe, jemand wach zu bekommen.

Dann fahren wir weiter. Ich muß mich sehr zusammennehmen, um nicht am Steuer einzuschlafen. Hans ist es übel. Da trifft uns ein Schlag. Am km 354, mitten im Urwald, weit, weit von helfenden Händen, haben wir Reifenpanne rechts hinten. Sind übermüdet. Werkzeug funktioniert nicht. Riesenhoch türmen sich die Schwierigkeiten in unseren erschlafften Gehirnen. Legen uns auf die Straße und fallen in todähnlichen Schlaf. Es ist vier Uhr. Unser Rekord ist dahin! Das ist jetzt ganz egal. Um zehn Uhr kommt ein Lastauto vorbei. Die Fahrer helfen uns. Um elf Uhr sind wir wieder flott.

An Nautsi geht's vorbei. Dort geschah damals die Geschichte mit dem Zigeuner. Wir halten nicht. Der Paatsjoki rauscht zur Linken. Mir fällt ein, wie ich in der Waldeinsamkeit meinen ersten Koski fuhr. Lange war ich zögernd am Ufer herumgeklettert. "Soll ich, soll ich nicht?" Dann stand ich beklommenen Herzens im Boot, und die Kameraden ruderten. Durch weiß schäumende Strudel glitten wir abwärts. Es ist gut gegangen, es hat riesigen Spaß gemacht. Wir lachten und sangen noch Stunden danach, als wir längst wieder im stillen Wasser segelten ...

Hier schlief ich damals zeltlos im Regen ...

Die Mücken brachten mich fast zur Raserei ...

Endspurt nach Petsamo. Es geht über Hochland, über eine moorbraune Fläche; kahl und großartig. Wie kleine Tiere, die nicht hierher gehören, eilen die Autos auf ihrem Weg dahin.

Ich sehe seitwärts drei große Eulen. Mit mächtigen Flügelschlägen gaukeln sie über den Birken. Gleich muß ich wieder geradeaus sehen. Die großen Eulen des Petsamofjälls sind nicht das Ziel dieser Reise. Lapplandkäuze beobachten ist zu wenig. Nowaja Semlja ist mehr. Wir schlängeln uns ins Petsamotal hinunter.

Hinter uns knistern nicht die Beine der Tragrentiere. Wir wischen uns nicht den Schweiß eines wochenlangen Marsches von der Stirn. Nein! In zwei Stunden haben wir Finnisch-Lappland durchmessen, haben keinen Lappen gesehen, kein lappisches Wort gehört, zufällig ein paar Rener erspäht.

Wir ließen den Wagen hochbepackt stehen, wie er war, und schwankten in das kleine Zimmer, in dem ich jetzt schreibe.

22.6.

Seewind und Licht geben etwas Sommerfrischenhaftes. Ich ging morgens spazieren. Die Verhandlungen mit dem Nowaja-Semlja-Boot sind fast abgeschlossen. Preis: 1800 Kronen. Das sind 210 Mark. Schrecklich!

Es ist ja ganz bequem und geruhsam hier, aber wir freuen uns doch schon sehr auf Heinässari und die Arbeit dort. Ich will Vögel fotografieren. Übermorgen fahren wir.

Ich entziehe mich für acht Wochen meinem Milieu, aber ich ändere es nicht und verbessere es nicht. Auch diese Fahrt ändert nichts daran, daß um meinen Hals Kragen und Krawatte gehören wie der Strick um den Hals des Gehenkten.

24.6. Pumanki

Morgen fahren wir vollends nach Klein-Heinäsaari. Ich bin froh. Heute morgen legten wir mit einem breiten Motorschiff in Petsamo ab. Grobes Wetter. Wir zurrten das Gepäck fest und unterhielten uns mit einem gebildeten Finnen. Einstweilen glitten zu beiden Seiten die kahlen Felsbuckel vorbei, die den Petsamofjord umschließen. Es ging in die offene See. Regenböen. Grünes Meer. Wie Bärenpranken leckten die Brecher ein Stück an der Steilküste hinauf. Uns entgegen kamen die Wellen wie stürmende Schützenlinien. Aber die vielen Vögel nehmen dem Bild das Unglückliche. Diese Vögel leiden nicht. In Ketten und Schwadronen, zu zweit oder einsam ziehen sie tief über dem Wasser ihren Kurs. Die Wogen sind bewegliche Täler und Berge, ein lebendiges Land mit weißen Blumenbüschen auf seinen Gipfeln. Mit rasch verblühenden Blumen.

Ich sehe die umwölkten Küstenberge und die grünen Tafeln der Ribatschi-Halbinsel. Ich sehe Eiderenten im Prachtkleid. Eisenten, Lummen, Schwadronen von Lunden, Alken, über die Dünung hinjagende Dreizehenmöven und noch vieles. Eine farbige Eismeerszenerie. Sie erinnert an Bilder von Liljefors: Tausende Lunde mit ihren Harlekinsgesichtern, die an Vogelbergen vorbeifliegen, Eiderenten in grau-grüner See. Als Bub sah ich abends einmal das Liljeforsalbum bei Frau von K. an. Sie schaute mir über die Schulter und hielt eine Kerze in der Hand. "Ist das nicht herrlich?", fragte sie.

Bald reicht's nicht mehr zum Naturgenuß. Ich werde seekrank.

Bei Klein-Heinäsaari war die Brandung zu stark. Wir konnten nicht einmal in Lee an Land. Deshalb wurden wir hier abgesetzt. Morgen holt uns der Kapitän bestimmt und bringt uns hinüber.

Der Finne an Bord übrigens sprach mit mir über Politik. Er trieft von Haß gegen Sowjet-Rußland. Er sagt, an der Wirtschaftskrise sei die moderne Technik schuld. Man müsse zurück aufs Land, zurück zum Handwerk, zurück, zurück. Dieses Zurück ist doch kein Fortschritt! Er ist sicher lappoman oder so etwas. Er sagt, Deutschland sei übervölkert. "Die Überproduktion muß vernichtet werden." Da könne nur Krieg helfen. Ich muß mich mehr mit Politik beschäftigen. Krieg ist sicher nicht der richtige Weg aus der Krise. Ich werde die Einsamkeit benutzen, um einmal alles zu durchdenken. In Berlin kommt man ja nicht zur Besinnung.

Ich hasse den Individualismus. Die Erkenntnis, daß diese Fahrt eine individualistische Orgie ist, beschämt mich.

Es gibt ebenso schöpferische und beglückende Stunden im Kollektiv, wie es die individualistische Freundschaft ist. Wir haben (in Deutschland), wenn nur Temperamentvolle beisammen waren und jeder sich riskiert und verausgabt hat, so etwas gefühlt. Es wich - wenn uns keiner im Kreis schon vorher durch ein skeptisches Lächeln zur Banalität zurückzwang - bei Morgengrauen. In anderen Nächten suchten wir diese steigernden Erlebnisse wieder. Und fanden sie nicht. Wir haben keine Methode, die Lösung von der Allgemeingültigkeit herbeizuführen. Je mehr man will, desto krampfiger wird man. Jetzt sehne ich mich nach einer solchen Nacht. Und hier wird's nicht einmal dunkel.

Die Lästadianer scheinen die Methode gefunden zu haben, sich in Likkadusak zu versetzen. Und Likkadusak ist zweifellos etwas Ähnliches.

Erläuterung: Die Lästadianer sind eine christliche Sekte der Lappen. Sie heißen nach Lars Levi Lästadius, einem lappisch-schwedischen Mischling, der sie zu Beginn des

Lars Levi Lästadius erzog ein Volk zu Siegern über vernichtende Gelüste. Er zog es wieder aus der fremden Kirche, in die es eben erst einbezogen war, er schob die unheimlichen Schwarzröcke beiseite und gab seinem Volk arme, unkomplizierte Wanderprediger. Er lehrte sie eine zündende Sprache. In ihr erzählen diese Prediger heute noch ihrer buntgekleideten Gemeinde die Geschichte Christi. Manches Weiblein mag meinen, es handle sich nicht um Jesus, sondern um das Hochlandvolk, das die gelehrten Pharisäer unschuldig zu Tode schicken. Und mancher alte Mann mag den Rock des Herrn mit Lappland vergleichen: jeder nahm ein Stück. Der Gefolterte sah zu, wie sein letztes Eigentum aufgeteilt wurde. Die Russen nahmen Kola und Inari, Jungfinnland erbten sie. Die Norweger nahmen Finnmarken (im Namen des Königs, im Namen der christlichen Kultur, im Namen der Kaufleute). Die Schweden nahmen Norrland.

Aufrecht steht der Prädikant in der großen Kohte. In monatelanger Konzentration wuchsen in ihm die Mittel seines Einflusses. Die Lästadianerprediger zwingen ihre ausgewählten Brüder buchstäblich auf die Knie. Sie knien vor ihm, singen, schwingen die Armen und werden von Schaudern geschüttelt. Das ist "Likkadusak", die Ekstase eines erschütterten Volkes. Der Sprecher ist unerschütterlich, er darf nicht wanken. Er führt seine Worte zu Ende. Nach dem Likkadusak gibt es keine Geheimnisse mehr. Dieses Erlebnis ist größer als alle Sünden und Bosheiten. "Ich habe gesoffen", "ich habe einem fremden Renkalb mein Zeichen ins Ohr geschnitten", "ich habe Böses über Anna gesagt, ohne daß ich es wußte".

---

vorigen Jahrhunderts gründete. Er war anfangs Botaniker. In den Missionsjahrzehnten wühlte die neue Religion tief im empfindlichen Gemüt des Samevolks. Rührend rein sind Geschichte und Gesicht der Lästadianersekte. Eines Tages damals lief ein kleines Lappenmädchen von der Kohte ihrer Eltern weg über das Gebirge zu Lars Levi. Im Namen Gottes befahl sie ihm, seine Wissenschaft liegen zu lassen und ein heiliges Feuer über Lappland zu entzünden. Seitdem wanderte er von Hof zu Hof, von Kohte zu Kohte und lehrte ein ernsthaftes, glühendes Christentum. Es überflügelte die königlich-schwedische Kirche an Aktivität und trennte sich, von sicherem Instinkt getrieben, scharf von ihr. Blut floß zwischen den Entflammten und der Staatskirche. Mißtrauen und Verachtung klafft noch heute zwischen ihnen. Alle lästadianischen Berichte befassen sich liebevoll mit jener kleinen lappischen Madonna. Sie entfesselte in ihrer Unschuld eine Bewegung, die Tausende vom Tod errettete. Vom Tod auf dem Altar der unterdrückten Völker. Denn neben ständigem Reinsein und Besserwerden befahlen Lars Levis Prädikanten die Abkehr vom Branntwein, der damals von den skandinavischen Händlern fässerweise in die Berge gefahren wurde. Er richtete unter den Nomaden Verheerungen an. Schwindsucht, Faulheit, Armut, Elend waren seine Spuren.

Man bekennt alles, Predigern und Mitmenschen. Nicht die geringste Reserve läßt sich behaupten. Ergriffenheit steht in den verwitterten Gesichtern. Und man geht froh in die Berge zurück zur eigenen Kohte.

Es sind die Kräfte deiner Mannheit, die sich rühren

Klein-Heinäsaari kann man in 10 Minuten durchqueren. Wenn man das tut, lüften viele Möwenweibchen die Flügel, nehmen einen kleinen Anlauf und schwingen sich in die Höhe. Die Eiderenten bleiben auf ihren in Daunen gepackten Eiern sitzen, bis man fast auf sie tritt. Dann poltern sie weg, und man erschrickt. Kommt man durch ein Gebiet, in dem die Papageientaucher eine Erdhöhle neben der anderen gegraben haben, so hört man unter den Füßen ihr ärgerliches Brummen.

Wir hören die drohenden Rufe der Mantelmöve. Zwanzig Schritte vor uns im braungrünen Moos wälzt sich wehklagend mit schlagenden Flügeln ein Vogel, der verletzt scheint. Doch er ist gesund! Er tut nur so. Es ist die Kiho, die mich von der Nähe ihres Nestes weglocken will.

Wir treten an den Nordstrand. Viele ausgefressene Lundleichen liegen herum. Das haben die Mantelmöwen getan. Vom Ufer weg schaukelt eine Gesellschaft weiß-schwarz-grüner Eidererpel.

Im Südosten auf einer 27 m hohen Kuppe bauten wir unsere geräumige Kohte. Stunden vergingen, bis wir das Gepäck vom Strand dorthin getragen hatten. Kein Schiff war mehr zu sehen. Zum Abend glättete sich das Meer ganz. Lunde schwammen auf ihm in Massen. Sie wirkten wie eine große Verunreinigung des Wassers. So viele waren es.

Der Papageientaucher oder Lund hat ein lächerliches Gesicht: flachgedrückter, hoher, feuerroter Schnabel mit stahlblauen Spiegeln darin, unter und über dem Auge je ein nackter Fleck wie die Schminke eines Clowns. Sorge und Angst hat hier Gestalt genommen. Aus dem Gesicht der Mantelmöwe aber spricht brutale Gier.

Wir saßen über der Felswand, in der Nähe unseres schwarzen Zeltes, und schauten auf die schwimmenden Lunde. Da begann ein ungeheures Rauschen. Das Wasser schäumte, und alle erhoben sich. Als brausende Wolke flogen sie zu Zehntausenden um die schlafende Insel. Starr war ihr Blick, als jage sie der Teufel. Mein Auge freute sich an der häufigen Wiederholung des Gleichen. Immer neue schwarz-weiße Luftfische, an unsichtbaren Flatter-flügelchen aufgehängt. Ganz nah schwenkten sie vorbei, ihr Schwingenschlagen pfiff. Tausend genau gleiche Vogelgesichter glotzten uns an. Sichtbarer Rhythmus! Wie selten! Wie schön!

In den Kurven legten sie sich auf die Seite. Wozu flogen sie ihre reißenden Kreise? Wozu flogen sie alle miteinander, weit weg auf's stille Meer hinaus, einen Meter über dem Spiegel? Wollen sie ihre zehntausend weißen Bäuche im Spiegelbild sehen?

"Sie kommen mir vor", sagte Hans, "wie begeisterte Leute, die herumkommandiert werden von einem faszinierenden Führer. Jetzt alle dorthin schwenken! Rechts um! Geradeaus! Schneller, schneller!"

Es kam mir auch so vor. Sie zogen das Genick ein, als wenn die Flüche eines strengen Offiziers hinter ihnen her wären.

Wenn in Deutschland der Sommerabend anbricht, verschwimmen die Umrisse der Steine und Bäume. Das ist die gute Zeit der Phan-tasie. Die helle Wirklichkeit, die unerbittliche Prüferin, ist schlafen gegangen und läßt uns träumen in allen Dimensionen. Ich ging in einer lauen Juninacht durch ein stockfinsteres Tal. Im Geist sah ich es ganz genau, aber als ich bei Tag zurückging, war ich sehr enttäuscht.

Hier bleibt es hell. Die Sonne wacht tagaus, tagein. Du kannst dich ihrer Kontrolle nicht entziehen.

Einmal, rote Nacht war, hörten wir das Geschrei vieler Mantelmöwen. Wie der Ton einer riesigen Orgel klang es vom anderen Ende der Insel zu unserer Höhe herauf. Eine ganze Kolo-nie dieser großen Vögel flatterte über einer Stelle. Es gibt auf Heinäsaari keine Füchse, gar keine Landsäugetiere. Der Golfstrom hält das Meer eisfrei, nur schwimmende und fliegende Tiere kön-nen nach Heinäsaari.

Neugierig liefen wir hin. Eine weiße Schnee-Eule saß fauchend im kurzen Kraut. Die großen Möwen stießen auf sie herab. Als wir näher kamen, erhob sich die Eule. Eine sonderbare rundköpfige kurzschwänzige Tiergestalt kletterte mit riesigen Flügeln rasch in große Höhe. Schneeweiß zog sie am blauen Himmel nach Osten, dem Festland zu. Noch lange währte es, bis die Mantelmöwenkolonie ganz zur Ruhe kam.

Ich mußte an die Tage denken, an denen ich als Junge den Hüttenjäger begleitete. Auf seinem Pflock saß der zahme Uhu und sträubte die weichen Federn. Genau so wie die Mantelmöwen auf die Schnee-Eule stießen Krähen und Bussarde auf ihn, und der Uhu fauchte wie die Schnee-Eule.

Den Tag verbrachten wir mit Nestersuchen, Versteckebauen, Fotografieren. Die ersten Bilder gelangen am Brutplatz der Kiho. Aber das feste Bild ist zu wenig. Man sollte sie zeigen können, wie sie im Sturzflug dem armen Lund einen Fisch abjagt, den dieser eben seinem Jungen in die Höhle bringen wollte! Ich kauerte im Versteck und wartete. Meine Stellung war unbequem. Da! Schon nach wenigen Minuten bewegt sich etwas auf der Mattscheibe. Groß, mit rundem Federbusen, steht sie da und faltet lautlos die spitzen Flügel zusammen. Dann trippelt sie auf ihren kurzen Füßen vollends zum Nest und kuschelt sich auf den Eiern zurecht. Ich sehe sie atmen und blinzeln. Manches Bild gelingt. Das ist ein sehr schönes Tier. Wachend steht das Männchen in der Nähe. Ich kann mich ganz satt sehen an der Kiho. Nach dreiviertel Stunden erhebt sich das Weibchen behend und dreht seine Eier zwischen Schnabel und Fuß. Ich knipse.

Nach vielen Stunden der geduldigen Beobachtung schlenderte ich zur Kohte hinauf, den schweren Apparat unter dem Arm. Ich war voll heiterer Ruhe.

Ich habe immer viel getan, aber nichts bewußt. Meine Instinkte schwemmten mich weiter. Um mich her wurde gefaselt, der Mensch könne seine kulturelle Heimat und sein Milieu nicht entbehren und leugnen: "Was du ererbt von deinen Vätern hast, erwirb es, um es zu besitzen." Meine Antwort: Ich entwich wieder nach Lappland. Seht! Ich brauche eure Zusammenhänge nicht!

Polarnacht. Als blutrote Scheibe hing die Sonne im Norden. Meer und Himmel waren eins. Meine Insel lachte im satten Grün, mein schmales Schattenband schmiegte sich über Mulden und Hügel. Die Steilküste im Süden glühte wie flüssiges Metall. Fahles Wasser lag unter ihr. Vom kleinen Inselsee herauf scholl das unendlich wehmütige, langgezogene Geheul des Nordseetauchers. Fern irgendwo kreischten Möwen. Eine einzelne flog über mir weg und drehte den Kopf nach mir. Ich lauschte mit allen Poren. Wenn man stundenlang an der gleichen Sache weiterdenkt, beginnt der Gedanke auf den Körper zu wirken: Man erregt sich selbst. Schaudernd fühlt man sich wie von einer fremden Hand ergriffen.

"... ich habe heute gesehen, wie eine Mantelmöwe ein Möwenjunges ausfrißt. Ich glaube sogar, es war ein Mantelmöwenjunges. Beide schwammen. Die Alte hackte immer wieder auf das schreiende Kleine. Das schlug mit den Flügeln und schwamm ein Stückchen weg. Es schien aber nichts anderes Schutzgewährendes zu kennen als die weiße Möwenbrust. So näherte es sich wieder dem Scheusal. Langsam wurden das Geschrei und das Geflatter schwächer. Aber das daunige Kleine wimmerte noch, als die große Möwe ihm ganze Eingeweidestücke aus der Seite zog."

Wenn ich dem ahnungslosen Vogelkameraden aus zwei Meter Entfernung ins Auge sah oder wenn ich suchend und beobachtend über die Insel ging, immer bohrten meine Gedanken an Problemen. Ich hatte ja geahnt, daß eines Tages auch für mich die Dinge wichtig werden, um die die Welt streitet. Das heißt: Die Welt streitet wohl um andere Dinge, um Reichtum und Gebiete, aber die Philosophen streiten sich wenigstens darum.

27.6. (Tagebuch)

"... ich sitze wieder im Versteckzelt in der Lundkolonie. Es regnet ein bißchen. Vorhin kam einige Minuten die Sonne durch. Der Himmel war dunkelgrau, und die Tundra entzündete sich in blühendem Bronze-Grün. Das war ein richtiger Farbenschrei. Dieses Bild zog vorbei, ohne daß ich es irgendwo hätte halten können.

Ganz dicht über das Zelt rauschen immer wieder Lunde. Viele sitzen und laufen zwischen den Höhlen. An das Zelt haben sie sich anscheinend noch nicht recht gewöhnt. Ich will sie auf 2 Meter Entfernung haben. Ich denke, je länger ich warte, desto zahmer werden sie. Es geht allerdings viel kostbare Zeit drauf."

28.6.

Als ich gestern zu schreiben aufhörte, kam großes Leben in die Lundkolonie. Überall erschienen die wackelnden Persönchen vor ihren Löchern. Ich wartete jetzt still an meinem Ausguck, daß einer auf 2 bis 3 Meter herankäme. Das geschah auch dreimal. Jedesmal gelang mir ein Bild.

Ich ging daraufhin zum Nordseetaucher. Er war nicht scheu. Sein Kopf sah ganz reptilhaft aus. Es werden komische Aufnahmen dabei sein. Inmitten von Sumpfdotterblumen saß er. Mit den fuchsroten Augensternen schaut er ganz giftig. Alle halbe Stunde wendet er umständlich sein riesiges Ei.

Hans hat einstweilen an einem Silbermöwennest ein Versteck gebaut. Sobald es aufhört zu regnen, werde ich dort weiterarbeiten.

Es ist ein regnerischer Sonntagmorgen auf einem Eismeereiland. Zur Kohtentür hinaus sehe ich die See. Auf ihr schwimmen Lunde.

Von Norden her kam ein Eismeerboot. Zuerst erkannten wir die rote norwegische Flagge, dann hörten wir das dumpfe Gebell seines Motors. Wir liefen über Klein-Heinäsaari, um unsere verstreuten Fotografierzelte einzusammeln, zum letztenmal. Der Motor des schmutzigen Schiffes verstummte. Die Ankerkette rasselte. Zwei Männer ruderten ein Boot zum Strand. Als sie in ihren Pantinen den Hügel hinaufgestolpert kamen, hatten wir schon fast alles eingepackt.

"Lotse Krytow", stellte sich der eine vor. Er trug einen blonden Bart und eine bescheidene Schiffsmütze. Des anderen Kopf war kugelrund und von einer Sportmütze bedeckt. Ein Auge schaute nicht. Es war geschlossen. Wir beeilten uns mit dem Packen.

An Bord der "Fortuna" war alles schwarz und schmierig. Lotse Andersson, der Kapitän, redete uns leutselig zu und zog mit seinen welken Fäusten die Ankerkette hoch. Vorerst saßen wir benommen da: Eben noch die weite, reinliche, menschenleere, stille Insel um uns und jetzt ein enges Schiff, auf dem vier Seeleute herumschrien, ein dröhnender Motor in Gang gesetzt wurde und alles nach Fischen, Menschen, Öl, Tabak stank.

Die Sowjetregierung hat uns die Fahrt nach Nowaja Semlja nicht gestattet. Wir mußten ohne Erlaubnis fahren. Wir liefen noch einmal Petsamo an, nahmen dort Gepäck und Proviant an Bord, verstauten den roten Wagen auf dem Hof und verabschiedeten uns von den vielen freundlichen Leuten. In aller Eile verbreiteten wir, die Reise gehe jetzt nach Spitzbergen. So hofften wir die Sowjetbehörden abzulenken.

Von Petsamo ging's zuerst in einer ölglatten Nacht noch einmal über den Varangerfjord nach Vardö: Dort wurden die Schiffspapiere auf Spitzbergen geändert und der Motor repariert, denn er war auf dem Weg hierher mehrmals stehen geblieben.

Vardö riecht nach fauligen Fischen. Sein Hafen ist ein Gestrüpp von kurzen Masten. Da gibt es viele solche Robbenfänger, wie die "Fortuna" einer ist. Alle überragt der schwarze Leib des Schnelldampfers "Mitternachtsonne", der 2 Stunden lang am Kai liegt. Die Schiffsglocke gellt, die Trosse fliegen. In zwei Tagen wird er in der glänzenden Hauptstadt eintreffen! Keine von den elenden Figuren, die ihm nachschauen, hat Aussicht, sie je zu sehen.

Noch ein Faß Paraffin, noch ein Fäßchen Salzfische nimmt der alte Seemann an Bord, während die Monteure an der Maschine schrauben. Kann nicht schaden! Noch ein Säckchen Schiffszwieback! Wer weiß, ob wir nicht froh darüber sind in Nowaja!

"Hast du gesehen, Köbel?", raunt er mir ins Ohr, "das war der Redakteur der kommunistischen Zeitung. Ich habe ihm gesagt, wir fahren jetzt zur Bäreninsel und nach Spitzbergen. Heute abend weiß es die G.P.U.* in Murmansk."

Wir schlenderten ins Städtchen und tranken Kaffee in einer Kaffeestube.

Die letzte Expedition nach Nowaja Semlja unter deutscher Flagge führte der Schwabe Theodor von Heuglin 1871. Seine Eismeerbücher haben Blut und Farbe. Ich habe sie gelesen und auch die Bücher anderer Polarfahrer. "Was trieb sie?", fragte auch ich. Wissenschaftliches Interesse? Dienst an der Menschheit? Ehrgeiz?

Nur einer hat Augen, mit denen er sich selbst betrachtet: der Däne Knud Rasmussen. "Es sind die Kräfte deiner Zukunft, deiner Mannheit, die sich rühren." Er hört auf sie und würgt sie nicht ab, wie viele es tun. Sie und nichts anderes haben ihn auf seine endlosen Wege gerufen. Auch ich heuchelte sachliche und rechtschaffene Beweggründe, aber es war bei mir das gleiche: Meine "wilden Hunde bellten in ihrem Keller und wollten hinaus."

Nach zwei Fehlstarts, bei denen immer wieder der Motor stockte, stachen wir endgültig in See. Alle Vardöer Seeleute schwenkten dreimal die Mütze und riefen uns "Glückliche Reise!" zu.

---

*Abkürzung für sowjetische Geheimpolizei um 1930

Die Nacht war wolkenschwer. Es ging an einem Vogelberg vorbei. An diesen Vogelberg zu fahren, ist eine Kleinigkeit, vielleicht bietet Nowaja Semlja weniger Interessantes als er. Norwegen verschwand unter der Kimm. Im Süden stand wie eine Wand die trostlose Murmanküste. Dünung kam auf. Wir stiegen in die kleine Kajüte hinunter. Der Takt des schweren Motors erschütterte das ganze Schiff.

Dem alten Andersson sah ich nicht gern ins Gesicht, weil ich nicht gern Häßliches sehe. Aber ich stellte mich neben ihn ins Steuerhaus und unterhielt mich mit ihm. Er sah aus wie ein verlumpter Bauer, sein gebeugter Bärenkörper trug schlotternde Kleider. Wie schmutziger Brotteig waren seine Hände.

Andersson stochterte in der Vergangenheit herum. Die alte "Fortuna" ist vor ein paar Jahren am Kap Kanin gesunken. Das war ein Schiff! Robben hatte er schon geschlagen, Hunderte, Tausende. Eisbären hatte er geschossen, unzählige. Er kneift die Augen zu wie ein Asiate und tuschelt. Schmugglerfahrten an die Russenküste hat er gemacht, mehr als eine. Aber dann hat er plötzlich ein biederes Gesicht wie ein alter Famulus und zeigt nach Backbord. "Nach Spitzbergen bin ich gefahren mit Amundsen als erster Lotse. Guter Verdienst damals. Ach, das war ein Kerl, Amundsen! Ich war viel auf Expeditionen. Man zog mich wegen meiner Kenntnisse zu. In ganz Vardö, in ganz Nord-Norwegen hättest du keinen gefunden, der so oft in Nowaja-Semlja war wie ich: elfmal."

Die Barentssee, auf der wir jetzt fahren, gehört zu einem eigenen Weltraum. Vardö liegt außerhalb. Von Vardö spricht man an Bord nicht mehr. Weit im Süden liegt Lappland, an das ich denke. Dort klettert irgendwo Pavva Lasse Torda mit seinen Renern im Gebirge herum.

Dieser Weltraum um die Barents- und die Karische See herum hat seine gefährlichen Kaps, seine milden Häfen und Länder, seine heimtückischen Stürme, seine Märchen, seine toten Helden und sogar seine gute alte Zeit.

Der Lotse Krytow erzählt freigebig von ihr. Hatte schon die Ostküste von Nowaja Semlja befahren. Im Jahr 1899 schnitt er dort mit seinen Kameraden einer Walroßherde den Weg zum Meer ab. "Das war ein großes Schlachten." Sie töteten neunzehn Tiere in einer Stunde. Sie konnten lange nicht so viele mitnehmen. Aber sie töteten alle, zum Vergnügen. Heute ist das Walroß selten.

Einmal plünderten sie einen Vogelberg und fuhren 60000 Lummeneier nach Vardö. "Heute — ach — läuft man Gefahr, von den Russen gefangen zu werden. Nowaja Semlja war ein gutes Geschäft!" Man suchte die Samojeden und Russen auf, brachte Schnaps mit, soff mit ihnen und nahm Eisbär-, Eisfuchs- und Robbenfelle mit, die schwere Menge. Krytow wurde heiter, wie er sich so die Vergangenheit vor Augen führte. "Aber heute — überall Sowjets, G.P.U., jedes Samojedenlager ist organisiert. Handel mit Ausländern wird schwer bestraft. Die guten alten Zeiten kehren nicht wieder. Man kann keine Geschäfte mehr machen."

Die Sonne wich. Die höchsten Gipfel der Murmanküste versanken. Wolken türmten sich. Sturm heulte in den beiden Masten. Vierundzwanzigstündige Tage fuhren wir.

Die "Fortuna" kletterte auf Wellenberge und rutschte von ihnen wieder hinab ins Tal. Das waren wir nicht gewöhnt. Wir wurden seekrank. Tag und Nacht lag ich an Deck als willenloses Opfer. Sie hatten mich festgebunden und ein Segel über mich gelegt. Alles war mir einerlei, die Spritzer, die auf mich fielen, alles. Ich rollte hin und her. Alles schmerzte. Ich schlug den Schädel an eine Leiste. War lebensmüde und gesinnungslos. Schon längst hatte ich nichts mehr, was ich hätte erbrechen können. Über mir flogen die Wolken. Ich sah den Eissturmvogel, den die Norweger "Meerpferd" nennen. Die See war dunkelgrün mit weißen Kronen. Der Motor dröhnte unentwegt. Von Zeit zu Zeit schwankte einer von den Seeleuten in seinen klappernden Holzschuhen an mir vorbei zur Ablösung. Sie fanden nichts dabei. Das war hier immer so.

Aber ich dachte die jämmerlichsten Gedanken: wäre ich doch in Lappland geblieben! Das wird das letztemal sein, daß ich auf See fahre! Wie schön ist es zu Hause! Mein kranker Körper schuf diese kranken Gedanken.

Der Seegang ließ nach. Nebel kam. Einen Augenblick verzog er sich, da sah man flaches Land voraus. Andersson ließ stoppen. Stundenlang trieben wir und warteten auf sichtiges Wetter. Andersson stand besorgt am Steuer. Die Westküste von Nowaja Semlja ist reich an unsichtbaren Klippen. Viele Schiffe rannten schon auf sie.

Ich erholte mich im Schlaf. Ich schlief acht Stunden. Als ich erwachte, toste der Motor wieder wie gewöhnlich. Ich fühlte mich frisch und hatte Appetit auf Schiffszwieback. Die "Fortuna" rollte kaum mehr. Die Sonne schien. Weiße Wolken segelten am blauen Himmel. Ich stand auf und sah, daß wir an einer öden Küste entlangfuhren. Das leidende, müde Grünbraun, das für die Arktis so typisch ist, wechselte mit Schneefeldern. Man sah ferne Höhen und Klippen. Eine Kette farbiger Prachteiderenten flog vorbei. Schwimmende Lummen glotzten uns an. Das Meer war blaugrün, Eisbrocken schwammen in ihm.

Andersson stand noch immer am Steuer. Wie müde mußte er sein! Ich ging zu ihm. "Na?", fragte er, "ist Schluß mit der Seekrankheit?"

"Hier ist es herrlich", sagte ich.

"Oh, Herr Jesus! Das soll schön sein! Garstig ist es hier, scheußlich!"

Warum fand ich diesen Morgen schön? Weil ich wieder gesund war. Weil ich gut geschlafen hatte. Deshalb freute mich das Leben. Deshalb fand ich das schön, was ich hier sah.

Warum fand Andersson die Bai garstig? Weil er jetzt vierzehn Stunden am Steuer gestanden hat. Weil er damit seine Greisenkräfte fast aufgebraucht hat.

Das Neue Land

9.7. Krestowaja-Bai

Englische und holländische Irrfahrer hatten von Nowaja Semlja zuerst erzählt. Der höchste Berg der Welt stehe dort, sagten sie.

Die Nowaja Semlja-Leute leiden viel. Bald hungernd wurden sie von den hinkommenden Seeleuten getroffen, bald skorbutkrank, bald von Frost und Schiffbruch dezimiert.

In einigen Buchten stehen zerfallene Kreuze. Dort haben russische Polarpioniere ihre Kameraden begraben. Männer verloren auf Nowaja Semlja ihre Hoffnung, dann ihr Leben.

1909 durchstreifte Leutnant Sedow mit den Seinen das Nordende. Im Jahr darauf starb er nördlich Franz-Josef-Land auf einem Schlitten. Die gefrorenen Leiber wurden in Eissärge gesenkt oder mit Steinen bedeckt. Ihre Tagebücher leben weiter und sprechen zu uns. Wir hören, wir hören.

Nowaja Semlja heißt "neues Land".

Die "Fortuna" ankerte in der Puchowi-Bai. Sie gehört zum Gänse-land. Sturm und Regen wechselten miteinander. Auf einem Hügel stand ein Haus. Zottige Zughunde rannten am Ufer und bellten. Dann kam ein pelzverpackter Jäger an Bord. Seine Frau hat Skor-but. Seine kleinen Kinder haben keine Milch, sie lutschen Salz-lachsstücke.

Er hat Bücher und Zeitungen. Er kann lesen und schreiben. "Habt ihr Zeitungen mitgebracht?", fragt er.

Die stürmischen Tage in der Puchowi-Bai verbrachten wir mit kleinen Streifen zu Fuß oder im Beiboot der "Fortuna". Auf einer Insel zeigte uns ein junger Russe ungeheure Lummenkolonien. Neben ihnen war Heinäsaari eine Kleinigkeit.

Die Südinsel von Nowaja Semlja ist hügelig. Die hohen Gebirge beginnen in der Nähe der Matotschkinstraße. Die Schneeschmelze hatte alles wassersatt gemacht. Dunkles, längst gestorbenes Moos und Gras lagen frei. Der Boden war in Aufruhr: Wir sahen hochgequollenen Schlamm in breiten Blasen. Wir gingen am Strand. Dieser Strand war schwarz. Das Meer stimmte melancho-lisch. Wir wollten an ein Kap. Es war zu weit. Wir kehrten um.

Die runden schwarzen Steine knirschten: Nebelwolken krochen über die welken Rücken. Dort an einem See scheint eine weiße Blume zu blühen. Wie eine kleine Laterne leuchtet sie aus all der Trübsal. Oh, es ist ein Schwan, der den Hals reckt wie einen Stab! Jetzt fliegt er und läßt den schlammigen Rain blumenlos zurück.

Krytow kam morgens erst an Bord. Als ich erwachte, stieg er seufzend in seine Koje. Er flüsterte Andersson zu, er habe von Russen ein Eisbärfell bekommen. Ich habe es gehört.

Jetzt ist es Zeit, aus tausend Worten eine Tat zu machen!

Ich stand auf, zog mir Strümpfe und Schuhe an, steckte das Mes-ser in die Tasche und sagte: "Krytow! Haben Sie den Russen Schnaps gegeben und ein Fell getauscht? - Ich bin es, der diese Fahrt unternimmt und bezahlt. Solche Dinge geschehen nicht ohne meine Zustimmung. Ich bin dagegen, daß Sie den Russen Schnaps geben. Das Eisbärfell müssen Sie ihm zurückgeben. Er darf nicht mit Ausländern handeln. Ich bestehe darauf."

Es war einen Augenblick Stille. Draußen scheuerte das Beiboot an der Bordwand. Wild pochte mein Herz vor Spannung. Hans war ebenso aufmerksam wie ich. Wird Krytow Folge leisten? Werden sich die anderen vor ihn stellen? Wird Krytow sie am Erlös beteiligen? Wird es zur Meuterei kommen? Ich stand unter der Luke.

Der Ton, in dem ich gesprochen hatte, war keine Bitte. Es gab nur Gehorsam oder Konflikt. Den beiden Lotsen traue ich jede Gemeinheit zu. Ich habe sie Zoten erzählen hören. Sie lieben nur sich und jeweils ein Weib. Aber auf sie kommt es ja gar nicht an. Vor ihnen fürchte ich mich nicht. Jedoch die Burschen! Anders ist zwar feige und respektvoll. Aber der Puuko* unter Lavias Kopfkissen funkelt und spricht in seiner Sprache. In dieser Bai kann

viel passieren, ohne daß Europa ein Wort davon erfährt. Wie sind solche armen Matrosen überhaupt? Sind sie nicht alle Lumpen? Man sagt ja immer, der Kommunismus höre auf, wenn man es selbst zu etwas bringen könne.

Aus allen Kojen schauten sie mich an. Zuerst sagte Krytow etwas Klagendes, Klägliches. Dann legte Lavias in seinem harten Norwegisch los. Fanatisch. Robuste Kraft und Energie der ganze Mensch. Zu einer Faust geballt der ganze Mensch. "Das ist banditenwürdig gehandelt von Krytow. So macht's der Kapitalist. Dieses Eisbärenfell ist Eigentum der Sowjetmacht. Die Sowjets sorgen, daß der Russe nicht Hunger leiden muß. Wenn er klar denkt, verhandelt er auch nicht seine Felle an Fremde. Aber Krytow hat ihm zu saufen gegeben, damit er nicht mehr klar denken soll. So handelt ein Schuft."

Lavias hatte gesprochen.

Jetzt begann Andersson, der alte. Er gab mir recht, obwohl er vorher glücklich gekichert hatte, als ihm Krytow vom gelungenen Coup erzählt hatte.

---

*Finnendolch

Anders hatte das Kinn auf Lavias Oberarm gestützt und stimmte ihm zu. Krytow fing fast zu weinen an. Er schickte sich in alles.

Lavias und Anders sind ärmer als die Alten. Sie hätten ihren Anteil an der Bärenhaut noch besser gebrauchen können als die Alten. Aber sie haben nicht an sich gedacht.

Ich stand allein an Deck. Der Wind wühlte mir in den Haaren. Leise wiegte sich die "Fortuna". Der Wind fühlte sich schön kühl an Stirn und Schläfen. Die Arktis erwartet ihren Frühling. Ich weiß plötzlich so viel. Was kann ich denn jetzt unternehmen? Still stehen bleiben, die Hände in den Hosentaschen und all das Rasende in mir lassen!

Lavias kam heraufgestiegen, schnüffelte nach dem Wind, streckte sich, zwinkerte mich mit seinem Auge an.

Die Sowjets suchten nach uns. Der Eisbrecher "Russanow" schien die Kreuzbuchtkolonie auf uns aufmerksam gemacht zu haben. Die Kreuzbucht liegt in der Mitte der Nordinsel. In ihrer Höhe ist NowajaSemlja besonders schmal. Als kühne Tat wollten wir dort den sechs von Forschern durchgeführten Überquerungen eine siebte anreihen. Bis zur Krestowaja-Bai nämlich reicht die ewige Eiskappe, die das nördliche Inland der Insel bedeckt.

Einen Tag lang fuhren wir und hatten an Steuerbord das Panorama des "Neuen Landes". Wolken hingen an den Gipfeln. Gletscher funkelten in der Sonne. Das Band der Berge war blau.

Aber die Kreuzbucht mußten wir sehr bald wieder verlassen. Wir stellten fest, daß man uns erwartete. Wir stritten hartnäckig ab, Deutsche und Expedition zu sein! Nach Osten verschlagene Robbenfänger seien wir. Der Russe hielt sein Gewehr zwischen den Knien und zweifelte. Hans lag in der Koje, um sich nicht durch sein Sprechen zu verraten. Er mimte Kopfweh. Unsere Apparate waren unter Kohlen und in hohlen Wänden versteckt. Jede Bewegung des unheimlichen Russen entsetzte uns müde und schuldige Leute.

Ich sehe nicht sehr robbenfängerartig aus, aber zu einem Polarprofessor fehlt noch mehr. Endlich ließ er sich bewegen, von Bord zu gehen. Wir hingegen entfernten uns. Mit der Inlandüberquerung war es vorbei. Schade!

11.7. Melkaja-Bai

Wir fanden eine unbewohnte Bucht. Dort ankerte die "Fortuna".

Alles Verdächtige wurde an Land gebracht und dort in einer Felsspalte verstaut. Alle sind allmählich nervös geworden. Mußten sich die Russen nicht furchtbar ärgern, wenn sie so lange nach uns suchten? Was würden sie mit uns machen, wenn sie uns endlich fänden?

Es konnte sein, daß plötzlich einer der Norweger die Hand erhob und "still!" sagte. Dann lauschten wir alle. Aber es war kein Motor, sondern ein Wasserfall auf der anderen Seite des Fjords. Oder es passierte, daß Anders in die Kajüte rief: "Ein Russenboot!" Als wir heraufgestürzt kamen, zeigte er zitternd auf eine ferne Schäre.

Dort, wo wir Land betraten, stand auch so ein Kreuz. Unter ihm hatten sie vor 93 Jahren Zivolka begraben, der hier mit seiner Mannschaft überwintern mußte. Daneben war das Kreuz eines Doktors, der 1909 hier umkam. Auch ein enges Blockhaus war noch da und der Grundriß eines größeren. Hier spielten sich einige dieser Tragödien ab, an denen die Geschichte der arktischen Forschung so reich ist. Eisbären umstreiften damals die hölzerne Festung. Einer drang zur Tür herein und wurde im engen Vorraum getötet.

In der Hütte war schon lange niemand gewesen. Ein samojedischer Pelz lag darin, zu Staub zerfallenes Essen im Regal. Es roch muffig. Ein Bündel verrosteter Fuchsfallen, einige Hunderiemen hingen herum. Auf dem Dach lag ein verdörrter Fuchs.

Wir schauten uns immer wieder um, ob niemand käme. 100 Meter vom Häuschen entfernt fanden wir einen angeschlagenen Treibholzstamm. Wir waren sehr bestürzt, denn auf den ersten Blick schien die Wunde ziemlich frisch. Wir schnitten gleich in den Stamm eine Kerbe zum Vergleich und sahen dann, daß die Axtschläge doch schon vor einem Jahr geführt worden waren. Fußabdrücke entdeckten wir nicht.

13.7. Kap Lawrowa

Wir machten uns für eine mehrtägige Exkursion nach Westen fertig. Den Pelzschlafsack nahmen wir mit, den Primuskocher und was man sonst noch braucht. Regen und Nebel, Bäche und Morast. Wir hatten nasse Füße von den kleinen Flüssen, die wir durchwateten. Es war eine Überwindung. Kein Haus, kein Feuer wird uns abends empfangen. Wir müssen unsere nassen Kleider selbst erwärmen.

Nach mehreren Stunden Wegs am schwarzen Fjord entlang und über Hügel traten wir an ein Kiesfeld, durch das in vielen Armen ein grüner Fluß strömte. Wir entschlossen uns, ihn zu durchqueren. Unser Ziel war das Kap Lawrowa mit seinem Vogelberg. Wir vermuteten es noch zehn Kilometer weit entfernt. Mir war aber, als hätte eben der nasse Wind einen Lummenschrei zu mir getragen.

Wir einigten uns, daß das Wasser bis zur Brust gehen dürfe. Schuhe und Skihosen behielten wir an. Den Inhalt der Hosentaschen steckten wir unter die Mütze. Das Wasser war kalt. Die Strömung riß an unseren Beinen. Der Kies, auf den wir traten, gab nach.

Über eine halbe Stunde hatten wir zu tun. War ein Flußarm hinter uns, dann liefen wir rasch über die Kiesbank zum nächsten. Manchmal mußten wir umkehren und eine neue Furt suchen, weil die dunkelgrüne Farbe des Wassers zeigte, daß es zu tief für uns war. Unsere Füße schienen langsam abzusterben, wir setzten sie auf, wie man Stöcke aufsetzt. An einer Stelle riß der Strom so heftig, daß wir lange nicht wagten durchzugehen. Wir suchten eine bessere Stelle, fanden aber keine.

Daß wir's dann geschafft hatten, stimmte uns lustig.

Über eine schwarze Ebene ging's. Wir rannten, um wieder Blut in die Füße zu bekommen. Angeschwemmte Walknochen lagen herum.

Tage auf Lawrowa folgten. Südoststurm erhob sich. Unser Zeltchen hatten wir in Lee gebaut und jeden Pflock doppelt verankert. Rauschender Regen ging nieder. Vom Schlafsack aus sah ich den westlichen Horizont.

Die See wurde immer toller. Sie brüllte in den Felshöhlen, die sie sich im Laufe der langen Zeit gegraben hatte. Sie stürzte sich auf die Steinplatten. Der Boden zitterte unter ihrer Faust.

Das Kap selbst ist der gewaltigste Anblick, den ich je genoß. Von seinen Linien kann man den Blick nicht lassen. Turmhoch fallen seine Wände in die tanzende See ab. Wir liefen hin und her.

Der Orkan zerrte an uns.

Auch hinunter stiegen wir einmal. Über uns neigte sich der krächzende Vogelberg. Neben uns rauschte die Barentssee. Kellerluft war hier. Hunger und nasse Kleidung machten uns nichts mehr aus: Was wir sahen und hörten, war stärker.

Tiefgrün war die See, blauschwarz die Wolken. Einen Augenblick entzündete die Sonne das Kap in Rotbraun. Jetzt strahlten die Schaumkronen als weiße Lampen. Wie Wanzen hielten sich die Lummen auf ihren Brutgalerien fest.

Der Orkan rang mit allem.

Am Rand der zerklüfteten Steilküste fotografierten wir, beobachteten, sammelten Steinproben. Wir Männer des Sturms! Es gab kein Zurück mehr. Das Flußdelta, durch das wir gekommen, war ein ganzer See geworden. Kilometerweit färbte sein Wasser das klare, grüne Meer mit Schlamm.

Sollten wir am Fluß hinauf und ihn dort, wo er schmal ist, durchwaten? Ich verglich seine Wassermenge mit heimatlichen Flüssen. Bis zur nächsten Furt konnten es gut 100 km sein. Hans kam vom Berg herab und erzählte, er habe ihn von weither kommen sehen als breites Band.

Das Kochbenzin wurde weniger. Aus einem Schnürsenkel machten wir eine Angel, mit der wir dumme Lummen fingen. Hans holte Eier von den Vogelfelsen. Es gab nur unbrauchbares Treibholz, und wir hatten keine Axt.

Ein neuer Plan tauchte auf: Einer von uns schwimmt an der Flußmündung vorbei, läuft zur "Fortuna" und kommt mit einem Boot wieder. Dieser Plan war das Äußerste. In der Barentssee zu schwimmen, reizte keinen. Also warteten wir damit noch. Noch reichte das Benzin für ein paar halbgare Lummen. Neuer Regen prasselte auf unser Zeltchen. Im behaglichen Pelz lagen wir und dachten an die Heimat.

Draußen auf See schien zwischen den zerfetzten Wolken die Sonne im schneeigen Glanz. Dort — wir sahen es vom Zelt aus — hob der Wind ganze Wellen hoch, stellte flimmernde Wassersäulen auf. Das bäumte sich, alle Gesetze und Gewohnheiten zerreißend. Das Rauschen und Heulen lastete auf uns. Hier raste alles.

Sieh die weißen Wasserflammen! Sie steigen hinauf zu den dunklen Fahnen, die über ihnen flattern. Ein furchtbares Chaos! Alles brüllt. Alles erhebt sich. In uns reckt sich etwas, das auch schreien will, das auch tanzen will.

Ist unsere Lage nicht verzweifelt? Morgen schon beginnt die Feuerlosigkeit. Europa und 1931 sind fern.

Und dort? Die Mähnen der Schaumkronenpferde wehen. Wir sehen, wie ein Brecher mit verschwenderischer Geste himmelwärts taumelt.

Morgen und übermorgen liegen wir vielleicht kleinlaut auf der Erde, aber heute verachten wir alle Sentimentalität. Hier sollte die männlichste Stimme, die es gibt, deklamieren: die Rede eines, der über alle Illusion wegtrampelt mit brutalen Schritten. Dem seine eigene Kraft genug ist.

Möge Dir, Freund, einmal dasselbe geschehen wie uns auf jenem Kap! Daß Dir der Wind die Haare auszureißen versucht und Dir mit breitem Daumen auf die Augen drückt.

Sturzbäche rennen zum Meer. Wolken werden zu beschwörenden Gebärden. Sie strömen über den Himmel. Wie viele haben uns schon passiert! Neue stehen auf im Südosten. Aber das Meer poltert und donnert gegen die zerrissenen Felsbarrieren. Ein Wahnsinniger trommelt mit den Fäusten gegen seine Tür.

Mit Gebrüll peitscht der Wind auf den Lummenfelsen herum und reißt alle herunter, die sich nicht mehr festklammern können. Er wirft die jubelnden Stummelmöwen hinauf wie Bälle. Er schenkt dem Wanderfalken die Schnelligkeit eines Geschosses.

Alles flattert, wälzt sich und strömt. Nur das steinerne Profil des Kaps Lawrowa ist und bleibt unverändert. Hat je jemand vor uns diesen Fleck Erde in seiner Ekstase gesehen? Sie hat sich "einverleibt" in uns wie eine Narbe.

Am nächsten Tag war es still. Nur einzelne Wolken zogen noch vorbei.

22.7. Melkajabucht

Wir konnten wieder durch den Fluß. Nach Stunden kletterten wir auf die "Fortuna". Der Sturm hatte ein Beiboot entführt und das Schiff vom Ankerplatz gerissen. Nicht viel hätte gefehlt, und es wäre zerbrochen — gerade unter Zivolkas grauem Grabkreuz. Achtzehn Stunden mußten sie mit Motor gegen die Ankerketten laufen.

Jetzt redeten sie natürlich fidel im Kreise, weil die "Fortuna" noch schwamm.

Das nächste war, daß ich allein nach Osten ging. Ich nahm nur das Nötigste mit. Sie ruderten mich den Fjord hinauf. Dann wanderte ich am Melkaja-Fluß aufwärts. In viele Bäche zerteilt, folgt er seinem Bett.

Mein Ziel waren die Berge.

Es gab sehr viele Saatgänse. Sie sind im Juli flugunfähig, weil sie alle Schwingen auf einmal mausern. Ihren Feinden können sie nur entfliehen, indem sie durch den Fluß schwimmen.

Ich höre eine Gänseherde in der Ferne schnattern. Ich suche angestrengt. Endlich kann ich ihre vielen Brüste als Silberband wie eine ferne Welle hinter der Sandbank erkennen. Sie kommen krakehlend näher. Jetzt sehen die Hälse aus wie ein breiter Gartenzaun mit vielen Pfählen. Der Fluß liegt zwischen ihnen und mir. Es sind viele hundert rennende Gänse, die drüben das Ufer erreichen wollen. Und jetzt sehe ich warum. Ein übermütiger Eisfuchs im schäbigen Sommerplez kommt über die Hügel gerannt. Er greift sich eine von den Wehrlosen und beißt sie tot. Kaum hat er sich abgewandt, um sich schwerfällig mit seiner Beute davonzumachen, da dreht er wieder um und zerreißt noch eine. Eng gedrängt stürzen sich die ersten Gänse in den Fluß. Ein fließender, flimmernder Teppich.

Eine Stunde später schleiche ich mich an eine andere Gänseherde heran und komme zum Schuß. Mehrere sind getroffen. Eine wird fortgetrieben, eine hänge ich mir an den Rucksack.

Ich wandere bis zum frühen Morgen. Dann baue ich mein kleines Zelt auf. Als Zeltstock muß ich das Gewehr nehmen.

Jetzt sind schon viele Kilometer zwischen der "Fortuna" und mir. Ich befinde mich allein im einsamen Land. Höre immer wieder mal Gänse schnattern. Manchmal sieht man auch eine Eismöwe vorüberschweben. Ich koche meine Beute. Jetzt ist alles still. Keine Stromschnelle, kein Schneeammerlied, kein Gänseschnattern mehr. Ich schlafe in den Kleidern, wie ich es seit vielen Nächten tue. Meine Träume sind dumpf.

Morgens, nach einigen Löffeln traniger Saatganssuppe, stieg ich bergan in die Region dünner Luft. Mir wurde es immer leichter. Ich legte meinen Sack ab und versuchte einen Tanz. Im Weitergehen sang ich. Dann tauchte ich den Kopf in einen klaren Bach. Und stieg weiter. Mit mir stieg der Horizont im Westen. Nach-

mittags erreichte ich einen kleinen See. An seinem Ufer ließ ich mein Gepäck. Ich legte es so, daß ich es auch bei Nebel hätte wiederfinden können. Dann packte ich eine Büchse Fleisch, Kompaß und Fotoapparat in meine Bluse und knüpfe einen kleinen Rucksack aus ihr, wie es die Lappen tun.

Nach drei Stunden hatte ich nur noch den letzten Gipfel meines Berges vor mir. Die Steine, auf die ich trat, wippten manchmal, und einige hopsten polternd in die Tiefe. Als die Sonne im Westen stand, betrat ich die Spitze. Es war windstill.

Ob es wohl der Berg war, auf dem Moissejew vor hundert Jahren stand, um den Landweg zur Krestowaja-Bai zu überblicken? Wer kann es wissen?

Unter mir lagen die dunklen Matten. Der See, an dem mein Schlafsack wartete, war wie ein Auge. Wenn ich ein bißchen zwinkerte, sah ich im Fjord einen winzigen Punkt: die "Fortuna". Ich skizzierte Buchten und Bergmassive. Über die Matotschkin-Straße hinweg sah ich die Südinsel. Östlich lag ein Tal voller Schnee, dann kamen hohe Berge mit Gletschern. Nichts Lebendiges weit und breit, kein Fuchs, kein Rentier. Zwei Punkte nur glitten tief drunten vorbei: eine Eismöwe mit ihrem Schatten. Im Norden lag die Krestowaja-Bai. Hinter ihr stand eine riesige Eisbarriere. Die Barentssee war ganz ätherisch im Sonnengeflimmer.

Ein angenehmer leichter Wind kam auf.

Einige Stunden saß ich auf dem namenlosen Berg und sah auf Nowaja Semlja hinunter. Der Abstieg war noch schwieriger als der

Aufstieg. Als ich auf einem Schneefeld stand, krachte etwas laut. Ich erschrak furchtbar und meinte, ein fremder Jäger habe auf mich geschossen. Aber es war nur eine Eisplatte, die in den Schmelzbach gebrochen war.

Am kleinen See kochte ich Tee und Gänsebrust. Mit meinen Gedanken bin ich bei der Politik. Durch nichts werde ich abgelenkt. Hier unterbricht mich nichts. Hier entwickeln sich meine Gedanken wie Pflanzen.

Früh packte ich wieder meine Sachen und kehrte zurück. Das Wetter war noch immer schön.

Eine Stunde lang versuchte ich, den Fluß zu überqueren, um an einen Wanderfalkenhorst zu gelangen, der sich in den Felsen des jenseitigen Ufers befand. Aber obwohl ich bis zum Bauch im Eiswasser watete, gelang es nicht. Eine reißende Rinne blieb immer übrig, in der ich mich nicht hätte halten können. Ärgerlich mußte ich aufgeben und durch das ganze Gewirr von Flußarmen zurück. Daraufhin rastete ich und kochte Tee mit dem letzten Benzin.

Nach dreizehn Marschstunden erreichte ich mitten in der Nacht die "Fortuna".

Die Sturm- und Regenpause hörte auf. Nowaja Semlja hüllte sich wieder in Grau. Wir nahmen das Ruderboot und streiften noch einige Tage an der anderen Fjordseite herum.

Die Seeleute wußten nichts mit sich anzufangen. Sie litten Langeweile und zählten die Tage bis zur Rückfahrt. Sie versuchten, mich zur vorzeitigen Heimkehr zu bewegen, indem sie mir die Bequemlichkeiten des Petsamoer Gasthofs vor Augen hielten. Hier gab es nicht viel Gutes. Die Lummeneier, die wir in der Puchowi-Bai an Bord genommen hatten, waren noch das Beste. Und dann natürlich die Gänse, die Lavias sehr gut zu kochen verstand. Außer dem unregelmäßigen Essen und der feuchten Kälte quälten uns Läuse.

Während der letzten Tage erlebten wir noch allerlei. Das Zelt bauten wir unter einem Wanderfalkenhorst.

Dort fanden wir auch wieder ein Grab. Ich glaube, hier wurden die ersten Toten der Zivolka-Mannschaft bestattet. Wir erkannten eine griechisch-katholische Gebetsformel.

Eines Morgens schieße ich, ohne den Schlafsack zu verlassen, eine Gans. Auch Enten schwimmen sorglos unter der Falkenburg.

Sie fürchten den Falken nicht in der Nähe seines Nestes, weil er da nie jagt. Ich muß an Deutschland denken, wo die kleinen Singvögel auf den ersten Blick den Wespenbussard vom Mäusebussard unterscheiden. Genau so schlau sind die hübschen Eisenten. Sie wissen, daß hier der Horst des Falken ist und daß seine Gewohnheit, in der Nähe seines Horstes nicht zu jagen, jeder Versuchung wiedersteht.

Eines muß ich noch erzählen vom neuen Land, ein unwichtiges Erlebnis. Ich streifte am Fjord entlang. Alles troff vor Nässe.

In ein paar Stunden wollen wir über den aufgewühlten Fjord zur "Fortuna" rudern. Ostwind ist seit heute Morgen. Es wird eine eilige Heimreise geben. Wenn sie doch schon überstanden wäre!

Wie ich so schlendere und diese Luft noch einmal in vollen Zügen atme, sehe ich unter mir in einer Bucht viele Gänse. Ich bücke mich gleich. Sie haben mich noch nicht gesehen. Hundert mögen es sein, die sich putzen, Gras zupfen und ruhend auf dem Bauch liegen. Jede Gans hat eine andere Stellung. Ich schiebe das Gewehr vor. Das haben sie bemerkt. Ein Ruck geht durch die Vögel, und jetzt stehen sie aufrecht da mit ausgestrecktem Hals, alle gleich. Die Silberbrüste sind seewärts gewandt. Die gelben Schnäbel leuchten wie ausgestreute Blumen.

Die Gänse warten, bis etwas geschieht. Und es geschieht etwas: ich schieße. Dort, wo die Gänse flüchten, ist es, als wenn das Wasser koche. Im Augenblick sind sie hundert Meter vom Ufer weg. Zwei aber liegen noch auf den Steinen und flattern mit den Flügeln. Ich steige hinunter. Zuerst will ich nach ihnen greifen und ihnen den Hals umdrehen, damit der Schmerz ein Ende hat. Aber dann bleibe ich stehen und stütze mich auf mein Gewehr.

Die Gans vor mir verblutet. Aus den Atemlöchern tropft es hellrot. Die kleinen Augen schwimmen wie im Fieber. Der Kopf liegt am Boden, in der Richtung zum Wasser, das die flüchtenden Gänse gerettet hat. Die roten Füße machen krampfhafte Schwimmbewegungen. Sie wollen nicht aufhören.

Das Augenlicht versagt, die Wirklichkeit verschwimmt. Das kleine Hirn hört nur noch, was der Körper spricht: Flucht über den Fjord! Der Wunsch wird Illusion. "Fort, fort, schwimmen, schwimmen!" In einer Flut von Schmerz und Blut erlischt die letzte Illusion .....

Die eingestürzten Kreuze

Hans riß mich aus dem Schlaf. "Tusk! Es muß etwas geschehen!"
Ich öffnete mühsam meine müden Augen. Ich hörte den Regen
auf's Zelt rauschen. Innen war es fast dunkel. Was hatte er gerade
gesagt? Warum hat er mich aufgeweckt? Es müsse etwas geschehen?
Ich war noch voller Schlaf. "Was muß geschehen?"

"Es regnet scheußlich. Das Wasser kommt von der Seite 'rein. Wir
müssen die Sachen trockenlegen!"

"Wahrhaftig! Alles naß! Jetzt aber hoch!"

Wir lagen in einer Pfütze, es strömte durch das ganze Zelt. Unser
gestern noch so schöner Zeltboden war ein Sumpf geworden, ein
durchrieselter Morast. Wir knieten im Schlamm und fertigten aus
Stativbeinen einen notdürftigen Rost, auf den wir Lebensmittel,
Apparate, Gewehr und Munition schichteten. Dann krochen wir
hinaus in die Landschaft. Es war halb drei Uhr morgens, natürlich
hell, denn wir waren ja in der Arktis. Wir staken mit nackten
Füßen in den Stiefeln und froren. Der Regen wusch uns die Pelz-
mützen und unsere krummen Rücken, während wir einen neuen
Fluß gründeten. Wir gruben nämlich oberhalb des Zeltes einen
Graben am Hang, der schräg verlief und bald ein sprudelndes
Bächlein barg. Das war eine gelungene Maßnahme. Kein Wasser
strömte mehr in unser schwarzes Zweierzelt. Wir gruben wie über-
mütige Kinder mit den Händen im Dreck, besserten brüchige Stel-
len mit Stauwällen aus und waren unterdessen ganz wach gewor-
den. Wir trugen jetzt noch flache Steinplatten vom Strand zusam-
men und pflasterten damit unseren Zeltboden. So ließ sich mit
einigen Handgriffen die ärgste Unannehmlichkeit verbannen! Und
schließlich war ja unser Pelzschlafsack, unser kolossaler Bär,
noch warm, nirgends konnte man sich geborgener fühlen als in
ihm. Wir waren zufrieden, als alles wieder in Ordnung war.

Ich mußte vor dem Weiterschlafen aber nochmals hinaus, um zu
schauen, ob die See nicht über Nacht zum Boot hinaufgestiegen
war, das wir am Abend auf runden Hölzern den steilen Fjordstrand
hochgezogen hatten. Ja! Da lag es noch auf der Seite und schlief,
ein gutes Stück über den Wellen, die sich frech und laut am Stein-
strand zu schaffen machten. Regenböen folgten einander. Nur für

Augenblicke war es klar genug, um die "Fortuna" zu erkennen, die auf der anderen Seite der Melkaja-Bucht vor Anker lag. In zwei, drei Tagen werden wir in See stechen mit Kurs Norwegen. Heute und in den kommenden Stunden will ich noch Nowaja Semlja ungehindert auf mich wirken lassen, mich ganz seinem Einfluß aussetzen.

Von der Felswand scholl die erregte Stimme des Wanderfalken, der über seinem Horst einsame Kreise zog. Er war der lebende Vorwurf gegen uns, lag doch die abgebalgte Haut seines Weibchens seit Tagen in unserer Vogelkollektion. "Ich kenne euch heimtückischen Gewehrträger von meinen Südlandreisen her!", rief er uns zu. "Daß ihr jetzt auch hierher gefunden habt mit eurer zerstörenden Bosheit!" Mein Gesicht troff vom Regen, meine Lippen waren vom Wind aufgesprungen, heute kümmerte mich das Gezeter des Edelfalken nicht.

Ich wanderte mit meinen Gedanken kreuz und quer durch die Landschaft, dachte an zurückliegende Tage, fern von hier, wo Felswände turmhoch und jäh aus dem Meer ragen: am Kap Lawrowa. Dachte an die vielen tausend Lummen, die dort auf den Felsgalerien brüten. Dachte an den Berg weit auf der anderen Seite, den ich eines heißen, einsamen Nachmittags bestiegen hatte, und - ich hätte es fast vergessen, an gestern, an das unbekannte Grab.

Als wir nämlich hier in der Brandung mit unserem Ruderboot gelandet waren, machte sich Hans gleich daran, aus zwei Kohtenstücken ein Zweierzelt zu bauen. (Meine Berliner Gruppe hatte sie mit Ornamenten versehen, eine rote Eule und einen blauen Ziegenbock darstellend.) Ich ging auf die nächsten Hügel und sah ihn drunten arbeiten.

Dort auf einem Hügel fand ich die morschen Trümmer zweier umgestürzter Kreuze. Viele große Steine bezeichneten ein altes Grab. Bedenkt: Das Land Nowaja Semlja ist riesengroß. Seine Bewohner würden in Deutschland in einem einzigen Mietshaus bequem Wohnung finden. Die Melkaja-Bucht ist unbewohnt. Auf einem Stück des Holzes las ich die Zahl 1800. Sie war wohl das Geburtsjahr eines der Toten. Im letzten Jahrhundert gab es noch viel weniger Leute auf der Insel. Woher stammte das Holz der Kreuze? Ganz Nowaja Semlja ist baumlos. Findet man Tote und Gräber in den einsamen Winkeln der Arktis, so kann es gut sein, daß man damit ein Rätsel lösen hilft. Denkt an die Auffindungen Andrées und vieler anderer Opfer der Tatkraft nach langen Jahren.

Wir untersuchten. Der ganzen Anlage nach (ein längst zerfallener Sarg war zu erkennen) handelte es sich um ein Expeditionsgrab. Wir versuchten, unter den Steinen zu graben, aber wir fanden nichts als uraltes Holz. Welche Tragödie wurde hier abgeschlossen? Mutige Männer, die ihre untergegangenen Kameraden mit letzten Kräften begraben hatten? Der Himmel war mit Wolken vollgepackt, dunkel lag der Fjord unter uns. War seither ein Mensch an diesem Platz gewesen? Weiß man von ihm? Wir dachten viel, uns war schauerlich zumute. Dachten an die "Fortuna", die sich neulich im Orkan vom Anker gerissen hatte und fast zerschellt war. Dann wären wir den Winter über bei den Gräbern geblieben, hätten das Holz vielleicht verheizt, pietätlos.

Jetzt haben wir übrigens wahrscheinlich des Rätsels Lösung: 1838/39 überwinterte der russische Leutnant Zivolka mit einer Anzahl Leute in der Melkaja-Bucht. Er war einer der wagemutigsten Erforscher Nowaja Semljas. Wir fanden auf der anderen Fjordseite die Reste seiner Hütten mit uralten Jahreszahlen an den Wänden. Ferner sein Grab und das eines Kameraden, denn er starb im März 1839 an Skorbut. Damals war der Eisbär noch sehr häufig und vor allem frech. Im ganzen wurden neun Bären in jenem Winter geschossen. Sicher hatten die beiden Gräber große Anziehungskraft, und sicher ängstigten die Bären die kranken Seeleute auf die Dauer. Sicher hatte man daher vorgezogen, die nächsten drei Toten, von denen der Expeditionsbericht erzählt, weiter weg, nämlich hier zu begraben.

Mit großer Mühe entzifferten wir auch auf einigen Hölzern der Kreuze russische Buchstaben, aber wir hatten noch keine Zeit, uns von Fachleuten bei der Übersetzung helfen zu lassen.

Die Heimkehr

Allein, nur ein kleines Paket in der Hand, reiste ich voraus nach Süden.

Ohne Gespräche anzuknüpfen, saß ich im Lapplandomnibus und schaute zum Fenster hinaus. Die Sonne schien, und alle Passagiere waren vergnügt. Wenn man genau hinhörte, kam aus jedem der breiten Gesichter eine Melodie. Ein finnischer Tanz, ein finnischer Marsch. Zum Beispiel "Schönes Karelien, Land unserer Väter".

Man mochte mir den Deutschen ansehen. Als wir abends auf dem Hof in Ivalo ausstiegen, richteten sich alle Augen auf mich.

Lachendes Staunen das ganze Gesicht, sagte nämlich ein Lappe zu den Umherstehenden: "Dieser Bursche hat mich soeben in meiner lappischen Sprache angeredet!"

Der bunte Mann führte mich in seine Kohte und erzählte mir etwas über seine Verhältnisse. Er besaß Postkarten, die er den Fremden verkaufte. Dazu hatte er einen kleinen Handel mit Lapplandandenken. Geschäftig breitete er alles vor mir aus: Felltaschen, nichtsnutzige Messer, Püppchen. Und vom Geld, das er bekommt, kauf er **Gold.** Er sperrt die Augen auf und schaut mich an. "Gold, verstehst du?"

Er fingert unter dem Reisig, tastet in ein Loch am Boden, zieht ein Tuchbündel heraus, packt aus, ein kleines Röhrchen. Er nähert es langsam meinen Augen: einige Goldsplitterchen.

"Das ist 750 Finnmark wert. Hier habe ich schon wieder Geld, auch damit werde ich Gold kaufen. In einem Jahr ist es doppelt so viel - tausend, über tausend Mark! Herrgott! Ist das ein Reichtum!"

Ich schiebe seine Hand beiseite.

WER WAR TUSK?

Versuch eines Porträts

Eine der ideenreichsten und faszinierendsten Gestalten der deutschen Jugendbewegung, schon zu seinen Lebzeiten von Legenden umwoben, war Eberhard Koebel, von den Jokkmokk-Lappen, bei denen er 1927 mehrere Monate lebte, tusk = der Deutsche (schwed.: tysk) genannt.

1907 in Stuttgart als Sohn eines Beamten geboren, nach Abitur und Studium als Graphiker im Verlagswesen tätig, aus einer Gruppe des Deutsch-Wandervogels kommend, wurde er 1928 Führer des Gaues Schwaben 2 in der Deutschen Freischar, lenkte mit der Herausgabe der Jungenzeitschrift dieses Bundes "Briefe an die deutsche Jungenschaft" die Aufmerksamkeit nicht nur in der Freischar auf sich und verursachte mit seinem ungestümen Aktivismus heftige Erschütterungen in den Bünden, die vielfältig nachwirkten und über seinen frühen Tod (1955) hinaus spürbar blieben. Bis heute werden Leben und Wirken dieser widerspruchsvollen Persönlichkeit, hinter deren schillerndem Glanz sich immer noch manche Rätsel und Dunkelheiten verbergen, sehr unterschiedlich beurteilt.

In der letzten bündischen Phase zwischen 1930 und 1933 übte tusk mit seinen herausfordernden Impulsen, mit seiner Fähigkeit, neue Gruppenpraktiken zu erschließen, durch die Ausstrahlungskraft seines mitreißenden Temperaments sehr starken Einfluß auf die junge Generation in den Bünden aus. Vor dem Hintergrund zeitbedingter Tendenzen in diesen Jahren mit ihrer zunehmenden Radikalisierung des politischen Klimas durch totalitäre Parteien (NSDAP, KPD) verglichen seine Gegner vor allem in den Bundesführungen den kometenhaften Aufstieg Koebels und dessen anscheinend die Existenz der Bünde gefährdende Tätigkeit mit der Erscheinung eines "Desperados", der wie einst der sagenhafte Rattenfänger von Hameln die Jungen mit dem erregenden Klang und den ekstatischen Rhythmen seiner Lieder und Chöre verzaubere; mit einem Magier, der mit pseudokultischen Zeremonien in schwarzen Feuerzelten ihren Geist und ihre Sinne betöre; mit einem Demagogen, der sie mit seinen zündenden Ideen und werbewirksamen Parolen in seinen Bann schlüge und mit dem schwungvollen Stil seiner Aktionen ködere, um sie letztlich zur Illusion eines autonomen Jungenbundes, einer Art "Jungenstaat" ohne Erwachsene ideologisch zu verführen. Viele fühlten sich in ihrer Sicht bestätigt, als tusk sich demonstrativ zum orthodoxen Marxismus bekannte, indem er am 20. April 1932 in die Kommunistische Partei eintrat — bezeichnenderweise dem Datum des Geburtstages Adolf Hitlers, der damals mit seiner nationalsozialistischen Bewegung in der untergehenden Weimarer Republik angesichts der weltweiten Wirtschaftskrise entscheidende politische Bedeutung gewonnen hatte und unmittelbar vor der "Machtergreifung" zu stehen schien.

In den Augen seiner Freunde und Anhänger galt und gilt tusk neben Karl Fischer, dem Begründer der Wandervogel-Bewegung, als eine der wirklich genialen Gestalten, welche die Jugendbewegung hervorgebracht hat, eine charismatische Führernatur mit einem untrüglichen Instinkt für alles, was junge Menschen zwischen dem 10. und 20. Lebensjahr zu begeistern vermag; mit überragenden pädagogischen Fähigkeiten ausgestattet, ihrem Gruppenleben neue Formen der Selbstfindung und Selbstverwirklichung zu schaffen; mit ungewöhnlichen schöpferischen Kräften begabt, die ihnen Erlebnisse von unvergeßlicher Eigenart und Einmaligkeit sowie Erkenntnisse von prägender und fortwirkender Bedeutung für ihr Leben vermittelten.

Gründung von dj. 1.11 und Ausschluß aus der Freischar

Am 21.10.1928 spaltete sich auf dem Gautag in Denkendorf der Gau Schwaben der Deutschen Freischar. Während Gau Schwaben 1 in überwiegendem Maße von den Köngenern bestimmt wurde — jungen Erwachsenen, die aus Schülerbibelkreisen hervorgegangen waren —, übernahm tusk die Führung des Gaues Schwaben 2. Indem er sich auf die Meißner-Formel von 1913 bezog, jene Manifestation jugendlicher Selbstbestimmung und Selbstverantwortung, rebellierte er gegen die offizielle Konzeption eines "Lebensbundes" in der Freischar, des Bundes, in dem sich seit 1926 wesentliche Elemente des Wandervogels und des Pfadfindertums zu verschmelzen begannen. Die Freischar sollte im vorpolitischen Raum Mitglieder konservativer, liberaler und gemäßigt sozialistischer Gesinnung und Haltung umfassen und allmählich, wie manche Ansätze z.B. in den Volks- und Arbeitslagern zeigten, als Vorstufe einer erneuerten deutschen Volksgemeinschaft integrieren. Dieser trotz vereinzelter Rückschläge hoffnungsvolle und zukunftsweisende überbündische Modellversuch wurde 1933 wie viele andere Experimente rücksichtslos abgebrochen.

Tusk propagierte als Gegner dieser Lebensbund-Konzeption die autonome "Deutsche Jungenschaft", zu der sich nach seiner Vorstellung die Jungen der Bünde unter seiner Führung zusammenschließen sollten als Wegbereiter einer einheitlichen "Staatsjugend", wie sie ihm — jedenfalls seinen späteren Bestrebungen nach zu schließen — zunächst nach faschistischem, bald nach kommunistischem Muster vorzuschweben schien. Alle jugendpflegerischen Tendenzen, die er in dem vorherrschenden Einfluß von Erwachsenen auf Jugendliche wirksam sah, sollten ausgeschaltet werden, indem alle Älteren, soweit sie nicht unmittelbare und von den Jungen akzeptierte Führungsaufgaben in den Gruppen wahrnahmen, aus den Bünden ausgeschlossen werden sollten.

Mit dem Wort "Jungenschaft", das nach dem 1. Weltkrieg als Neuprägung vor allem vom Altwandervogel für dessen sich ausgesprochen als Jungenbünde verstehenden Gaue (z.B. schlesische, sächsische, schwäbische, oberrheinische Jungenschaft) übernommen und als Bezeichnung auf die gesamte Jungenstufe der Freischar übertragen worden war, griff tusk auf die Jungenbund-Theorie der frühen zwanziger Jahre zurück. Am 1.11.1929 verschwor er sich mit gleichgesinnten schwäbischen Jungenführern, zunächst im Rahmen der Freischar zu deren Erneuerung das Ziel eines großen Jungenbundes zu verwirklichen, nach und nach die besten Gruppen der anderen Bünde einzubeziehen und so durch die Jungenschaftsbewegung eine Rebellion der jungen Generation, einen "neuen Aufstand der Jugend", einzuleiten, der die ganze Jugendbewegung von innen her umgestalten und erneuern und, wie 30 Jahre davor der Wandervogel, die gesamte deutsche Jugend erfassen sollte. Deshalb nannte er diese geheime Verschwörung programmatisch "deutsche jungenschaft vom 1.11. 1929" (dj. 1.11).

Mit ungeheurem Elan und fanatischem Sendungsbewußtsein ging tusk ans Werk. Ernst Buske, der Bundesführer der Freischar, hatte ihm 1929 die Schriftleitung der "Briefe an die deutsche Jungenschaft" übertragen, indem er Koebels Gauzeitschrift "Briefe an die Schwäbische Jungenschaft" zur Bundesjungenzeitschrift erhob. Beunruhigt durch den anmaßenden Aktivismus Koebels, verweigerte er diesem jedoch Führungspositionen, die über die Funktion eines Gauführers hinausgingen. Er zwang tusk, seine geheimen Pläne bekanntzugeben, und lehnte im Hinblick auf die Gefahr, die der Existenz des Bundes von der wachsenden Resonanz auf die rastlose Aktivität des schwäbischen Gauführers drohte, dessen Forderung ab, die Schriftleitung der neuen Führerzeitschrift, die für die Jungen der Freischar geplant wurde, zu übernehmen.

Mochte Buske, dem tusk menschlich sympathisch war und den dieser ebenfalls sehr schätzte, noch die Hoffnung gehegt haben, den übersteigerten Geltungsdrang des Jungenbündlers auf diese Weise bremsen und dessen Pläne innerhalb des Bundes konstruktiv umfunktionieren zu können, so reagierte nach seinem plötzlichen Tod am 27.2.1930 das Bundeskapitel auf die hemmungslose Agitation Koebels mit dem Ausschluß aus der Freischar (4.5.1930), nachdem dessen Versuch, mit Hilfe seines persönlichen Kampf- und Nachrichtenblattes "Tyrker" seine Sammlungsbewegung über den eigenen Bund hinaus auf die Jungenschaften anderer Bünde auszudehnen, offenkundig geworden war.

Die ehrgeizigen Aktionen tusks, z.B. seine als illoyal empfundene Absage an die Fahrt als wesentliches Element bündischer Lebensform auf dem "Staubfresserfest" der dj. 1.11 in Stuttgart, oder die eigenmächtige Übernahme der "südlichen Reichsführung" in der Freischar, riefen erheblichen Widerstand im Bunde hervor und schienen Spannungen und Konflikte heraufzubeschwören, die das Gefüge des eben gefestigten großen Einigungsbundes nach den wenigen Jahren seines Bestehens und des Zusammenwachsens der nach ihrer Herkunft so unterschiedlichen Teilbünde zu sprengen vermochten.

Tusk suchte mit den Gruppen, die nach dem Ausschluß zu ihm hielten, als nunmehr eigener Jungenbund Anschluß an andere kleinere Bünde, so an das elitäre Graue Corps unter Fred Schmid, der jedoch ablehnte. Gemeinsam mit dem Reichsvogt des Deutschen Pfadfinderbundes Fabricius (Hartmut) gründete tusk im Südwesten des Reiches die kurzlebige Deutsche Jungenschaft

Neckarland. Zusammen mit Karl Christian Müller (teut), dem Führer eines kleinen Jungenbundes vorwiegend im Saarland, rief er im Juni 1930 die Deutsche Jungenschaft/Fulda-Bund ins Leben, die sich wenige Monate später mit dem ehemaligen Freischar-Gau Oesterreich, nun oesterreichisches jungenkorps (öjk), zur deutschen autonomen jungenschaft dj. 1.11 vereinigte. Tusk begann, diesen neuen Bund, der aus den fünf Gauen Schwaben, Norddeutschland, Thüringen, Jungentrucht im Saarland und oesterreichisches jungenkorps bestand, systematisch aufzubauen. Auf dem Sühnelager am Traunsee Ostern 1931 — so bezeichnet, weil die reichsdeutschen Gaue der dj. 1.11 sich an einer vereinbarten Begegnung mit dem öjk Ostern 1930 in Bayern nicht genügend beteiligt hatten — präsentierte sich die autonome jungenschaft als eigenständiger Bund mit einem neuen Gruppen- und Arbeitsstil.

Der neue Gruppenstil

Tusk war Anfang 1930 von Stuttgart nach Berlin übergesiedelt und als Graphiker in den angesehenen Atlantis-Verlag eingetreten. Nach seinem Ausscheiden aus der Freischar gab er die überbündische Jugendzeitschrift "Das Lagerfeuer" heraus, nach W. Helwig "die originellste Zeitschrift, die jemals im Bereich der Jugendbewegung erschien". Wie bereits die genannten "Briefe" und "Tyrker" und die später folgenden "Eisbrecher", "Pläne" und "Kiefer" löste das "Lagerfeuer" wegen seiner revolutionären Umgestaltung von Inhalt, Layout und Typographie des bündischen Zeitschriftentyps ein vielfältiges, z.T. sehr zwiespältiges Echo aus. An die Stelle der gefühlsbetonten Fahrtenerzählung trat der exakt beschreibende, nüchterne Bericht, wie er der veränderten Form der Fahrt, die bei tusk mehr den Charakter einer Expedition annahm, entsprach. Das unmittelbare Erlebnis fand seinen konkret greifbaren sprachlichen Ausdruck in einem schlichten, klaren Stil und verdrängte, jedenfalls in den Jungenzeitschriften, weitgehend abstrakt-theoretische Diskussionen und philosophische Erörterungen sowie pathetische Schilderungen, während die Zeitschriften für die Älteren, für die Stufen der Jungmannschaft und der Mannschaft, neben stark propagandistisch-agitatorischen Tendenzen mancherlei inhaltlich und stilistisch problematische Texte enthielten, die den von tusk verkündeten Maximen "keine

Halbheiten, kein Geschwätz, kein Dilettantismus" widersprachen. Aufmachung und Druck wirkten modern und ansprechend und schienen den Heften im Sinne des Dessauer Bauhaus-Stils den Anstrich einer neuen Sachlichkeit zu geben. Die lateinische Antiqua löste mit einigen Ausnahmen die verschnörkelte, gotisch-altertümlich anmutende Frakturschrift ab; die in einigen Publikationen von dj. 1.11 bevorzugte Kleinschrift steigerte diese Wirkung, ohne doktrinären Anspruch damit zu erheben. Scheren- und Linolschnitte wichen auffällig vorzüglichen Photographien und ausdrucksstarken Graphiken, die zumeist tusk selbst und sein Freund und Mitarbeiter Fritz Stelzer (pauli) beisteuerten.

In Koebels Buch "Lapplandfahrt 29" gewann dieser neue Stil vollendeten Ausdruck. Als vorzüglicher Kenner Lapplands verstand es tusk, ein Bild dieser herben nordischen Landschaft und ihrer Menschen zu zeichnen, in dem sich sein eigenes Wesen widerspiegelte und das in seinem fast mystischen Naturerleben die Leser durch die gelungene sprachliche Umsetzung in anschaulich lebendige Erzählung verzauberte. Dieser Bericht verrät, weshalb tusk ein meisterhafter Erzähler war, der es mühelos verstand, seine jugendlichen Hörer Zeit und Umwelt vergessen zu lassen, wenn er sie für diese von ihm erst eigentlich entdeckte Fahrtenlandschaft am Polarkreis mit ihren nomadisierenden Rentierzüchtern und Fjälljägern zu begeistern versuchte.

Aus Lappland stammt auch die Anregung zu einer beinahe genialen Erfindung, die Fahrten und Lager der Bünde völlig umgestaltete. Wenn auch in den bündischen Zeitschriften Mitte der zwanziger Jahre hin und wieder die Idee eines heizbaren Zeltes aufgetaucht war, so blieb es tusk vorbehalten, aus der Urform des lappischen Feuerzeltes, der Kohte, eine praktikable Konstruktion, d.h. zweckmäßig geschnittene und transportable Zeltplanen zu entwickeln, die in kürzester Frist ihren Siegeszug durch nahezu alle Bünde antrat. Heute noch ist die Kohte, das schwarze Feuerzelt mit dem farbigen Ornamentstreifen, d a s Symbol bündischen Lebens, beschränkt geblieben allerdings auf die deutschen Jungenbünde. Viele Lager nach dem 2. Weltkrieg, z.B. das auf dem Hohen Meißner 1963, dokumentierten, daß sich die Prophezeiung ihres Erfinders vor 1930, daß in nicht ferner Zeit der Wind den Rauch ganzer "Kohtenstädte" übers Land wehen würde, erfüllt hat. "Jedes andere Zelt", so heißt es im "Großen Lagerbuch"

W. Scherfs, "wird mit fast beleidigendem Elan von der Kohte übertroffen ... Gewiß ist es wertvoll, ein leicht zerlegbares Zelt zu besitzen, das bei jedem Wetter, selbst in hohem Schnee, aufgebaut und im Strahlkreis seines hellen Feuers bewohnt werden kann. Der eigentliche Grund, die Kohte besonders hochzuschätzen, liegt tiefer und ist in einer Zeit, die ihre Häuser mit infraroten Strahlern zu heizen gelernt hat, schwer zu fassen. Doch stellen wir uns vor, was es bedeuten mag, wenn die Jungen, müde und überreich von den Erlebnissen des Fahrtentages, eines großen Waldspiels zurückkehren in ihre Kohte und der warme Feuerschein sie aufnimmt. Sie sind nicht irgendwo untergekrochen, sich auszuschlafen, sie haben vielmehr zum sichtbaren Mittelpunkt zurückgefunden ..."

Unermüdlich und rastlos nach neuen Formen suchend, entwarf tusk mit der dunkelblauen Jungenschaftsjacke, vermutlich in Anlehnung an russische Matrosenblusen, ein für seinen Bund typisches Kluftmodell strengen, fast mönchischen Zuschnitts, aufgelockert nur durch farbige Kordeln, die, auf der oberen rechten Brustseite getragen, Zeichen ständig erneut nachzuweisender Bewährungsproben sowie hierarchisch abgestufter Führerränge darstellten. Die "Juja", wie sie im Fahrtenjargon hieß, ließ zusammen mit der dj. 1.11 in ihrem äußeren Bild geradezu uniformiert erscheinen. Kolonnen-Gleichschritt, straffes Exerzier-Reglement und Bezeichnungen wie Garnison, Montur, Legion, Kadetten-Korporalschaft, Jungenfront, blaue Rekruten u.a. verstärkten diesen militärischen Eindruck der geschlossen auftretenden, disziplinierten "Horten", wie tusk seine Gruppen in Abwandlung der Bezeichnung "Horde", die im Wandervogel üblich war, nannte, womit er anscheinend Assoziationen wie "Hort", "Horst" u.a. anklingen lassen wollte, um Wert und Bedeutung der Gruppe für die Jungen hervorzuheben.

Die Kluft von dj.1.11 breitete sich ebenfalls rasch in den Bünden aus, selbst nicht wenige Gegner erlagen dem seltsamen Reiz, der von ihr ausging. Noch heute wird die Juja in den Bünden viel getragen. Sogar die Hitlerjugend übernahm sie in leicht veränderter Form für das "Jungvolk", ihre Organisation der 10-14jährigen Jungen; während die Kohte als Zeltform, die jegliche Kollektivbildung größeren Umfangs verhindert, konsequent verboten wurde, konnte es vordergründig den Anschein haben, als ob sich

Koebels Vision vom einheitlichen "blauen Jungenheer" im Jung-
volk verwirklicht habe.

Die fruchtbaren Anregungen, die von tusk ausgingen, schienen
unerschöpflich. Im musischen Bereich fanden neben der bewuß-
ten Verwendung von Trompeten und Fanfaren als Signalinstru-
menten Trommel, Gong und Tambourin immer mehr Anklang, tra-
ten Banjo und Balalaika neben Klampfe und Flöte. Ausländische
Folklore, insbesondere russische, skandinavische und amerikani-
sche, erfreute sich wachsender Beliebtheit. Lieder der Donkosa-
ken, Reiter-, Landsknecht- und Soldatenlieder, Vertonungen chi-
nesischer Lyrik, aber auch selbstgeschaffene Lieder wie das noch
heute in den Bünden bekannte und für tusk in seiner Art sympto-
matische "Über meiner Heimat Frühling seh ich Schwäne nord-
wärts fliegen" füllten die Seiten der Liederbücher, die er als "Lie-
der und Soldatenchöre der Eisbrechermannschaft" in graphisch
hervorragender Gestaltung im G. Wolff-Verlag, Plauen i.V.,
herausgab.

Ebenfalls Ausdruck seiner künstlerischen Begabung und zugleich
bildhafte Zeichen seiner Ideen und Ziele waren die neuen Symbole
der Jungenschaftsbewegung: das Flugbild des Islandfalken über
den drei Windwellen und dann, 1932/33 unter fernöstlichem Ein-
fluß, Kirschblüte und gekreuzte Schwerter. In seiner Zeitschrift
"Die Kiefer" suchte er bereits damals die Aufmerksamkeit auf die
Zen-Ethik zu lenken; in seinem Buch "Die Heldenfibel" (1933)
pries er u.a. den Samurai-Kult als Heroismus der Selbstüberwin-
dung. Seine heraldischen Farben Rot und Grau verliehen den mit
den genannten Emblemen versehenen Wimpeln und Fahnen von
dj.1.11 zudem einen ungewohnten ästhetischen Reiz.

In den Horten selbst sollte sich jugendgemäßes Leben intensiv
und vielseitig entfalten. Deshalb regte tusk z.B. zum Schreiben
und Zeichnen, Dichten und Musizieren, Photographieren und Fil-
men, zu Stegreifspielen und Tanz-Choreographien, Sprechchören
und Balladenvorträgen, Bogen- und Kleinkaliberschießen, Stock-
fechten und Motorradfahren an. Er selbst war oft genug auf sei-
nem Motorrad in Deutschland unterwegs, um neue Gruppen zu
werben; Fred Schmid vom Grauen Corps bediente sich dazu eines
eigenen Flugzeugs — neuartige Formen mit wirksamem Propa-
gandaeffekt, wie sie in großem Stil damals Hitler in seinen "Wahl-
feldzügen" bevorzugte.

Die Jungen erhielten Fahrtennamen wie heijo oder pjotr — Übernamen als Kurzformeln, die der Identifikation in einem anderen Selbst dienten, dem Wechsel aus der Alltagswelt in eine andere, fremde — Namen gewissermaßen mit Vorbildfunktion und selbsterzieherischem Anspruch. Als "Orden der Charakterschule", als Gesinnungsgemeinschaft wollte tusk zunächst seinen Bund verstanden wissen; deshalb sein Streben nach Auslese dieses Vortrupps einer Erneuerung der Jugendbewegung, der letztlich als Ferment einer allgemeinen Erziehungsform der gesamten deutschen Jugend wirken und diese jungenschaftlich prägen sollte. Ideal seines Erziehungsprogramms war der Ritter, verstanden als Held in einem ethisch rigorosen Sinne. Als Charaktereigenschaften forderte tusk daher von den Jungen, sie sollten gerade und offen, fanatisch, maßlos, unbedingt und kompromißlos, unbequem, gründlich, einsatzbereit, unbeugsam im Willen werden; aus seinen internen Mitteilungen und Rundbriefen sowie aus seiner Schnellinformation "Rakete" (rak), einer gedruckten Postkarte, die alle Gruppenführer ständig und zuverlässig mit den wichtigsten Nachrichten, Anordnungen und Befehlen versorgte, ließe sich dieser Katalog noch beträchtlich erweitern. In seiner Flugschrift "Der gespannte Bogen" (1931) entwarf er mit dem Leitbild des "Selbsterringenden" den Prototyp jungenschaftlicher Existenz, die er begriff als Negation und Überwindung des "Wiederholenden", der sich in der Anpassung an bürgerliche Traditionen und in der Vergötzung materieller Interessen erschöpfe.

In den Horten fanden sich denn auch überwiegend Jungen eines bestimmten Typs zusammen: sauber und klar im Auftreten, Denken und Handeln, körperlich leistungsfähig und vielseitig aktiv, vital und geistig aufgeschlossen, redlich und verläßlich in ihrer Haltung, eigenwillig und unbestechlich, bereit zu ungewöhnlichen Unternehmungen und entsprechenden Risiken. "Keine Flackeraugen!", forderte tusk — "scharfäugig und unsentimental", so kennzeichnete sie dessen Freund (und in manchem auch Gegner) W. Helwig. Die Zahl derer unter ihnen, die später dem nationalsozialistischen Regime offen wie Hans Scholl oder geheim wie Helle Hirsch — die Namen der meisten sind der Öffentlichkeit naturgemäß nicht bekannt geworden — Widerstand geleistet haben, ist, gemessen an der Mitgliederzahl von dj.1.11, die 1931/32 etwa 2000 — vermutlich jedoch weit weniger — betragen haben soll, bemerkenswert hoch gewesen.

Die Rotgraue Aktion

In den Jahren 1931/32 setzte tusk seine Bestrebungen, die Jungenschaften der Bünde unter seiner Führung zu vereinigen, unentwegt und hartnäckig fort. Es gelang ihm auch, einzelne Gruppen zum Übertritt in seinen Bund zu bewegen, insgesamt scheiterte er jedoch mit seinen hochgesteckten Plänen, weil die Bünde nicht bereit waren, ihr Eigenleben aufzugeben und sich dem überspannten Führungsanspruch Koebels zu unterwerfen. Seine radikalen Thesen, die er auf "revolutionären Things" verkündete, wurden als nihilistisch abgewertet und als den Zusammenhalt der bündischen Gemeinschaften zersetzend verworfen. Seine utopische Schwärmerei "von einer hierarchisch geordneten Reichsjugend, deren innerste Schicht von bündischer Struktur sein würde und deren äußerste Gruppierungen noch einen Abglanz dieser bündischen Lebensfülle widerspiegeln würden" (M. Himmelheber) und seine anscheinend schwankende politische Haltung, sein Kurswechsel vom schwarz-weiß-roten Nationalismus zum roten Internationalismus stießen auf Mißtrauen und Abwehr. Seine Aufforderung an die Führer der verschiedenen Bünde 1931, eine Eingabe an das Reichsinnenministerium zu unterstützen, die Einigung der Bünde zur Staatsjugend durch eine Notverordnung zu erzwingen, löste offene Empörung und heftigen Widerstand aus.

Auf den Ausschluß aus der Freischar, die sich im März 1930 mit dem Großdeutschen Jugendbund und wenige Wochen später mit dem Jungnationalen Bund unter gemeinsamer Führung des Admirals von Trotha zusammenschloß, hatte tusk differenziert reagiert. Einerseits hoffte er immer noch, in der "liberalen" Freischar mit seiner Idee der Jungenschaftsbewegung durchdringen zu können; deshalb bekundete er verbal wiederholt seine Loyalität. Andererseits kämpfte er offensiv für das Ziel des großen Jungenbundes, indem er die neue Bundesführung durch Abwerbung von Gruppen und durch Drohung mit einer offenen "Revolte im Jungenbund" unter Druck zu setzen versuchte. Auf dem Bundesjungenschaftslager der drei vereinigten Bünde bei Ludwigswinkel in der Pfalz Anfang August 1930 kam es zur endgültigen Trennung zwischen Freischar und tusk.

Nach diesem Mißerfolg, den tusk nie verwunden hat und der sich ihm traumatisch verband mit dem tödlichen Absturz seines Freundes und Mitstreiters Romin Stock in den Karawanken wenige Wochen nach dem Pfalz-Lager, gelang ihm im Januar 1931 ein regionaler Zusammenschluß der Freischar-Gaue Mark II, Urstrom und Turm mit Berliner Gruppen des Deutschen Pfadfinderbundes (DPb), des Bundes der Reichspfadfinder (BdR) und der Kolonialpfadfinder sowie der dj.1.11 zur Jungenschaft Berlin. Gerade eben zustandgekommen, löste sie sich jedoch nach dem Einspruch der Bundesführungen gleich wieder auf. Die Freischar junger Nation, wie sich Großdeutscher Jugendbund und Jungnationaler Bund nach dem Bruch mit der wieder selbständig gewordenen früheren Deutschen Freischar nannten, lehnte einen Aufnahmeantrag tusks ab.

Im Mai 1931 nahm der Bundesfeldmeister der DPb, Fabricius, im Bundeslager auf der Erpeler Ley tusk und dj.1.11 als eigenständige Landesmark in den Bund auf, nachdem bereits seit Januar mit der Verschmelzung der beiden Zeitschriften "Pfadfinder" und "Lagerfeuer" ein engerer Kontakt entstanden war. Bevor tusk zusammen mit dem Führer des öjk Hans Graul im Sommer 1931 zu einer Polar-Expedition nach Nowaja Semlja aufbrach, kündigte er im "Tyrker" für die zweite Hälfte des Jahres seinen Plan zur "Rotgrauen Aktion" an. Es folgte eine Flugschrift, in der er erneut die Mobilisieruhg aller Jungen quer durch die Bünde proklamierte, um endgültig die "Deutsche Jungenschaft" zu verwirklichen. Deshalb rief er zur Gründung "rotgrauer Gruppen und Gaue" auf, zur Einrichtung "rotgrauer Garnisonen", zur Zellenbildung an "allen Plätzen, wo Jungen lernen und arbeiten", zur Bildung einer "Jungenfront vom Gymnasium bis zur Fabrik".

Diese Werbekampagne, die sich ausdrücklich auch auf den DPb erstreckte, löste einen Konflikt mit dem neuen Reichsvogt Hirschberger aus. Als tusk nicht auf seine Aktivität innerhalb des Bundes verzichten wollte und sich bereits ein Übergewicht der Jungenschaft anzubahnen schien, wurde die Landesmark dj.1.11 Anfang Oktober wieder aus dem DPb ausgeschlossen, zumals sie ihren finanziellen Verpflichtungen nicht nachgekommen war und Koebels politische Erklärungen z.B. im Hinblick auf die Verteidigung der deutschen Ostgrenze im Falle eines damals für möglich gehaltenen polnischen Angriffs energische Proteste hervorgerufen hatten.

Auch die meisten anderen Bünde sperrten sich gegen die rotgrauen Aktionen von dj.1.11. Die Ringgemeinschaft deutscher Pfadfinder war ebenso wenig dafür zu gewinnen wie Robert Oelbermann, bekannt durch seine Ordensgemeinschaften, seine Jugendburg-Idee und seine weltweiten Auslandsfahrten. Kittel, Bundesführer der Freischar, verhinderte den erneuten Versuch Koebels, wieder in seinem ehemaligen Bund aufgenommen zu werden. Kurzfristige Übertritte wie der des Freischar-Gaues Hacketau (Westfalen), kleinerer Pfadfindergruppierungen oder der katholischen Quickborn-Jungenschaft konnten nicht darüber hinwegtäuschen, daß die rotgraue Aktion gescheitert war. Sie wurde daher im Juni 1932 abgebrochen; die "Rotgraue Tat im Osten", eine für April 1932 geplante Massengroßfahrt rotgrauer Gruppen durch Ostpreußen von Danzig nach Memel, war gar nicht erst begonnen worden.

Dennoch breitete sich die Jungenschaftsbewegung innerhalb der Bünde aus. Viele Gruppen und ganze Gaue, selbst in der Freischar, übernahmen die Kohte und die blaue Kluft der dj.1.11 sowie deren rotgraue Fahnen. In der Danziger "Ostlegion" und in der Deutschen Jungenschaft in Polen (DJiP), deren Zeitschrift "Zelte im Osten" nach 1933 eines der Zentren geheimen bündischen Widerstandes wurde, aber auch in der Jungentrucht im Saarland und in konfessionell gebundenen Jugendverbänden um die Zeitschrift "Jungenwacht" überdauerten Ausprägungen jungenschaftlichen Geistes die im Reich mittlerweile verbotene dj.1.11 noch um einige Jahre, ebenso in vielen bündisch beeinflußten Jungvolk-Einheiten. Illegale Fahrten und Lager, u.a. ein als "Jungvolk-Ausbildungslager" getarntes dj.1.11-Sommerlager 1933 auf Langeoog oder Winterlager schlesischer dj.1.11-Gruppen bis 1936 auf der tschechischen Seite des Riesengebirges bezeugen das heimliche Weiterleben der Jungenschaftsbewegung unter der nationalsozialistischen Diktatur.

Hinwendung zur Politik

In der verzweifelten, aus der Praxis gewonnenen Erkenntnis, daß nicht nur Trägheit und Verblendung in den etablierten Bünden, persönliche und politische Interessen in den Bundesführungen sowie deren andersartige pädagogische und jugendpsychologische Vorstellungen und Leitbilder, sondern primär gesellschaftliche und wirtschaftliche Verhältnisse und Umstände sein Projekt "Jungenstaat" vereitelt hatten, wandte sich tusk der Politik zu, um Abhängigkeit und Bevormundung der Jugendlichen durch Eltern, Schule, Kirchen, Bünde, Verbände, Institutionen usw. abstreifen zu helfen. Sein Eintritt in die KPD, den er den Jungenschaftsführern in einem Rundschreiben mitteilte, signalisierte die Schwenkung zu politischer Aktivität. Sie stellte einen Wandel in einem Selbstverständnis, eine Abkehr von der Exklusivität der bündischen Jugend und ihrer politischen "Neutralität" dar, zugleich aber auch eine Hinwendung zur Arbeiterjugend, wie sie sich in der rotgrauen Aktion schon abgezeichnet hatte. Politische Veränderungen der bürgerlichen Gesellschaftsstrukturen mit ihren sozialen Ungerechtigkeiten durch revolutionäre Praxis — zu dieser Zielsetzung der radikalen Arbeiterbewegung bekannte sich nun auch tusk.

In seiner Zeitschrift "Pläne" forderte er die Jungmannschaft von dj.1.11 zu politischem Einsatz für dieses Ziel auf. Mit der Losung "Seid junge Ritter!" trat er dafür ein, mit den Verbänden der Arbeiterjugend, vor allem mit den Roten Pfadfindern, der Agitprop-Jugend und dem Arbeitersportverein Fichte zusammenzuarbeiten und "Jugendabteilungen" aufzubauen, in denen ohne alle Klassenunterschiede den Jungen das Erlebnis von Fahrt und Lager, Natur und Gemeinschaft, aber auch kollektivistische Erziehungspraktiken und die Ziele des Sozialismus vermittelt werden sollten. Damit hatte tusk in den Augen seiner Anhänger, die überrascht und bestürzt waren, sein ursprüngliches Programm, den autonomen Jungenstaat, frei von parteipolitischen und weltanschaulichen Bindungen, preisgegeben. Sie fühlten sich verraten, als tusk versuchte, "den Sehnsüchten der Kinder, die in einer modernen Industriegesellschaft aufwuchsen, einen adäquaten Ausdruck zu verleihen. Er wollte nicht gegen das Zeitalter der Technik und der Großstädte opponieren, sondern nur gegen die Gesellschaftsformen, die es hervorbrachte" (W. Laqueur). Instrument zu diesem Zweck war ihm die einheitliche, alle Bünde sprengende Jungenschaft.

Zentrum seiner politischen Aktivität war die Berliner "Garnison" - Wohnheim und Arbeitsgemeinschaft der Mitglieder von dj.1.11 im Jungmannschaftsalter, "ein kollektiv ... wie eine gruppe auf großfahrt", entstanden im Zusammenhang mit der rotgrauen Aktion am 1.11.1931. Als neue Gemeinschaftsform für Gruppen entsprachen den Garnisonen die "Kadetten-Korporalschaften" - gemischte Arbeitsteams von Jugendlichen aus allen Bevölkerungsschichten, die dem Hortenalter entwachsen waren und sich gemeinsam mit politischen, geistigen und kulturellen Problemen, Sport u.a. beschäftigen sollten. Aus dieser veränderten Perspektive bejahte tusk nunmehr auch die Lebensbund-Konzeption.

Dem Vorwurf einer vorzeitigen und einseitigen Politisierung eines Jungenbundes, also der Jungen in den Horten, suchte tusk bewußt zu begegnen, indem er im Sommer 1932 auf dem Lager bei Pößneck in Thüringen die Deutsche Jungenschaft e.V. als unpolitische Gruppierung gründete; ihr sollten neben den Jungengruppen die politisch indifferenten Mitglieder von dj.1.11 angehören. Er selbst legte die Bundesführung nieder, um zu betonen, daß die Jungenschaft selbst nicht mit seinem politischen Bekenntnis identifiziert werden sollte. Dennoch stiftete sein politisches Engagement in der dj.1.11 nicht nur Verwirrung, sondern rief auch entschiedene Gegnerschaft hervor. Auf dem Lager am Eiswoogsee in der Pfalz Pfingsten 1932 war der Bund bereits an den unüberbrückbaren Gegensätzen, die Koebels politische Entscheidung zwischen ihm und seinen "Jarlen", seinen Gauführern, heraufbeschworen hatte, zerbrochen. Jungentrucht, öjk, ostpreußische und andere Gruppen sagten sich von tusk los und schieden aus dj.1.11 aus. Sie schrumpfte auf wenige hundert Jungen zusammen — die Gründung des "Vereins" Deutsche Jungenschaft im Sommer war zu spät gekommen.

Auch der Versuch, mit einer neuen Zeitschrift "Der Eisbrecher" noch einmal Einfluß auf die Jungenschaft in den Bünden zu gewinnen, schlug fehl. Ansehen und Glaubwürdigkeit waren verloren gegangen, tusk hatte sich mit seinem politischen Vertrauensbruch ins ideologische Abseits manövriert. Angesichts der bevorstehenden "Machtergreifung" Hitlers gelang ihm zwar Ende des Jahres 1932 noch einmal ein Zusammenschluß bündischer Gruppen, der Rest-Gaue von dj.1.11 Schwaben, Berlin und Thüringen mit dem Wikinger Jungenkorps und der Jungentrucht, zu einer antifaschistischen "Jungenfront". Sie fand jedoch keine Zeit mehr, sich als Bund zu formieren, und wurde wie die meisten anderen Bünde im Juni 1933 verboten.

Widerstand oder Anpassung?

Tusks Haltung im Jahre 1933 war widersprüchlich. Es gibt eine ganze Reihe von Belegen, die eine radikale Schwenkung ins Lager des Nationalsozialismus zu beweisen scheinen. Bis heute ist nicht eindeutig geklärt, welche Motive und Ambitionen sich hinter den wiederholten Bekenntnissen zur nationalsozialistischen Bewegung verbargen. War es Tarnung, um den Widerstand innerhalb der Hitlerjugend zu organisieren, wenn er die Mitglieder von dj.1.11 aufforderte, Führungspositionen im Jungvolk einzunehmen? War es Taktik, wenn er auf der Titelseite des "Eisbrechers" (Juni 1933) die Hakenkreuzflagge abbildete, um mit dem Inhalt dieser Zeitschrift die nationalsozialistischen Jugendorganisationen bündisch-jungenschaftlich zu infizieren, sie politisch zu untergraben und von innen her zu zersetzen? Oder war es Opportunismus, der ihm Zugang zur und Einfluß in der Reichsjugendführung verschaffen sollte, wenn er in der "Kiefer" (April 1933) mitteilte, daß er einem nationalsozialistischen Kampfverband (SA oder SS) beitreten werde? Was sollte man damals und was soll man heute davon halten, wenn er in einem Rundbrief vom 24.5. 1933 schrieb: "ihr werdet erfahren haben, daß ich mich für die aufnahme in die NSDAP und die SS gemeldet habe ... wir wollen nicht die illusion pflegen, hitler habe nur äußerlich gesiegt. nein! wir wollen uns mit all den kultivierten kräften, die in dj.1.11 gewachsen sind, dem neuen deutschland zur verfügung stellen ... wir helfen und unterstützen deutsches jungvolk und hitlerjugend, wo wir können."

Vielleicht nährte tusk zeitweilig die Hoffnung, daß ihm eine "zweite Revolution", von deren Notwendigkeit 1933/34 vor allem in führenden SA-Kreisen offen gesprochen wurde, die Möglichkeit bieten könnte, in einer Spitzenfunktion innerhalb der Hitlerjugend seine sozialistischen Vorstellungen, wenn auch unter anderen Vorzeichen und sozusagen verkleidet, doch noch durchsetzen zu helfen? Wer den äußerst begrenzten Spielraum des Widerstandes in einem totalitären System bedenkt und den weiteren Lebensweg von tusk überblickt, möchte meinen, daß er nur in der pseudonazistischen Täuschung des Gegners Chancen sah, diesem Ziel zu dienen. Sein mutiges Auftreten gegenüber SA und Polizei und sein offener Aufruf zum Widerstand gegen Hitler in Kundgebungen, ebenfalls für 1933 bezeugt, scheinen diese These zu bestätigen.

Die Reichjugendführung jedenfalls, ob sie nun tusks Pläne durchschaute oder nicht, lehnte die "Anbiederungsversuche" des politischen "Abenteurers" und "Kulturbolschewisten" kategorisch ab. Sie erkannte bald die Gefahr, die der Hitlerjugend durch die Unterwanderungsversuche von dj.1.11 und anderen Bünden drohte, wie aus der Geheimschrift 21 hervorgeht, in der sie gleichzeitig der Person und dem Werk Koebels ungewollt Respekt und Anerkennung bezeugte: "Die Bünde wurden alle direkt oder indirekt von dem Führer der dj.1.11 Eberhard Koebel beeinflußt. Im April 1933 riet Koebel dem Bund, in die HJ und besonders ins Jungvolk einzutreten, um zu zersetzen —, ihre Leute sitzen bis in die höchsten Stellen der Hitlerjugend hinaus. Seine Aussprache im Heimabend berührt alle Gebiete und setzt sehr vielseitige Bildung der Führer voraus. Die geistige Allgemeinbildung der Führer ist ungewöhnlich hoch. Ein dienstliches Verhältnis eines Vorgesetzten im Gegensatz zu den Jungen ist unbekannt. Die Disziplin in dj.1.11 beruht auf freiwilligem Gehorsam. Das Jungenmaterial ist von seltener Güte, keine andere Organisation, die ihm auch nur annähernd ähnliches entgegenzustellen hätte ..."

Die Reichsjugendführung sah sich bis zum Beginn des Krieges mehrfach gezwungen, auf der gesetzlichen Grundlage von Verordnungen "gegen bündische Umtriebe" mit Verhaftungen und z.T. gewaltsamen Aktionen des HJ-Streifendienstes gegen die Durchdringung ihrer Jugendorganisationen mit bündischen Elementen vorzugehen. Die Tatsache, daß das Verbot der Bünde im Laufe dieser Jahre viermal wiederholt werden mußte, beweist, daß diese Maßnahmen genauso wirkungslos waren wie die "Säuberungswellen", die sie jeweils auslösten oder nach sich zogen. Wie sehr tusk und die dj.1.11 zum Symbol jugendlichen Widerstandes im III. Reich geworden waren, mag auch daraus erhellen, daß z.B. allein der Besitz eines dj.1.11-Wimpels oder eines "Eisbrecher"-Heftes ausreichte, um zu einer Haftstrafe verurteilt zu werden!

Emigration und Rückkehr nach Deutschland

Am 18. Januar 1934 wurde tusk im Zuge einer "Säuberungsaktion" gegen bündische Unterwanderung der Hitlerjugend verhaftet und zu Verhören in das als Hauptquartier der Gestapo berüchtigte

Columbia-Haus nach Berlin gebracht. Hungerstreik, Selbstmord- und Fluchtversuch, bei dem er sich einen Schädelbruch und andere schwere Verletzungen zuzog, ließen es offenbar geraten erscheinen, ihn Ende Februar zu entlassen, damit er im Falle seines Ablebens nicht als Märtyrer erscheinen konnte. Unter Androhung von Konzentrationslagerhaft mußte er sich schriftlich verpflichten, auf alle bündischen Kontakte zu verzichten und jegliche publizistische Tätigkeit einzustellen. Nach monatelangem Krankenlager in seiner Heimat, körperlich und seelisch durch Haft und Verletzungen für immer gezeichnet, verließ er am 9. Juni 1934 auf legalem Wege Deutschland und bat in Schweden um Asyl. Er entging damit dem SS-Kommando, das ihn im Zusammenhang mit dem angeblichen "Röhm-Putsch" am 30. Juni vermutlich liquidieren sollte. Seine Frau folgte ihm im Juli.

Die schwedischen Behörden wiesen jedoch beide aus. Anfang November fanden die Emigranten Zuflucht in England. In den bitteren Jahren des Exils setzte tusk seine Studien fort, lernte Chinesisch und bestand mehrere akademische Prüfungen. Während des 2. Weltkrieges verbrachte er, an Tuberkulose erkrankt und an den Nachwirkungen seiner Verletzungen, aber auch an Untätigkeit, materieller Not und menschlicher Isolierung leidend, die meiste Zeit in Krankenhäusern und Sanatorien. Seine Bemühungen, nach dem Ende des Krieges von London und ab 1948 nach seiner Rückkehr von Ost-Berlin aus auf die neu entstehenden Jungenschaftsbünde in Westdeutschland Einfluß zu nehmen, blieben ohne nennenswerte Resonanz. Die Erwartung, in der DDR eine Hauptrolle in der Jugendarbeit spielen zu können, trog, weil er von linientreuen Konkurrenten überspielt wurde und ihm eine u.a. auch von Honecker, damals Spitzenfunktionär der FDJ in der sowjetischen Zone, in Aussicht gestellte Aufgabe verwehrt wurde, am Aufbau eines friedlich sozialistischen Systems in Mitteldeutschland in führender Position mitzuwirken. Immer noch hatte er den Gedanken nicht aufgegeben, unter seiner Führung die "Deutsche Jungenschaft", nunmehr in Gestalt der sozialistischen FDJ, zu verwirklichen. Er scheiterte jedoch am Mißtrauen sowjetisch orientierter Parteifunktionäre einem Manne gegenüber, der sich Zeit seines Lebens trotz aller Niederlagen und Irrwege die Freiheit kritischen Denkens aus der bündischen Phase seines Daseins bewahrt hatte.

Da er sich nicht der herrschenden orthodox-stalinistischen Partei-
linie unterwerfen mochte, wurde er im Februar 1951 aus der SED
ausgeschlossen und 1953 sogar mit seiner Frau für ein halbes
Jahr unter dem Verdacht der Spionagetätigkeit für den britischen
Geheimdienst von der Staatssicherheitspolizei in Haft gehalten.
Wieder einmal war tusk, der aus Einsicht in die Notwendigkeit
politischen Handelns zur Parteinahme für einen humanen Sozia-
lismus gelangt war, ausgeschlossen, verhaftet und danach kaltge-
stellt worden, diesmal von den Protagonisten eines Systems, das
im Namen des Sozialismus die Perversion desselben darstellte.

Enttäuscht und gedemütigt, mit inferioren Arbeiten für Rundfunk
und Presse beschäftigt, unverstanden und vereinsamt, zuletzt
schwer erkrankt, starb er am 31. August 1955 in einem östlichen
Vorort Berlins. Noch keine 50 Jahre alt, war er Repräsentant und
wurde er Opfer einer wirren, hektischen Zeit und wohl auch einer
verzehrenden Sehnsucht, die Welt und ihre Verhältnisse zum
Wohle des Menschen, vor allem des jungen Menschen zu verän-
dern. Wer möchte sich anmaßen, diesem in so mancher Bezie-
hung exemplarisch bündischen und deutschen Phänomen tusk
Achtung und Sympathie zu versagen als einem Kampfgefährten
und Schicksalsgenossen auf dem Katastrophenweg in eine unge-
wisse Zukunft?

Erich Meier

Inhaltsverzeichnis

BILDNACHWEIS

Das Lied "Über meiner Heimat Frühling ..." wurde im Original aus den "Soldatenchören der Eisbrechermannschaft" abgedruckt. Sämtliche Zeichnungen stammen von pauli (Fritz Stelzer) und sind den Schriften der damaligen Zeit entnommen. Lediglich beim Buchtitel (Greifvogel mit Beute) handelt es sich um einen Handdruck, den tusk selbst anfertigte. In seinem englischen Exil skizzierte tusk das Rentier mit Blei ("Das Ren in seiner Aufteilung als Nutztier) und schrieb dazu in Englisch mit der Schreibmaschine die Erläuterungen. Wir bringen dieses interessante, bisher unveröffentlichte Dokument auf der Seite 16 zum Großkapitel "Zwischen Polarkreis und Nordkap".

tusk — Gesammelte Schriften und Dichtungen

herausgegeben von Werner Helwig, mit 60 Grafiken von Fritz Stelzer (pauli), 408 Seiten im Großformat 19 x 27 cm, Ganzleineneinband, Schutzumschlag.

Eberhard Koebel, der sich tusk nannte, nahm einen bis heute nachwirkenden Einfluß auf die Gestaltung des Jugendlebens in autonomen Bünden.

Der von ihm geschaffene Bund entwickelte völlig neue Formen in der Gemeinschaft. Was da an Anregung, an formgebender Prosa, an Kunst angebahnt, aufgebaut und vorgestellt wurde, ist in diesem Band vereinigt. Wer nach tusk und seinem Werk fragt, erhält hier einen Eindruck von seiner Persönlichkeit. Kenner sprechen von dem einzigen Genie, das die Jugendbewegung hervorgebracht hat.

Lieder und Soldatenchöre der Eisbrechermannschaft

herausgegeben von tusk, gezeichnet von Fritz Stelzer (pauli), fadengeheftet im Kartoneinband, 116 Seiten.

Die Lieder der Eisbrechermannschaft und die Soldatenchöre der Eisbrechermannschaft sind mehr als vier Jahrzehnte alt. Einst sind sie bei Günther Wolff in Plauen erschienen. tusk hat sie herausgegeben. Mit viel Gültigkeit bis heute. Längst sind diese alten Liederhefte aus dem Geist von dj.1.11 vergriffen. Der Wunsch, sie neu aufzulegen, war häufig. So besorgte der Südmarkverlag diesen Originalnachdruck.

Nordwärts hoo!

(Piratenbücherei Band 1)

von Kurt Kremers (turi), 130 Seiten.

Eine Horte wandert drei Monate lang durch Skandinavien. Die Jungen arbeiten in Stockholm als Tellerwäscher, sind in Finnland Gäste eines Generals, angeln einen dreißigpfündigen Hecht, arbeiten wochenlang im Wald und krönen ihre Reise mit einer Schlauchbootfahrt auf Wildwasser.

Sand und Salz
(Piratenbücherei Band 2)
von Oss Kröher, 138 Seiten.
Oss Kröher brachte aus Zentralasien und aus dem Morgenland Lieder und Geschichten mit. Mit seinen Streiflichtern zeigt der Autor, daß er ein weitgespanntes Thema, junge Menschen in Ausnahmesituationen, als Erzählertalent zu bewältigen weiß.

Neue Fährte
(Piratenbücherei Band 3)
von Walter Scherf (tejo), 226 Seiten.
Das große Handbuch für Jungen, spannend wie ein Krimi, mit sehr praktischen Tips für Fahrt, Lager und Spiel, in Sprache und Anlage alles vermeidend, was nach Kochbuch riecht. Ein Werk aus der Praxis der Jugendgruppe, das viele Anregungen vermittelt.

Neue Segel
(Piratenbücherei Band 4)
von Walter Scherf (tejo) und Heinz Schwarz, 140 Seiten.
Zur Neuen Fährte gehören Neue Segel. Denn die beiden Bände sind eine Einheit. Zu den Tips für Fahrt, Lager und Spiel wird nun Praktisches für die Heimrunde und für das Singen dargeboten.

Rund um die Windrose
(Piratenbücherei Band 5)
von Rudolf Kneip (knipser), 136 Seiten.
Wer viel auf Fahrt geht, weiß viel zu erzählen. Das tun Karl und Robert Oelbermann, Wolf Kaiser und Werner Helwig sowie manch anderer in diesem flott zu lesenden Band voller Abenteuer aus viereinhalb Jahrzehnten in allen Kontinenten.

Die verlassenen Schächte
(Piratenbücherei Band 6)
von Jürgen Seydel (pint), 133 Seiten.
Da sind verlassene Schächte mit einem Labyrinth von Gängen, mit geheimnisvollen Entführungen, Fackelschein und Verhören. "Ver-

brechen" wechseln mit "Verfolgungen" und idyllischen Fahrten-schilderungen. Ein Text ganz aus der bündischen Erlebniswelt. Jürgen Seydel (pint), der aus der Jungenschaft kommt, schrieb den begeisternden Band im Stile eines Kriminalautors.

Zeltpostille
(Piratenbücherei Band 7)
von Walter Scherf (tejo), 224 Seiten.
Zeltpostille wurde dieses Buch genannt, über dessen Seiten der Schein abenteuerlicher Lagerfeuer geistert und in dem die Welt wieder groß wird und geheimnisvoll. Hier wurde die Kunst der Märchenerzähler auf seltsame neue Weise wach. Dazu in Übertragungen und Texten 35 Lieder, die dieses Buch zu einem Schatz machen.

Lapplandstory
(Piratenbücherei Band 8)
von Werner Helwig, 230 Seiten.
Die "Lapplandstory", in die Helwig die frühere Novelle "Die singenden Sümpfe" eingearbeitet hat, ist die literarische Summe seiner Lapplandfahrten. Im Mittelpunkt des Buches steht eine Gruppe junger Menschen, die in das Land fährt, um dort Ferien zu verbringen. Die atmosphärisch ungemein dichte Sprache Helwigs, ihre bildhafte Anschaulichkeit zieht den Leser sofort und immer wieder in Bann.

Schwedenfahrt
(Piratenbücherei Band 9)
von Walter Scherf (tejo), 162 Seiten.
Hier zeigt eine Mannschaft junger Menschen, wo die Freiheit erregender Fahrten auch heute noch zu finden ist. Tejo, der nichts so scheut wie die Halbheiten und Kompromisse unserer Existenz, weiß, wie man es anfangen muß, das echte und oft harte Leben draußen aufzusuchen.